CURAR EL DOLOR

Dharma Singh Khalsa
con Cameron Stauth

Curar el dolor

Programa médico avalado por la experiencia
para aliviar y acabar con el dolor crónico

EDICIONES URANO
Argentina - Chile - Colombia - España
Estados Unidos - México - Venezuela

El programa que se explica en este libro no pretende sustituir la atención y el consejo médicos profesionales. Se le recomienda que consulte con un profesional de la medicina los asuntos relativos a su salud, incluidos los que puedan requerir diagnóstico o atención médica. En caso de que sufra cualquier trastorno que necesite de atención médica o si está tomando o se le ha aconsejado tomar (o abstenerse de tomar) cualquier medicamento, deberá consultar regularmente a su médico respecto a las posibles modificaciones del tratamiento contenidas en este libro.

Se han cambiado los nombres de los pacientes que aparecen en el libro, así como algunos detalles concretos respecto a ellos.

La información que ofrece este libro se basa en fuentes que los autores consideran fiables. Toda la información referente a productos específicos y empresas productoras es de agosto de 1998.

Título original: *The Pain Cure*
Editor original: Warner Books, Inc., Nueva York
Traducción de: Amelia Brito

Reservados todos los derechos. Queda rigurosamente prohibida, sin la autorización escrita de los titulares del *copyright*, bajo las sanciones establecidas en las leyes, la reproducción parcial o total de esta obra por cualquier medio o procedimiento, incluidos la reprografía y el tratamiento informático, así como la distribución de ejemplares mediante alquiler o préstamo públicos.

© 1999 *by* Dharma Singh Khlasa y Cameron Stauth
© 2001 *by* Ediciones Urano, S. A.
   Aribau, 142, pral - 08036 Barcelona
   www.mundourano.com

ISBN: 84-7953-405-2
Depósito legal: B. 39.433 - 2001

Fotocomposición: Ediciones Urano, S. A.
Impreso por Romanyà-Valls, S. A. - Verdaguer, 1 - 08786 Capellades (Barcelona)

Printed in Spain - Impreso en España

Dedico este libro a todas las personas
que sufren dolor, que este libro las libere.

Y a David Stauth

Índice

Agradecimientos 11

PRIMERA PARTE: CÓMO ACTÚA EL DOLOR
  1. El porqué del dolor 17

SEGUNDA PARTE: EL PROGRAMA CURATIVO DEL DOLOR
  2. Primer aspecto: Terapia nutricional 59
  3. Segundo aspecto: Fisioterapias 95
  4. Tercer aspecto: Medicación 137
  5. Cuarto aspecto: Control mental y espiritual del dolor . . 173

TERCERA PARTE: CURACIÓN DEL DOLOR
               DE TRASTORNOS CONCRETOS
  6. Artritis 219
  7. Dolor de cabeza 245
  8. Dolor de espalda 277
  9. Fibromialgia 317
10. Dolor causado por otros trastornos frecuentes 343

Apéndice 1: Ejercicio y meditación de mente-cuerpo 371
Apéndice 2: Ejercicios de fortalecimiento 411

Agradecimientos

Muchas de las personas que contribuyeron tanto al éxito de nuestro primer libro, *Rejuvenece tu cerebro*, nuevamente nos han apoyado y han sido muy útiles.

En primer lugar debo agradecer a mi maestro espiritual, el Sri Singh Sahib, Yogi Bhajan, todo lo que ha hecho por la humanidad.

Cameron Stauth, coautor de estas páginas, trabajó mucho y muchas horas para llevar a buen término este libro. Su iniciativa para la investigación y sus dotes para escribir son excelentes.

Cam y yo celebramos la visión de nuestro agente, Richard Pine, que hizo despegar este libro. Gracias, Richard, por tu incondicional apoyo y tu percepción. Artie Pine también estuvo presente cuando lo necesitamos y sus sugerencias fueron, como siempre, inteligentes.

Agradecemos su sobresaliente dirección a Maureen Egen, presidenta y gerente de Warner Books; nos sentimos felices y afortunados por trabajar bajo su orientación. Jackie Joiner, el arma secreta de Warner y una verdadera amiga, siempre se mostró solícita en hacer las cosas; además, es agradabilísimo conversar y trabajar contigo, Jackie.

Nuestras correctoras de Warner Books, Colleen Kaplein y Diana Baroni, hicieron un trabajo magnífico con el manuscrito y sabemos que tenemos un fabuloso futuro juntos.

Mis gracias personales a Arielle Ford, del grupo Ford de La Jolla (California), por su extraordinario trabajo como publicista; creo que Deepak tiene razón, Arielle es la mejor publicista del mundo.

Quiero dar las gracias y manifestar mi reconocimiento a todos mis amigos y colegas que leyeron el manuscrito y aportaron sus comentarios.

Gracias especiales a Jerry Calkins y Michael Loes, médicos del

Arizona Pain Institute; a Richard Weiner, de la American Academy of Pain Management, y a Mark Hahn, del Penn State College of Medicine. Mi agradecimiento también a Somers White por sus sabios consejos en todos los temas.

Mi amor y admiración a mi bella esposa Kirti, por sus incansables esfuerzos en la coordinación de nuestras actividades y por disponer de energía para llevar incluso nuestro maravilloso hogar. Un gran beso a Sat y Hari, nuestros dos hijos, que hacen que todo valga la pena; Dios os bendiga y proteja en todas partes.

Una nota de gratitud a mi excelente personal: el dos veces Mister Universo Nordine Zouareg, Luz Elena Shearer, M. S., y a Linda DiCamillo, mi ayudante personal durante este trabajo.

Y para reiterar lo dicho en la dedicatoria: a todas las personas que sufren dolor en todas partes del mundo; que este libro os libere.

DHARMA SINGH KHALSA, M.D.
Tucson, Arizona

El doctor Dharma Singh Khalsa, uno de los verdaderos innovadores de la medicina moderna, ha dedicado muchos años a desarrollar y perfeccionar un programa de tratamiento para el dolor crónico, que ahora representa un monumento a su sagacidad científica, su profundo cariño por los demás y su fortaleza espiritual, que lo han capacitado para continuar con su trabajo pasado el límite que habría agotado a la mayoría de las personas. Siempre le estaré agradecido por haberme incluido en esta enorme tarea.

También agradezco la importante ayuda y el constante aliento de su maravillosa esposa Kirti, cuyo espíritu es uno con el del doctor Khalsa y su trabajo.

Igual que el doctor Khalsa, también estoy en deuda con mi leal amigo de toda la vida Richard Pine y con su padre, y con Maureen Egen, Colleen Kapklein y Diana Baroni.

Gracias también a Sandra Stahl, que trabajó con una ética excelente en cada página de este libro.

Durante todo el trabajo en este libro y en once anteriores, he contado con el constante amor de mi esposa Shari, y este ha sido el manantial de mi energía. Últimamente he disfrutado del amor de mi increíble hijo Gabriel. Mi familia es un recordatorio constante de que trabajar arduamente por las personas que nos aprecian es el trabajo más importante de todos.

CAMERON STAUTH
Portland, Oregón

Primera parte

Cómo actúa el dolor

1

El porqué del dolor

El dolor es para la humanidad un señor más terrible que la propia muerte.

ALBERT SCHWEITZER

Víctimas de tortura

Si sufres de dolor crónico es probable que te sientas solo y asustado. Tal vez, impotente; incluso podrías pensar que ya no vale la pena vivir la vida. Lo comprendo, lo comprendo totalmente. Tienes el peor problema médico que puede tener una persona.

El dolor crónico es el malestar físico más aniquilador que existe. Es incluso más abrumador que tener una enfermedad terminal, según pacientes de mi consulta que han sufrido de ambas cosas.

Tener dolor hora tras hora, día tras día, despoja de fuerza, de esperanza, de personalidad e incluso de amor.

El dolor crónico es una fuerza diabólica capaz de destruir todo lo que toca.

Pero las personas son fuertes. Siempre me ha sorprendido su valor, pues cuando la vida las hace caer, se esfuerzan por levantarse, y lo hacen una y otra vez, durante toda su vida.

Si eres paciente de dolor crónico y estás leyendo esta página en este momento, ciertamente quiere decir que eres muy fuerte, porque sigues buscando una salida a tu sufrimiento. Pese a todo, todavía tienes esperanza. Celebro tu valentía; a mis ojos, eres un héroe.

Pero sólo puedes soportarlo hasta cierto punto, ¿verdad? Eres humano, esa es tu bendición, pero también lo que te hace vulnerable. Probablemente soportaste el dolor con estoicismo durante meses o incluso años, pero pasado un tiempo se ha agotado tu fortaleza y el dolor se ha apoderado de ti. Finalmente, tal vez has empezado a sentirte solo y desvalido.

Es posible que en estos momentos te sientas como una víctima de la tortura. Los científicos han descubierto que las víctimas de la tortura y los pacientes de dolor crónico soportan una experiencia muy similar: una experiencia horrorosa capaz de aniquilar la voluntad de la persona más fuerte.

En este momento tal vez estés deseando que yo diga: «Lo bueno es que puedo ayudarte».

Y eso es cierto. Puedo ayudarte; es probable que se pueda curar tu dolor.

Pero aún hay algo mejor: *lo puedes hacer tú*. Si lees este libro con atención e incorporas sus consejos a tu vida, ya no me necesitarás. Tu cuerpo tiene una fuerza sanadora que te capacitará para elevarte por encima del dolor y volverás a sentirte sano y feliz.

Cuando les digo esto a mis pacientes, algunos se entusiasman y otros se sienten decepcionados; quieren que les diga que yo soy el fabuloso médico pionero que tiene la nueva poción milagrosa para el dolor. Esa actitud es comprensible, porque la medicina moderna se ha presentado con la etiqueta de proveedora de milagros tecnológicos. A muchos médicos actuales les gusta que se les considere los brujos modernos capaces de sanar todas las enfermedades con una píldora mágica.

Esto podría ser buena publicidad, pero no es buena medicina, simplemente porque no es cierto.

Sí existe «magia» en la medicina, pero esta magia, esta fuerza casi sobrenatural, no se encuentra dentro de un frasco. La persona la encuentra cuando utiliza sus propios recursos en un *trabajo honrado*.

Cuando se hace así, se derrota al dolor.

El cuerpo humano realiza los milagros más grandes de la medicina moderna por sí mismo. En cuanto médicos, nunca seremos capaces de reproducir con exactitud el poder sanador natural del cuerpo. El poder del cuerpo supera con creces la débil imitación de la ingeniería humana.

El cuerpo es capaz de curar el dolor que siente. Cuando uno se hace un corte en un dedo da por supuesto que el cuerpo curará la herida, ¿verdad? No hemos de esperar menos del cuerpo en su lucha contra el dolor. Su capacidad sanadora es tan potente que es imposible de imaginar.

En el trabajo con mis pacientes, los verdaderos pioneros médicos de hoy en día, he elaborado un programa completo y probado para el dolor crónico que les permite acceder a su poder sanador interior. Creo que ayudar a las personas a utilizar ese poder es lo más fabuloso que puede hacer un médico.

Hace unos quince años, cuando comencé a desarrollar este método, se me consideraba muy vanguardista. Mi programa para el dolor en el hospital de la Universidad de Arizona, en Phoenix, fue el primer programa holista para control del dolor en el suroeste de Estados Unidos.

A partir de entonces, muchas de las clínicas para el dolor más prominentes del país han adoptado las terapias que empleo, con excelentes resultados.

Sin embargo, si bien las principales clínicas para el dolor han aceptado mi método, la mayoría de los médicos del país continúan ignorando este programa y, por lo tanto, no logran remediar el dolor. Y, entre otras cosas, porque no tienen en cuenta el papel del cerebro en el dolor. Eso es un gran error; el cerebro contribuye a iniciar el dolor crónico, y el cerebro puede contribuir a ponerle fin.

Si has leído mi primer libro, *Rejuvenece tu cerebro*, sabrás que considero el cerebro una de las entidades más increíbles del universo. En ese libro demostré que si el cerebro humano está bien nutrido y dispone de apoyo médico, es capaz de superar enfermedades crónicas, incluso la enfermedad de Alzheimer.

En este libro explico cómo puede contribuir el cerebro a remediar el dolor crónico.

El cerebro prácticamente no tiene otros límites que los que le impone nuestra debilidad humana.

Aquí explico las formas de superar esa debilidad, y el camino que conduce al dominio sobre el dolor.

Pero de ti depende hacer ese camino; no será fácil, pero las cosas buenas nunca lo son.

En este camino tendrás que renunciar a muchos de los privilegios o concesiones especiales que tal vez te ha concedido el dolor: un estilo de vida sedentario, medicamentos que te hacen sentir mejor temporalmente y la compasión de los demás.

Pero todos estos sacrificios serán compensados con creces. Recuperarás tu poder personal y la capacidad para controlar tu vida. Volverás a tener energía para hacer lo que te gusta y para hacer cosas por tus seres queridos. Incluso volverás a reencontrarte con una persona muy especial: tu yo verdadero.

Lo he visto muchas, muchísimas veces. En realidad, cuando el paciente trabaja de veras, ocurre la mayoría de las veces. Este método ha servido para curar centenares de casos «desahuciados» de dolor crónico.

He logrado victorias «imposibles» sobre el dolor por un motivo esencial: mi programa para el dolor ha evolucionado, dejando muy atrás el método tradicional y anticuado para tratarlo. A diferencia de muchos médicos, no me limito a recetar pastillas, inyecciones y cirugía.

Ese método limitado, que yo y muchos otros médicos consideramos anticuado, suele ofrecer alivio temporal, pero rara vez estimula la curación permanente del dolor crónico.

Mi programa es diferente; combate el dolor crónico en todos los planos: bioquímico, estructural, psíquico y espiritual. Este tratamiento completo es absolutamente esencial, porque cuando se sufre de dolor crónico es probable que este haya invadido todos los aspectos de la vida.

Para recuperar tu vida, para recuperar tu verdadero yo y superar el dolor que ha invadido tu cuerpo, tu mente y tu espíritu, tendrás que seguir este programa completo y coordinado.

Mi programa puede ser el camino hacia el restablecimiento; combatirá tu dolor en todos los aspectos posibles y te ayudará a alcanzar nuevas cotas de bienestar mental, físico y espiritual.

Como muy pronto verás, mi programa es único; tiene componentes que aún no son de uso común ni siquiera en las mejores clínicas para el dolor; emplea, por ejemplo, muchas modalidades avanzadas de estimulación del cerebro (algunas de las cuales se explican en *Rejuvenece tu cerebro*) que te proporcionarán la capacidad cerebral necesaria para vencer al dolor.

Además, no sólo aplica los hallazgos más recientes de la tecnología médica moderna, sino que se sirve también de métodos curativos antiquísimos que han resistido el paso del tiempo.

Esta combinación de medicina moderna y curación antigua todavía no está muy extendida en Estados Unidos, pero es increíblemente potente. Te capacitará para hacer acopio de tu poder sanador y remediar tu dolor.

Si en estos momentos sufres, es posible que te resulte difícil imaginar cómo será volver a sentirte sano y feliz. Pero aunque está enterrado muy hondo, ese sentimiento ya existe en tu interior, te está esperando.

Puedes recuperar aquella vida en que te sentías estupendamente bien; otros lo han hecho, otros lo harán.

Ahora te toca a ti.

¡Comencemos!

El dolor no es sufrimiento

El dolor y el sufrimiento son cosas distintas. El dolor es una sensación física; el sufrimiento, una de las reacciones a esa sensación. Es decir, el sufrimiento no es la única reacción ante el dolor.

Es posible experimentar dolor sin sufrir por él.

Cuando aprendas a *experimentar el dolor sin sufrir* te liberarás. Podrás volver a amar tu vida, aunque todavía contenga algo de dolor, como lo contiene toda vida.

Cuando llegues a ese punto, el dolor crónico, discapacitador, estará curado a todos los efectos prácticos.

Además, cuando se logra la capacidad de experimentar un poco de dolor sin sufrir se consigue mucho más que librarse del malestar constante; se adquiere un poder mental y espiritual que es excepcional en este mundo. Por lo general, este poder sólo lo logran maestros de yoga iluminados y otras personas muy evolucionadas espiritualmente. ¿Por qué sólo ellos? Porque, por norma, sólo ellos se *motivan* lo suficiente para hacer el difícil trabajo necesario para generar ese poder.

La moderna epidemia de dolor crónico

A qué se debe
- Nunca había habido tantas personas mayores de cuarenta y cinco años, la «edad mágica» en que nos hacemos vulnerables al dolor crónico.
- Son más las personas que sobreviven a accidentes.
- Son más las personas que sobreviven a enfermedades degenerativas, como el cáncer.
- La vida sedentaria y la obesidad están más extendidos que nunca.
- Es mayor que nunca el número de personas que experimentan estrés en grado elevado.

¿Cuán extendido está?
- Alrededor de un 13 por ciento de los estadounidenses, más de 20 millones de personas, experimentan dolor crónico casi la mitad de los días del año.
- El dolor crónico causa más discapacidad que el cáncer y las enfermedades del corazón juntos.
- Más del 25 por ciento de los estadounidenses experimentan alguna forma de dolor crónico al año; alrededor de 30 millones tienen artritis; alrededor de 20 millones sufren dolor de espalda constante.
- Más del 17 por ciento de las mujeres sufren de migraña.
- El dolor es el segundo motivo más común de visitas al médico; el primero es la gripe y los resfriados.

Pero a ti te motiva el dolor, que es el motivador más potente de todos. Tal vez ahora lo consideres una maldición, pero cuando aprendas a utilizarlo como motivador transformarás la maldición en bendición.

Recuerdo que una vez le dije a un anciano artrítico que su dolor no tenía por qué causarle sufrimiento, y se enfadó. «Para usted es fácil decirlo —protestó, agitando un nudoso dedo delante de mi cara—, pero si le doliera la mano como a mí me duele esta, creo que no lo diría. No sabe lo que se siente.»

Tenía razón en una cosa: yo no sabía lo que sentía. Si uno no tiene dolores no se puede imaginar la terrible crueldad del dolor crónico. Este es uno de los motivos de que el dolor sea tan demoledor, pues separa a las personas, obnubila el entendimiento y genera aislamiento. Una consecuencia de ese aislamiento psicológico es que la tasa de divorcios entre personas que experimentan dolor crónico es casi del 80 por ciento.

—No sé cómo se siente —le dije al anciano—, pero sí deseo ayudarlo, y creo que puedo. Comencemos ahora mismo. Le voy a poner ante una situación hipotética: es usted un niño y va a una escuela muy estricta y anticuada; imagínese que al profesor le gusta castigar y la ha tomado con usted. Un día le hace una pregunta y usted la contesta mal, entonces lo obliga a ponerse al frente de la clase, le pide que estire la mano y se la golpea con una regleta. ¡Paf! ¡Cómo duele! Ese día lo castiga así una y otra vez y usted no puede hacer nada para impedirlo. Muy pronto se siente deprimido y cuando llega el descanso de mediodía no le apetece comer ni jugar con sus compañeros. Lo único que le ocupa la cabeza es el terrible dolor en la mano, y cuanto más piensa en él, más le duele. Es un sufrimiento terrible.

»Por fin lo salva la campana del final de las clases; entonces va al campo de béisbol, donde tiene un partido. Tampoco le apetece jugar, pero juega de todos modos porque es un chico valiente y no quiere rajarse.

»Usted es el receptor, y es muy bueno, el único capaz de coger las pelotas del mejor lanzador de su equipo. Cuando coge la primera pelota siente la mano como si le fuera a explotar. Pero el bateador no logra golpear las pelotas y pronto es eliminado y reemplazado. Todos lo celebran. Así pues, sigue pidiendo pelotas rápidas y comienza a controlar los lanzamientos. Podría pedir que lo sustituyeran o que le lanzaran pelotas curvas o con efecto, no tan fuertes, para descansar la mano, pero su lanzador está entusiasmado, de modo que continúa firme en esa difícil tarea. Muy pronto ha eliminado a todos los bateadores y se siente fabuloso; cada vez que la pelota golpea y encaja en su guante se siente un héroe. Ya no piensa en el dolor de la mano, ni en el profesor ni en nada que no sea el placer de jugar. Está encantado con los vivas y aplausos, el olor de la hierba y la amistad de sus compañeros de equipo. No existe nada más.

»Acaba el partido y el entrenador se le acerca a darle palmaditas en la espalda: "¡Ha sido un partido magnífico! ¿Cómo tienes la mano?". Usted dice que muy bien, pero al quitarse el guante ve que está enrojecida e hinchada. "Será mejor que te pongas hielo", aconseja el entrenador. Usted dice que sí, pero se olvida y comienza a jugar a la pelota con sus compañeros; tiene la mano dolorida e hinchada, pero quiere seguir jugando. Siente dolor, pero no sufre.

El anciano asintió; había entendido mi argumento, y me pareció animado. Era un hombre fuerte, y eso era bueno porque le permitiría presentar batalla.

—Mi programa para el dolor —le expliqué— hará que se sienta lo suficientemente bien para volver al juego, por así decirlo. Entonces su espíritu asumirá el mando y, cuando eso ocurra, no creo que nada pueda detenerlo.

—¿Qué ocurriría si no lo hiciera? —preguntó.

—Continuaría sufriendo. El dolor podría empeorar.

Al decir eso me quedaba corto. En realidad, si no volvía a un estilo de vida activo, responsable, probablemente el anciano caería presa de la peor pesadilla que amenaza a los pacientes de dolor: el síndrome de dolor crónico.

El síndrome de dolor crónico: La peor pesadilla

El síndrome de dolor crónico es la fuerza terrible que convierte el dolor crónico en un sufrimiento constante. Es el mayor peligro que enfrentan los pacientes de dolor.

Es un conjunto de características físicas y mentales que suelen acompañar al dolor crónico. Consiste en comportamientos y actitudes negativos que poco a poco impiden a las personas llevar una vida normal y las sumergen en un incesante torbellino de dolor.

El síndrome de dolor crónico es muy destructivo; también aumenta la sensación física del dolor.

Para saber si tienes este síndrome, llena el siguiente cuestionario, haciendo una marca en el casillero de Verdadero o de Falso.

¿Tengo el síndrome de dolor crónico?

	V	F
1. A pesar del tratamiento de mi médico, he tenido dolor persistente al menos durante tres meses.	☐	☐
2. Suelo actuar como si sintiera dolor, gimiendo, llorando, haciendo muecas de dolor o friccionándome la parte dolorida.	☐	☐
3. Ya no soy capaz físicamente de hacer todas las cosas que hacía antes de que comenzara el dolor.	☐	☐
4. Desde que comenzó el dolor he perdido interés por mis aficiones y pasatiempos.	☐	☐
5. Con frecuencia me siento deprimido y bastante ansioso.	☐	☐
6. Se han deteriorado mis hábitos alimentarios. O bien no tengo apetito o como demasiado por «puro capricho», para sentirme mejor.	☐	☐
7. Noto que los demás no disfrutan tanto de mi compañía como antes de que comenzara el dolor.	☐	☐
8. Necesito armarme de verdadera fuerza de voluntad para controlar mi irritabilidad.	☐	☐

9. El dolor obstaculiza bastante mi trabajo casi todos los días. ☐ ☐
10. Me canso con mucha frecuencia. ☐ ☐
11. Mi medicación es el arma más fuerte contra el dolor. ☐ ☐
12. El dolor suele afectar mi capacidad de concentración. ☐ ☐
13. Me gustaría cuidar mejor de mis familiares, pero ya tengo bastante con cuidar de mí mismo/a. ☐ ☐
14. Muchas veces el dolor altera mis hábitos de sueño. ☐ ☐
15. Tengo los nervios tan sensibles que reacciono con exageración por cosas de poca importancia, por ejemplo, ante los ruidos fuertes. ☐ ☐
16. He ido de médico en médico en busca de alguno que sepa ayudarme. ☐ ☐
17. Cuando se acerca un día importante me preocupa que el dolor sea un impedimento. ☐ ☐
18. Tengo la impresión de que he perdido el control de mi vida. ☐ ☐
19. He comenzado a pensar que el dolor ha estropeado mi vida. ☐ ☐
20. Paso más tiempo pensando en mi dolor que en cualquier otro aspecto de mi vida. ☐ ☐

Si has marcado «V» (verdadero) solamente en las afirmaciones 1, 2 y 3, sufres de dolor crónico, pero no del síndrome de dolor crónico. Si es así, eres una persona de valentía y sabiduría no habitual.

De 10 a 14 afirmaciones marcadas con «V» quieren decir que tienes el síndrome en grado moderado; de 15 a 17, el síndrome es avanzado; 18 o más indican síndrome grave de dolor crónico.

Si tienes el síndrome de dolor crónico en cualquier grado, ciertamente necesitarás ayuda para superarlo. Yo te ofrezco mucha de esa ayuda con este libro.

Es probable que hayas desarrollado este síndrome poco a poco; tal vez cuando comenzaste a experimentar dolor crónico *decidiste* conscientemente adoptar algunos de los comportamientos característicos del síndrome, quizá porque pensabas que así evitarías más padecimiento. Por ejemplo, podrías haber decidido reducir tus actividades de trabajo o tus aficiones para ahorrar energía y evitar el dolor.

Pero muchos de los síntomas del síndrome entraron en tu vida en contra de tu voluntad; no tomaste la decisión de sentirte deprimido, irritable ni cansado. Simplemente fue así por los efectos biológicos y psíquicos del dolor.

Una de las cosas terribles del síndrome de dolor crónico es que intensifica la sensación física del dolor, agudiza su percepción por parte del cerebro. Sólo un ejemplo: los pacientes de artritis que sufren de depresión son casi dos veces más sensibles a los estímulos dolorosos que los pacientes de artritis no deprimidos.

Así pues, el síndrome de dolor crónico, provocado por el dolor, causa a su vez más padecimiento; favorece un fenómeno físico llamado «ciclo de dolor», que atormenta la vida de muchos pacientes.

Para romper este insidioso ciclo es necesario seguir un programa esmerado y constructivo como el que explico en este libro. De ti depende incorporar activamente este programa a tu vida y derrotar este síndrome, conocido también como «trastorno de dolor con características psíquicas».

En mi programa hay muchos elementos que intervienen en este ciclo, y es posible comenzar con casi cualquiera de ellos.

Este programa se compone de cuatro modalidades, que también podríamos llamar aspectos o niveles de tratamiento o terapia. Cada una de estas modalidades pretende romper el ciclo de dolor y eliminar el síndrome crónico.

Los cuatro aspectos o modalidades son: 1) *Terapia nutricional*, que incluye modificaciones en la dieta y el consumo de nutrientes específicos; 2) *fisioterapias*, que consisten en ejercicios, acupuntura, masaje terapéutico, fototerapia, magnetoterapia, quiropráctica y ejercicios mente-cuerpo de yoga avanzado; 3) *medicación*, que incluye la toma de medicamentos para el dolor, bloqueo de nervios, inyecciones y medicamentos estimulantes del cerebro, y 4) *control mental y espiritual del dolor*, que incluye reducción del estrés, tratamiento de la ansiedad y la depresión, psicoterapias y desarrollo espiritual.

La gran mayoría de los pacientes que he tratado en los últimos quince años han experimentado una reducción espectacular del dolor que les generaba el síndrome de dolor crónico. El padecimiento disminuía hasta el punto en que dejaba de ser un elemento importante en sus vidas. Muchos aún sienten dolor de vez en cuando, como ocurre a todo el mundo, pero ese dolor crónico debilitante y el sufrimiento que causaba están curados.

En muchos otros pacientes el dolor ha desaparecido *por completo*. En algunos casos se debió al buen resultado del tratamiento de los problemas neurológicos que perpetuaban el ciclo. En otros, porque se eliminaron los problemas subyacentes que lo causaban. Por ejemplo, he tratado a pacientes de artritis cuyo dolor desapareció porque la artritis remitió. Este tipo de curación es muy excepcional entre los pacientes de la medicina ortodoxa «alopática» (o antienfermedad), porque esta medicina no consigue detener ni mejorar las enfermedades degenerativas de larga duración, como la artritis. La medicina que yo practico no se limita a atacar la enfermedad, sino que además favorece la salud: estimula la fuerza sanadora natural del cuerpo. Esta forma de tratamiento combina las medicinas ortodoxa occidental y oriental y se conoce como «medicina complementaria» o, como yo prefiero llamarla, «medicina integradora».

La medicina integradora puede ser muy eficaz contra las enfermedades degenerativas. Una enfermedad degenerativa de desarrollo lento suele estar causada por malos hábitos de vida; cuando la medicina integradora corrige estos hábitos por lo general el cuerpo del enfermo es capaz de superar la enfermedad.

Uno de los ejemplos más simples de esto es la eliminación del dolor de la zona lumbar de la espalda causado por la obesidad. Cuando la persona se desprende de sus kilos de más, mediante un programa de medicina integradora basada en terapia nutricional y terapia de ejercicios, el dolor suele desaparecer. Pero si no se corrige la obesidad, el tratamiento alopático, por lo general, fracasa.

Como puedes ver, la medicina integradora no siempre es mágica ni misteriosa; con frecuencia sólo es un buen tratamiento de sentido común.

Aun en el caso de que no se erradique totalmente el dolor, el paciente puede romper el ciclo, superar el síndrome de dolor crónico y comenzar a sentirse estupendamente bien. Si dudas de que alguien que experimenta dolor con frecuencia puede sentirse estupendamente, piensa en la vida de los atletas profesionales. La mayoría de los jugadores profesionales de baloncesto, por ejemplo, sienten diversos dolores intensos casi cada día, debidos a los rigores de su deporte. Tenemos el caso de Michael Jordan: cuando se retiró de manera temporal del baloncesto explicó que el dolor era un factor importante en su decisión, pues estaba «cansado de sentir dolores todo el tiempo». Sin embargo, pese a esos dolores, siempre había dicho que se sentía muy bien la mayoría de los días de su vida; casi siempre era capaz de estar por encima del dolor para hacer lo que le encantaba hacer. Y tanto le gustaba que muy pronto abandonó su retiro y volvió a jugar, aunque sabía que así recuperaba una vida de dolores diarios. Como muchas personas, entre ellas bastantes de mis pacientes, era dueño de su dolor, no su víctima.

Recuerdo muy bien a uno de mis pacientes que nunca erradicó del todo su padecimiento, pero que sí consiguió reducirlo de manera espectacular, cambiar su vida y sentirse fabulosamente bien. Lo cierto es que la primera vez que lo vi no me sentí muy esperanzado, el pobre hombre sufría muchísimo; estaba tan agobiado por el síndrome de dolor crónico que yo no sabía muy bien por dónde comenzar.

Historia de Scott

Se llamaba Scott, y cuando comenzó a contarme su historia detecté odio en su voz, odio puro. Me dijo que odiaba a su médico, pero yo vi que en realidad odiaba la vida misma. Tomando en cuenta la vida que llevaba, no me costó comprenderlo.

Cada día sufría una tortura que duraba horas y lo hacía sentirse enfermo, débil, asustado y asqueado de la vida.

La causa de esa tortura era una enfermedad crónica llamada polimiositis, una inflamación simultánea de muchos músculos, atrozmente dolorosa. El médico le había dicho que sólo la muerte lo libraría de esa tortura.

Scott se inclinó un poco, molesto, en la silla, con los puños tan apretados que los nudillos se le pusieron blancos, y me contó su historia:

—En la última visita, el doctor me dijo: «Te estás muriendo, ¿sabes?». «Ah, gracias por decírmelo», le respondí. —El rostro se le enrojeció de ira; se sentía traicionado, por su cuerpo, por los médicos en los que había confiado e, incluso, por Dios—. Así que ese médico me mira desde arriba y me dice: «¿Qué quieres que haga?». «Eso debería preguntárselo yo a usted», le dije. —Lanzó un suspiro y se inclinó aún más—. Estoy en mala forma; míreme la cara. —La tenía roja, hinchada y plagada del acné causado por los antiinflamatorios esteroideos que tomaba—. Tengo la espalda tan llena de acné que ni siquiera puedo apoyarme en el respaldo de esta silla.

Tendría unos cuarenta y cinco años, pero parecía mayor. Se veía ajado, frágil y débil. Tenía los ojos hundidos, por la depresión.

—Lo último que me dijo ese... estimado doctor fue: «Scott, mira todo lo bueno que tienes en tu vida: tu mujer, tus hijos, tus amigos, tu trabajo. Lo único malo que tienes es el dolor. Centra la atención en lo bueno». Casi me reí a carcajadas, pero reír también me duele. Así que le dije: «Lo único malo, ¿eh? ¿Lo único? De acuerdo, ¿y qué me dice de esto? Mi mujer ya no me aguanta, porque lo único que hago es quejarme y maldecir. Mis hijos me tienen un miedo de muerte. ¿Mis amigos? ¿Qué amigos? Para ellos soy el hombre elefante. Mi trabajo, bueno, eso sí es divertido; ya no me queda profesión, ni siquiera soy capaz de pensar bien. El único trabajo que tengo es batallar con mi compañía de seguro médico. Estoy siempre cansado, pero no puedo dormir. La comida me sienta mal por los medicamentos que tomo. Y de vida sexual, mejor no hablar; tengo que olvidar todo lo agradable. Ah, sí, casi me olvidaba, siento un dolor horroroso constantemente».

Por un momento creí que se iba a echar a llorar, pero se contuvo y adoptó una expresión fría. Se inclinó más hacia delante y miró con los ojos como hielo.

Para comenzar mi examen clínico le hice varias preguntas y él llenó la siguiente ficha, que quedó así con sus respuestas.

Ficha de evaluación del dolor

1. Localización del dolor
   Todo el cuerpo; en algunos músculos más que en otros.

2. Intensidad del dolor, según el paciente:

3. Tipo de dolor, con palabras del paciente (punzante, quemante, etc.):
   Desgarrador, intenso, viene en oleadas.

4. Reacciones más frecuentes al dolor:
   Tomo pastillas; trato de aguantarlo.

5. Medicamentos:
   Xanax, litio, Ambien, prednisona, aspirina.

6. Diversos desencadenantes del dolor:
   El movimiento; tocarme, palparme.

7. Variaciones diarias del dolor:
   Empeora por la noche; empeora con la actividad física.

8. Índices del síndrome de dolor crónico, medidos por la intensidad o gravedad, en una escala de 1 a 10:
   • Reducción de actividades   9

- Cansancio — 9
- Dependencia de medicamentos — 9
- Menos vida social — 10
- Interrupciones del sueño — 9
- Nerviosismo — 8
- Malos hábitos alimentarios — 7
- Insatisfacción con el tratamiento — 10
- Preocupación por los efectos del dolor — 9
- Sensación de pérdida de control — 9
- Disfunción sexual — 10
- Limitación de movimientos — 10
- Deterioro cognitivo — 8
- Ansiedad — 8
- Depresión — 9

Las respuestas de Scott indicaban claramente que sufría de dolor crónico intenso y de síndrome de dolor crónico grave.

Lo miré a los ojos.

—Puedo ayudarte a acabar con el sufrimiento —le dije—, pero tendrás que trabajar como un atleta que se prepara para los juegos olímpicos. ¿Te sientes capaz de comprometerte a hacerlo?

—No puedo permitirme no hacerlo —contestó.

Me cayó bien aquel hombre; era un luchador.

—Estupendo. Comencemos entonces por donde comienzo siempre. Con un objetivo. ¿Qué es lo que más deseas conseguir?

Por lo visto él había pensado muchísimo en eso, porque se apresuró a decir:

—El doctor me dijo que muy pronto estaría en una silla de ruedas y que después contraería neumonía y me moriría, porque me fallarían los músculos que intervienen en la respiración. Si me muero —añadió—, quiero hacerlo según mis condiciones, lo cual significa no más fármacos. Detesto todos esos malditos medicamentos que me están dando; se me pone carne de gallina cuando pienso en ellos. ¿Puedo dejar la medicación? ¿Incluso los analgésicos?

—No vas a tomar ningún medicamento para el dolor.

—¿Y tranquilizantes? El doctor me dijo que aliviaban el dolor.
—En realidad, no.
—¿Entonces por qué él dice que sí? —exclamó exasperado.
—En realidad muchas personas no entienden cómo funciona el dolor. Por desgracia, entre ellas hay muchos médicos.

Comencé a explicarle la fisiología del dolor. Scott me escuchó atentamente, igual que un atleta escucha a su entrenador.

Posibles efectos secundarios de los medicamentos para el dolor

(Entre ellos sedantes, analgésicos, antiinflamatorios no esteroideos, beta-inhibidores, antidepresivos y relajantes musculares)

- pérdida de memoria
- problemas renales
- problemas hepáticos
- muerte
- somnolencia
- vómito y náuseas
- enfermedad cardíaca
- úlceras
- osteoporosis
- ansiedad
- depresión
- hipertensión
- menor inmunidad
- derrame cerebral
- insomnio
- sarpullidos
- hemorragia intestinal
- convulsiones

Cómo actúa el dolor

Yo tenía noticias espléndidas para Scott. Lo principal era lo siguiente: el dolor viaja por una compleja ruta del sistema nervioso (nervios y cerebro) y a lo largo de esa ruta *hay* «puertas» biológicas que se pueden cerrar al dolor.

Cuando se cierran estas puertas el dolor disminuye o desaparece.

Este concepto se llama «teoría de las puertas», y ha revolucionado el campo del control del dolor. Me enorgullece decir que me cuento entre los primeros médicos que han aplicado esta teoría y han incorporado las modalidades holistas al tratamiento clínico de los pacientes de dolor.

Son cada vez más los especialistas que aceptan esta teoría, pero de todos modos sigue siendo relativamente nueva. Por lo tanto, muchos médicos no especializados no la entienden y no la incorporan a sus tratamientos. Por eso es frecuente que no den resultados.

De hecho, muchos médicos ni siquiera entienden qué es el dolor. Algunos creen que el crónico es en esencia lo mismo que el «agudo», de corta duración; creen que el crónico es un agudo que simplemente dura más tiempo.

Eso no es así.

El dolor crónico y el dolor agudo son muy diferentes. El agudo de corta duración es casi siempre un síntoma; es un aviso de que algo va mal. Cuando se arregla lo que está mal, normalmente el dolor desaparece.

Pero por lo general el dolor crónico *no es* un síntoma; con mucha frecuencia no es un aviso de que algo va mal; la mayoría de las veces, el dolor crónico es una enfermedad.

En buena medida está causada por un mal funcionamiento del sistema nervioso: los nervios y el cerebro. En un sentido más amplio, el dolor crónico está en el cerebro.

Se lo expliqué a Scott, pero le aseguré que eso no quería decir que el dolor «lo tuviera sólo en la mente». Gran parte de ese dolor estaba en su cerebro, pero el cerebro es mucho más que sólo la mente. El cerebro no se limita a pensar, también rige todas las funciones del cuerpo, entre ellas el procesado de todas las señales de dolor.

Procesar las señales de dolor es un trabajo muy complicado, y a veces el cerebro se equivoca al hacerlo, igual que nos equivocamos al sumar o al tocar el piano.

Pero es posible corregir esos errores.

En el caso de Scott, yo creía que sólo una parte de su dolor lo causaba el avance de la enfermedad; el resto, se podría decir que la mayor parte, lo provocaba un mal funcionamiento de su sistema nervioso.

Por lo tanto, creía que si corregía esas disfunciones y cerraba las puertas del dolor, podría aliviar su sufrimiento.

En el tratamiento hecho por su médico, este no había hecho caso de las puertas del dolor y de ahí que los resultados fueran desastrosos.

Cuando se dejan abiertas de par en par todas las puertas del dolor en la ruta del sistema nervioso, el dolor comienza a «circular» en un ciclo incesante.

Este ciclo comienza en el sitio donde se origina, por lo general a causa de una herida, una lesión o una enfermedad; después viaja por la médula espinal hasta el cerebro; el cerebro procesa estas señales y luego envía impulsos nerviosos por la médula espinal de vuelta hasta el lugar donde se origina el dolor, sensibilizando esa zona y causando inflamación. La sensibilización y la inflamación tienen por fin proteger la zona lesionada, obligándonos a cuidarla, y también precipita sustancias químicas sanadoras hacia esa zona. Pero al mismo tiempo *intensifica* el dolor e incluso genera más. Este nuevo dolor vuelve a viajar hasta el cerebro, y comienza otra vez el ciclo.

Estos impulsos nerviosos empiezan así a tener «vida propia», ya que el dolor se reproduce y causa más dolor.

Como he dicho, este ciclo podría estar reforzado por muchos de los elementos que componen el síndrome de dolor crónico. Algunos de estos elementos tienden a obstruir las puertas, impiden que se cierren y así la sensación de dolor aumenta.

Además, el síndrome de dolor crónico hace que los pacientes se sientan pasivos, derrotados, y los disuade de hacer muchas de las cosas que deben hacer para eliminar el dolor.

Por qué fracasan muchos médicos

- No tratan los aspectos *neurológicos* del dolor crónico, aun cuando este está en el cerebro.
- Recetan tranquilizantes para el dolor crónico con más frecuencia que cualquier otra medicación, aun cuando los tranquilizantes no alivian directamente el dolor.

- El principal tratamiento ortodoxo para el dolor crónico es la administración de fármacos. Pero en las buenas clínicas para el dolor la principal prioridad es que los pacientes dejen de tomar medicamentos lo antes posible.
- El tratamiento ortodoxo más común para el dolor de la región lumbar es la cirugía, pero la cirugía es lamentablemente ineficaz en la mayoría de los casos.
- Los medicamentos suelen causar «dolor de rebote», que es peor que el dolor original.
- Muchos médicos hacen caso omiso de las *causas subyacentes* del dolor.

Ahora vamos a hacer un viaje por la ruta del dolor, a lo largo del cual señalaré las diversas puertas donde es posible reducir, inhibir y eliminar el dolor.

Después, más adelante, en este mismo capítulo, te explicaré mi programa para el dolor y la *forma de cerrar esas puertas*.

Viaje por la ruta del dolor

Un impulso doloroso suele iniciar su viaje por la ruta del dolor cuando se sufre alguna herida, lesión o enfermedad.

Vamos a suponer que te haces un corte en un dedo. ¿Te has fijado que cuando eso ocurre sientes *antes* la sensación del corte que el dolor? Es así porque los nervios del «tacto» son distintos de los del dolor, y los nervios táctiles envían las señales más rápido que los del dolor. Por eso sentimos la sensación del corte antes que la de dolor.

Los veloces nervios «táctiles» envían las señales al cerebro más o menos a una velocidad de 320 km/h, mientras que los del dolor lo hacen a una velocidad relativamente lenta. El agudo viaja a sólo 60 km/h, y el crónico puede viajar a una velocidad tan lenta como 5 km/h. Esta diferencia de velocidad se debe a que los nervios «táctiles» son más gruesos y están mejor aislados que los nervios del dolor.

Siempre que te haces un corte en el dedo tiendes a apretarlo y a friccionarlo, ¿verdad? Es un instinto natural; se hace porque así disminuye el dolor. La presión y la fricción disminuyen el dolor porque emiten señales «táctiles» rápidas hacia las puertas del dolor y llegan antes; cuando llegan las del dolor, las puertas ya están atiborradas de impulsos nerviosos táctiles, por lo que tienen dificultad para abrirse paso.

Así pues, ya conoces una excelente estrategia antidolor: *darle al sistema nervioso un impulso rival* que llegue antes que las señales de dolor.

Hay muchas maneras de dar impulsos rivales además de frotarse la zona dolorida. También se puede hacer por medios químicos, mecánicos y eléctricos, e incluso con el pensamiento. Pronto conocerás todas las estrategias que existen.

Una conclusión obvia de todo esto es: no te hagas el valiente y no intentes hacer caso omiso del dolor cuando lo sientes; atácalo, derrótalo. En los partidos de béisbol me fastidia que el bateador, cuando recibe un fuerte golpe de pelota, se quede allí sin friccionarse la parte golpeada simplemente para no dar «motivo de satisfacción» al equipo contrario. Eso lo entiende el deportista que hay en mí, pero no el especialista en el dolor. Como verás muy pronto, una vez que se inicia el dolor, es difícil pararlo. Pero si se trata enseguida el dolor agudo, de corta duración, es posible reducir las posibilidades de que se convierta en un dolor crónico, de larga duración.

Ahora continuemos el viaje por la ruta del dolor para descubrir más formas de atajar el dolor.

Cuando las señales de dolor pulsan el botón del «ascensor» (la médula espinal) en dirección al cerebro, de manera automática liberan varias sustancias químicas que le ayudan en el viaje. Estas sustancias, llamadas neurotransmisores, son los mensajeros bioquímicos que llevan las señales de dolor de una neurona (célula nerviosa) a otra. El cerebro, como probablemente sabes, también usa los neurotransmisores para los pensamientos y los sentimientos.

Los tres principales neurotransmisores que transportan las señales de dolor al cerebro son la sustancia D, el NMDA (n-metil-d-aspartato) y el glutamato; de estos tres, la sustancia D parece ser la más activa e importante. Sin estas tres sustancias, sobre todo la D, a las señales de dolor les cuesta muchísimo más llegar al cerebro. Sin embargo, si hay exceso de cualquiera de estas tres sustancias, las señales de dolor llegan al cerebro con mucha más facilidad.

Así pues, tenemos otra manera de detener el dolor: manipulando el nivel de uno o más de estos neurotransmisores. Esto se puede hacer de diversos modos; uno es con medicamentos, con y sin receta, y otro es con acupuntura. Cuando estudies los detalles de mi programa aprenderás los dos modos.

Y hay otra buena noticia: el cuerpo, en su sabiduría innata, natural, tiene su propia manera de impedir que esos neurotransmisores inunden del cerebro y nos abrumen de dolor: los obliga a pasar por una puerta del dolor situada en la parte posterior de la médula. Esta puerta está compuesta por una sustancia que tiene la consistencia de gelatina y se llama sustancia gelatinosa del asta dorsal.

Por lo tanto, tenemos otro método más para controlar el dolor: *apoyar la función* de esta puerta. Esto se logra favoreciendo la salud general del sistema nervioso. Si el sistema nervioso está agotado, estresado o malnutrido, esta puerta pierde eficacia.

Así pues, cuanto mejor funcione el sistema nervioso, más elevado será el «umbral del dolor». Ese es un motivo, por ejemplo, de que uno sienta más dolor cuando no ha dormido lo suficiente: la falta de sueño disminuye la capacidad del sistema nervioso de cerrar sus puertas del dolor.

Sin embargo, por muy bien que funcionen las puertas del dolor, algunas señales dolorosas sí llegan al cerebro. Esto es natural y deseable puesto que sin dolor estaríamos constantemente en peligro grave de lesiones.

Cuando el dolor llega al cerebro, el cuerpo y la mente entran en verdadero combate contra él, siempre que el cuerpo y la mente estén en buen estado y bien coordinados entre ellos.

Hasta el momento sólo hemos hablado de «defensa» del dolor. Pero cuando el cerebro recibe las primeras señales y comprende que el cuerpo está luchando contra su más cruel enemigo, comienza el juego de «respuesta». Se lanza al contraataque.

En las páginas siguientes te explicaré la manera de que ese contraataque sea fiero.

> **Mito del dolor**
>
> «El dolor crónico está en la mente.»
> (Realidad: el dolor crónico está en el cerebro, no en la mente.)

¡Contaraataca!

Cuando las señales de dolor llegan al cerebro, entran en una zona llamada tálamo, que es el lugar donde el cerebro «clasifica» las señales físicas que entran; por ejemplo, además de vérselas con el dolor, también controla el hambre y la sed.

Al instante, el tálamo envía la señal de dolor a las dos partes más importantes del cerebro: la corteza, que se encarga del pensamiento, y el sistema límbico, que rige las emociones.

Cuando ocurre esto, el cerebro pensante y el cerebro emocional mantienen un diálogo, en el cual «comparan notas» sobre la señal de dolor. Intentan decidir su gravedad o su intensidad, dónde está localizado, qué significa y cómo tratarlo; analizan la intensidad de las señales, la frecuencia con que llegan al cerebro y su duración.

Si durante este diálogo la corteza y el sistema límbico deciden que las señales de dolor no son muy graves, le dicen al cuerpo que se relaje y ordenan al sistema neurotransmisor que bombee una sustancia química cerebral calmante llamada serotonina. Esto «calma» los nervios que recogieron la señal de dolor y hace que se relajen los músculos que rodean la parte dañada o lesionada; también comienzan a dilatarse los vasos sanguíneos, que se habían contraído por la alarma. Muy pronto el cuerpo vuelve a su estado normal. El dolor agudo remite y uno vuelve a sentirse bien.

Volvamos, sin embargo, al corte que te has hecho en el dedo: te duele de verdad, la herida es profunda y sangra bastante. Tu corteza y el sistema límbico analizan tu memoria y no les gusta lo que descubren allí; la memoria les dice: «Esta es la peor herida que has tenido en años; seguro que te va a doler y, si no pones cuidado, se infectará». Al oír eso, la corteza y el sistema límbico comienzan a gritar: «¡Alerta roja! ¡Alerta roja! ¡Tenemos un problema!».

¡Comienza el contraataque en toda regla!

En lugar de decirle al sistema neurotransmisor que bombee neurotransmisores calmantes, la corteza y el sistema límbico dan la orden de que se libere el neurotransmisor que estimula la liberación de noradrenalina, que es una forma de adrenalina. Esto ocurre siempre que es atacado el cuerpo; de pronto uno empieza a experimentar los clásicos síntomas de la «reacción de lucha o huida», también llamada «reacción de estrés». Los vasos sanguíneos se contraen, el corazón se acelera, los músculos se tensan y los nervios se «ponen en alerta», a la espera de más problemas.

Aquí es cuando las cosas pueden ponerse muy mal; aquí es cuando puede comenzar el dolor crónico. Si el contraataque no funciona bien se puede llegar al dolor crónico. El contraataque tiene que ser fuerte, pero no demasiado. Si no es suficientemente fuerte o lo es demasiado, puede contribuir al mal funcionamiento neurológico que genera el dolor crónico.

Una cosa que debe lograr el contraataque es procurar un buen equilibrio entre la producción de serotonina calmante y noradrenalina estimulante. Cuando la persona está alarmada, el cuerpo necesita serotonina para calmarse y empezar a cerrar algunas puertas del dolor. Por desgracia, cuanto más inquieta está la persona, más probabilidades hay de que se abran esas puertas e incluso que queden abiertas indefinidamente.

Pero pronto explicaré la manera de generar abundante provisión de serotonina, para disponer de ella cuando sea necesaria.

Otro problema que suele surgir en este momento, como dije antes, es la sensibilización de la parte lesionada o herida. Cuando el cerebro registra el dolor, comienza a vigilar con atención la zona lesionada, mediante el sistema nervioso, como parte del contraataque. Los nervios de la zona lesionada se tornan más sensibles, incluso comienzan a transportar señales de dolor de estímulos que por lo general no lo causan. Por ejemplo, tal vez te duela la piel que rodea la herida del dedo si la tocas, aunque allí no tengas nada.

A veces las señales «saltan» bioeléctricamente de un nervio portador a un nervio vecino que antes estaba libre de estímulos. Cuando ocurre esto, aumenta la cantidad de señales de dolor que viajan al cerebro. Y cuando el cerebro recibe estas nuevas señales, sensibiliza aún más la zona lesionada, y así se inicia el ciclo de dolor.

Sin embargo, mientras más cuides tu sistema nervioso, con un programa completo que lo fortalezca, menos probabilidades habrá de que ocurra esto. Y es así sencillamente porque en la medida en que el sistema nervioso se conserva sano, las membranas que aíslan los nervios ganan densidad e impiden estos «goteos» neurológicos. Otra «excelente arma» de contraataque es la producción de los propios opiáceos endógenos naturales, llamados así porque tienen una actividad parecida a la de la morfina: las endorfinas, las dinorfinas y las encefalinas. Estas sustancias son diez veces más potentes que la morfina. Pero nunca crean tolerancia, como los fármacos.

Estos opiáceos naturales no sólo inundan el cerebro, produciendo alivio físico y fisiológico, sino que también viajan hasta una de las puertas del dolor situada en la columna. Allí combaten directamente con la sustancia D, portadora del dolor, tratando de impedirle que entre en los nervios que van al cerebro.

A veces se dispone de endorfinas suficientes para vencer a la sustancia D e impedir que las señales de dolor lleguen al cerebro, pero no ocurre así siempre; entonces, el dolor tiene un obstáculo menos que superar.

Como podrás imaginar, hay maneras de aumentar la producción de endorfinas, mediante el ejercicio, por ejemplo. Sin embargo, las personas que tienen el síndrome de dolor crónico evitan el ejercicio. Eso es un error, un error que es necesario corregir para acabar con el dolor crónico.

Si no se producen suficientes endorfinas o serotonina, aumentan la intensidad, la frecuencia y la duración de las señales del dolor. Entonces las propias señales impiden que las puertas del dolor se cierren, y así el dolor viaja desde la zona lesionada al cerebro y de vuelta a la zona lesionada.

Cuando esto ocurre repetidamente, millones de veces por hora, estas señales se «graban» en el sistema nervioso; se convierten, de forma literal, en *parte física* de la anatomía del sistema nervioso, igual que los recuerdos grabados en la memoria, en el cerebro.

Cuando se cura la herida, *el dolor grabado puede permanecer*. Ya no necesita los estímulos de la herida; por desgracia, ya tiene vida propia.

Entonces *el dolor ya no es un síntoma; es una enfermedad*.

Las «puertas biológicas del dolor»

Qué las abre
(y aumenta el dolor)

- Falta de sueño
- Estilo de vida estresante
- Miedo y ansiedad ante el dolor
- Trauma repetido en la parte dolorida
- Depresión
- Centrar la mente en el dolor
- Inactividad física
- Falta de nutrientes neurológicos
- Hipoglucemia
- Insuficiencia de serotonina
- Insuficiencia de endorfinas
- Consumo de nutrientes que aumenten la inflamación

Qué las cierra
(y alivia el dolor)

- Relajación
- Ejercicio
- Buena nutrición neurológica
- Medicación
- Acupuntura
- Serotonina
- Sueño adecuado
- Distracción del dolor
- Impulso neurológico rival (p. ej. tocarse o friccionar)
- Pensamientos positivos
- Endorfinas
- Evitar nutrientes que aumentan la inflamación
- Meditación
- Ejercicio mental

Cómo puede doler la curación

Ahora permíteme que te explique otro problema que enfrentas.

Cuando el cerebro contraataca al dolor, también lanza un ataque contra la herida o lesión; a este contraataque se le llama comúnmente proceso de curación. Por desgracia, es posible que el proceso de curación también contribuya a la enfermedad del dolor crónico.

Una forma es mediante el proceso de inflamación.

La inflamación forma parte de la reacción natural del cuerpo a la herida o lesión. Pero la inflamación se puede descontrolar, y entonces causa enorme dolor.

La inflamación se inicia cuando el cerebro envía las «señales de alarma» a la zona lesionada. Esas señales producen un mayor afluencia de sangre, ya que el cuerpo intenta combatir la infección y reparar el daño. Pero parte de esa sangre extra sale de los vasos y produce hinchazón, sensibilidad, rigidez y calor; también libera potentes sustancias químicas que sensibilizan aún más la zona.

Por lo general, la inflamación desaparece cuando sana la lesión o la herida, pero si el dolor queda grabado en el sistema nervioso, esa parte podría continuar inflamada. Entonces no sirve a ninguna finalidad, tan sólo duele. Deja de ser un síntoma y pasa a ser una enfermedad.

La inflamación es la mayor culpable de muchos tipos de dolor.

No obstante, hay formas eficaces de combatir la inflamación. Se pueden tomar fármacos antiinflamatorios, como el ibuprofeno, o ciertos nutrientes. Con terapia nutricional es posible incluso detener la inflamación antes de que se inicie. Sobre la forma de hacerlo hablaremos en el próximo capítulo.

El proceso de curación causa dolor también mediante espasmos o contracciones musculares. Un espasmo muscular comienza siendo un mecanismo protector natural, pues protege la zona al inmovilizarla; en cierto modo es como un cabestrillo o una escayola.

Los espasmos musculares comienzan cuando el cuerpo siente dolor; el cuerpo suele *contraer* los músculos cercanos a la zona dolorida. Pero con frecuencia esos músculos continúan tensos, o contraídos. En parte continúan tensos porque la propia contracción causa dolor, por lo tanto es muy fácil que se genere un ciclo de dolor-espasmo-dolor-espasmo.

Si no se tratan los espasmos podrían hacerse casi permanentes; en realidad, los tejidos podrían quedar «pegados» entre sí.

A veces los espasmos musculares son bastante visibles, y causan muchísimo dolor. Esto suele ocurrir en los casos de dolor músculo-esquelético, entre ellos el de espalda y de cuello. Pero otras veces son sutiles y limitados a zonas muy pequeñas del cuerpo. Estos espasmos menos notorios suelen ser muy molestos. Un problema que suelen causar es el de «dolor reflejo» o relacionado, es decir, aquel que se siente en un lugar distinto de la zona inmediata al espasmo; por ejemplo, un pequeño espasmo muscular en el cuello puede causar dolor de cabeza.

Por fortuna, sin embargo, hay varias maneras de librarse de los espasmos. Una de las mejores es el masaje, que explicaré en el capítulo 3.

El proceso de curación suele producir dolor por una tercera causa: que los nervios del dolor dañados se curen mal. Cuando estos nervios sanan y vuelven a crecer, suelen hacerlo de modo imperfecto, y entonces comienzan a activarse espontáneamente y envían señales de dolor al cerebro sin ningún motivo.

Con frecuencia, a las víctimas de este crecimiento imperfecto de los nervios se las acusa de «inventarse» el dolor, porque ya no tienen ninguna lesión obvia. Muchas veces, incluso los médicos les dicen que el dolor lo tienen en la mente. Se trata a las víctimas como si fueran neuróticas o cobardes. Eso es muy injusto, ¡y estúpido!

De hecho, existe un ejemplo muy obvio de este tipo de dolor: el dolor fantasma de las extremidades. Hasta el 85 por ciento de las personas a las que se les ha amputado una extremidad sienten un dolor que parece proceder del miembro amputado. En algunos tipos de amputaciones, más de un tercio de todos los pacientes sienten un dolor intenso. Este dolor es, en parte, consecuencia de la mala curación de los nervios cortados.

Pero la curación imperfecta de los nervios cortados no es la única causa del dolor fantasma; también suele causarlo el dolor anterior a la operación quirúrgica, es decir el dolor de la lesión o la enfermedad que hizo necesaria la operación. Si ha quedado grabado en el sistema nervioso, puede permanecer una vez eliminada quirúrgicamente la causa, aun en el caso de que los nervios no hayan sufrido daño importante.

Hay otra ilustración interesante del hecho de que el dolor queda grabado en el sistema nervioso, incluso en el propio cerebro. A veces las personas paralíticas sienten dolor en las partes del cuerpo que ya no pueden mover y que ya no reaccionan a estímulos externos. Cuando ocurre esto, a veces los médicos seccionan parte de la médula espinal para aliviarles el dolor. Pero de vez en cuando ni siquiera eso lo consigue. Por desgracia para la persona paralítica, su dolor ya no está en su cuerpo, está en su cerebro.

Te daré un ejemplo más, francamente fascinante, que indica que el dolor crónico se puede «centralizar» en el cerebro. Como tal vez sepas, es posible lograr que una persona recuerde con claridad acontecimientos del pasado estimulando diferentes zonas del cerebro con electrodos. Con este método, los recuerdos suelen afluir con claridad cristalina. Conocedores de este fenómeno, los investigadores del dolor trataron de inducirlo en personas de un estudio mediante la estimulación eléctrica de la zona del cerebro donde llegan antes las señales de dolor, el tálamo. Entonces descubrieron que esa estimulación no afectaba en absoluto a las personas que no tenían ningún historial de dolor; pero al estimular así a pacientes de dolor crónico, estos sintieron un dolor intenso. Una ex paciente de dolor de angina de pecho sintió un dolor terrible en el pecho cuando le estimularon el tálamo.

Así, esta ex paciente descubrió que en ella y en otros pacientes de dolor crónico, el dolor está en el cerebro.

El cerebro es capaz de detener el dolor

Como he indicado, una de las mejores maneras de acabar con el dolor es, simplemente, aumentar el poder del cerebro. Descubrí este sencillo principio poco después de la publicación de mi primer libro, *Rejuvenece tu cerebro*. En ese libro explicaba a los lectores la forma de optimar la capacidad del cerebro, pero no decía casi nada sobre usar el cerebro para derrotar al dolor. Sin embargo, por favor, fíjate en el siguiente intercambio de cartas.

20 de agosto de 1998
Hartford, CT

Querido doctor Khalsa:

Acabo de terminar de leer su libro *Rejuvenece tu cerebro*; me ha dado cierta esperanza. Hace poco me diagnosticaron una forma de distonía llamada tortícolis espasmódica, trastorno que causa violentos movimientos del cuello y muchísimo dolor.

Me pusieron dos inyecciones de la toxina botulina, que no me hicieron el menor efecto. Ahora el neurólogo me ha recetado Tetrabenazine, y por lo visto tampoco da resultados. Tengo treinta y ocho años, soy muy activa, y tengo dos hijas.

El neurólogo me ha dado esos medicamentos, los únicos que hay en el mercado. No se conoce ninguna cura de esta enfermedad.

He comenzado su programa de rejuvenecimiento del cerebro. A mi mente no científica le parece lógico intentar mejorar el funcionamiento de mi cerebro. El aspecto de la nutrición es algo que puedo llevar bien, pero los ejercicios me resultan difíciles ya que no logro mantener derecha la cabeza.

De todos modos voy a seguir adelante, y me gustaría saber si usted cree que existe alguna posibilidad de mejorar este trastorno.

Sinceramente
J. M.

Le contesté a esta señora, que tenía una grave enfermedad neurológica que por lo general no responde a tratamiento, alentándola a perseverar en su programa de rejuvenecimiento del cerebro. Le recomendé que hiciera los ejercicios mente-cuerpo y visitara a un acupuntor, además de seguir el programa completo que estimula la capacidad del cerebro.

A los pocos meses recibí otra carta de ella.

19 de octubre de 1998
Hartford, CT

Querido doctor Khalsa:

¡Han desaparecido todos mis síntomas! El neurólogo renunció a seguir el tratamiento porque los medicamentos no me hacían ningún efecto. Entonces decidí trabajar por mi cuenta, de modo holista. He tenido éxito, y la inspiración me vino de usted. Muchísimas gracias. Continúo tomando todas las vitaminas y suplementos que usted sugería. También sigo con el programa de ejercicios mente-cuerpo, meditación, yoga, buena nutrición y ejercicio.

Gracias nuevamente.

Sinceramente
J. M.

Este caso ilustra con mucha claridad que el cerebro es muy capaz de influir en un trastorno doloroso considerado intratable, incluso sin un programa concebido expresamente para el dolor.

Además, cuando el poder del cerebro se alía con el poder del cuerpo y el poder del espíritu, en un programa para el dolor, casi cualquier cosa es posible.

Ahora tienes una visión básica de cómo funciona el dolor y de cómo se inicia el dolor crónico.

Por lo tanto, ya entiendes, y probablemente mejor que algunos médicos, por qué las características del síndrome de dolor crónico son tan perjudiciales para las personas afectadas por dolor crónico.

Como recordarás, este síndrome se caracteriza por inactividad física, trastornos del sueño, depresión, mala nutrición, miedo, ansiedad, dependencia de medicamentos y letargo mental. Como ahora sabes, es casi seguro que estas características retienen, activan y aumentan las señales de dolor que se han grabado en el sistema nervioso.

Si sufres de dolor crónico, ciertamente comprendo que hayas caído presa de estos síntomas. Al fin y al cabo, el dolor agota y corroe las fuerzas y el entusiasmo por la vida.

Pero ahora que comprendes mejor cómo comienza y se perpetúa ese dolor, es probable que entiendas que los síntomas del síndrome de dolor crónico son veneno para el sistema nervioso: reducen la capacidad natural para resistir el dolor y permiten que el cerebro se concentre en él, aumentando así la intensidad y la frecuencia de las señales dolorosas.

Además de ser «venenosos» para el sistema nervioso, estos síntomas también despojan a la vida de sus fuentes más elementales de dicha: el placer de jugar y divertirse, la satisfacción del trabajo, el amor por los demás.

Esta pérdida de alegría no sólo es horrible en sí misma, sino que también favorece el ciclo de dolor. Cuanto menos alegría, satisfacción y amor siente la persona, más se entrega a hábitos dañinos y más concentra su atención en lo único que le queda en la vida: su dolor.

El resultado final es el sufrimiento.

Si llevas mucho tiempo sufriendo, es posible que hayas llegado a creer que la única forma de escapar sea la muerte.

Eso es lo que pensaba mi paciente Scott. Pero estaba equivocado.

> El dolor agudo de corta duración es un síntoma.
> El dolor crónico de larga duración es una *enfermedad*.

Scott da la batalla

El día que le expliqué a Scott la fisiología del dolor, hablamos también de la causa particular del suyo.

Por motivos desconocidos, su sistema inmunitario se había vuelto en contra de su organismo, mediante un trastorno conocido, justamente, como «autoinmune»; su propio sistema inmunitario destruía sus músculos y le causaba un dolor terrible. Poco después de que le comenzara esta enfermedad, el dolor producido por el deterioro de sus músculos se había grabado en su sistema nervioso; esto lo hacía sufrir constantes y terribles punzadas de dolor, parecidas a puñaladas. Los músculos se le estaban desintegrando; estaba muy delgado.

Sin embargo, él estaba decidido a dejar de tomar sus medicamentos, incluso la prednisona, esteroide que deprime el sistema inmunitario y hace más lento su ataque. Detestaba los efectos de este medicamento, entre ellos el acné, la hinchazón, el insomnio y la agitación emocional. Odiaba esos efectos secundarios tanto como odiaba su dolor.

Pero si dejaba de tomar prednisona, le había dicho un especialista, la enfermedad se agravaría y le causaría aún más dolor; también podría matarlo antes de lo que esperaba.

Durante esa primera visita le pregunté qué pensaba respecto a todo eso.

Se le empañaron los ojos, con expresión de pesar. Tenía la piel blanquecina, del color de la leche desnatada, y su cuerpo parecía una versión encogida de lo que había sido en otro tiempo. Se veía agotado física y emocionalmente.

—Correré ese riesgo —contestó.

—¿Cómo controla tu médico el progreso de la enfermedad? —le pregunté.

—Una enfermera viene a casa y controla mis niveles de CFQ. —Se trata de una sustancia química llamada creatina fosfoquinasa, una enzima que descompone el tejido muscular; cuanto más altos fueran esos niveles más cerca estaría de la muerte—. Esta enfermera trabaja en el programa del hospital de acogida.

Se refería al servicio a domicilio de un hospital para enfermos terminales a los que les quedaban pocos meses de vida.

—Tendrás que dejar poco a poco la prednisona —le dije—, porque podrías morir si la dejas repentinamente. Y cuando empieces a dejar de tomarla, necesitarás un programa antidolor agresivo, porque tal vez el dolor aumente de forma drástica.

Asintió, tranquilo. Le eché un vistazo a sus informes médicos.

—¿También tomas tranquilizantes?

—Xanax, litio y Ambien.

Xanax es un tranquilizante suave, muy parecido al Valium, y Ambien es un somnífero. Por lo general el litio sólo se da para el trastorno bipolar, o maniacodepresivo, que Scott no tenía. El Xanax y el litio no me parecieron apropiados para un paciente de dolor crónico. Con su conformidad, le quité esos dos medicamentos y le prescribí de inmediato un tratamiento completo para el dolor. Comenzó a incorporar cambios importantes en su vida. Aunque le habían dicho que se estaba muriendo, participó con entusiasmo en el programa. Eso me produjo franca admiración; en algunas personas el espíritu es sencillamente imbatible.

Este es un breve esbozo de los cuatro aspectos del programa de Scott:

Terapia nutricional. Comenzó a obligarse a comer con regularidad y a cuidar la alimentación. Su dieta, que cambié a una compuesta sobre todo de cereales, verduras, derivados de soja muy proteínicos y pescado, estaba pensada no sólo para reforzar su sistema nervioso, sino también para mejorar su salud general. Empezó a comer alimentos que estimulaban la producción de serotonina, calmante de los nervios, y a tomar los suplementos que necesitaban su cerebro y sistema nervioso para regenerarse. Además, comía con regularidad nutrientes con propiedades antiinflamatorias. De estos alimentos especiales hablaremos en el capítulo 2.

Fisioterapias. Adoptó principalmente el masaje y los ejercicios mente-cuerpo yóguicos. También hacía trabajos livianos en su casa y paseos suaves, que le servían para comenzar su rehabilitación cardiovascular.

El ejercicio cardiovascular suave le estimulaba la producción de endorfinas, además de dar a sus maltrechos músculos la muy necesitada inyección de oxígeno y nutrientes para la sangre.

Los ejercicios de estiramiento y el masaje le aliviaban el dolor muscular y ayudaban a su cerebro a «desaprender» el hábito de hacer circular el dolor grabado en el sistema nervioso.

Los ejercicios mente-cuerpo le estimulaban el cerebro y llevaban energía a las partes del sistema nervioso que controlan el dolor.

Medicación. Este fue, probablemente, el componente más importante del tratamiento de Scott, puesto que su primer objetivo era dejar de tomar fármacos. Pero este deseo de superar la dependencia de potentes fármacos no es en absoluto excepcional; de hecho, en la mayoría de las clínicas para el dolor más prominentes de Estados Unidos, el primer objetivo de los médicos suele ser eliminar esta dependencia en los pacientes. Como verás en el capítulo 4, los fármacos suelen tener un papel muy positivo en el control del dolor; pero no son panaceas, aun cuando muchos médicos de medicina general así lo crean.

Durante los dieciocho meses siguientes, Scott dejó poco a poco la prednisona y los tranquilizantes.

Sustituyó estos fármacos por productos naturales más suaves, entre ellos remedios homeopáticos y hierbas analgésicas.

Yo temía que al dejar de tomar la prednisona el dolor se le haría insoportable, pero no fue así. Los remedios naturales, combinados con los otros elementos del programa, fueron más que suficientes para compensar la prednisona.

Control mental y espiritual del dolor. Para aumentar su capacidad de reducir cognitivamente sus señales de dolor, Scott comenzó a enfrentarse a sus sentimientos de rabia e impotencia. Eran emociones negativas que aumentaban su percepción del dolor y reducían la capacidad de su cerebro para «ahogar» esas señales.

Su padre había sido un hombre muy difícil, que lo convenció de que no merecía ser feliz y que nunca lo sería. Scott había interiorizado esa actitud neurótica, pero hervía de rabia contra su padre. Para superar esos sentimientos de odio a sí mismo y de rabia, se sirvió de la «terapia cognitiva», que es una forma de psicoterapia basada en la racionalidad, que suele ser muy beneficiosa para los pacientes de dolor. Cuando empezó a desprenderse de ese odio y esa rabia, se sintió mucho más relajado, tanto en el aspecto físico como en el emocional. Disminuyó así su percepción del dolor, aumentó su capacidad para aceptarlo y para distanciarse de él cognitivamente.

Esa actitud más positiva también le sirvió para poner en práctica otras medidas de autoayuda de su programa. Le hizo mucho más fácil estar por encima de su síndrome de dolor crónico y hacer cosas buenas para sí mismo.

También le enseñé una técnica avanzada de meditación, que explicaré más adelante, y con ella profundizó en sí mismo y se liberó de gran parte de la energía emocional negativa que le intensificaba el dolor.

Además de esta psicoterapia, comenzó también una entusiasta búsqueda de la paz espiritual. Esta búsqueda la inició igual que muchos pacientes, preguntándose «¿Por qué yo?».

Esta es una de las más fundamentales de todas las preguntas espirituales sobre el sufrimiento, porque la espiritualidad es, en esencia, la búsqueda de sentido.

La primera vez que los pacientes se hacen esta pregunta, suelen suponer que la respuesta será negativa; creen que tienen que haber hecho algo mal o que en ellos hay algo intrínsecamente mal.

Esto suele ser cierto, y sea lo que sea que esté mal ha de corregirse. Pero esta respuesta negativa no es casi nunca la respuesta completa. Por lo general también hay un elemento positivo en el dolor. Por ejemplo, para muchas personas el dolor es la única motivación que les permite distanciarse de la incesante lucha por competir, y vivir realmente.

Cuando los pacientes encuentran un sentido positivo a su dolor, este siempre les sirve para recuperarse; les reduce la reacción de estrés y aumenta la capacidad mental para combatir el dolor. Muchas veces los capacita para considerar menos amenazador el dolor y los ayuda a olvidarlo.

Scott encontró un sentido positivo a su dolor. Descubrió que podía utilizarlo a modo de camino hacia las verdades universales, y para un mayor conocimiento. En su intenso estudio de la literatura espiritual se enteró de que muchos grandes santos habían experimentado sufrimientos terribles, pero que habían necesitado ese sufrimiento para alcanzar la iluminación. Esas personas de avanzada espiritualidad se convirtieron en sus modelos.

Después de descubrir ese sentido positivo de su dolor, nunca volvió a sufrirlo tanto. Cuando comprendió que del dolor surgía algo bueno comenzó a considerarlo más un desafío que una maldición.

Puesto que es un hombre práctico, no se limitó a sentarse un día a descubrir el significado de su dolor; hizo muchísimo trabajo difícil.

Cada día hacía meditación durante un buen rato, y eso le sirvió para conectar con su yo interior; me dijo que también le servía para conectar con el dominio del espíritu divino.

También cada día leía muchísima literatura espiritual, de todo, desde budismo a la Biblia. Oraba con convicción y fervor.

Además comenzó una potente práctica llamada yoga naad, en que se entonan determinados mantras. Estos mantras se idearon hace muchos siglos, no sólo por su significado literal, sino también por las vibraciones especiales que producen en la cabeza, el pecho y la garganta. Mi maestro espiritual, el yogui Bhajan, ha dicho que esas vibraciones estimulan el funcionamiento óptimo del cerebro y de las glándulas endocrinas, las que producen hormonas. El mantra favorito de Scott era *Ra Ma Da Sa Sa Se So Hung*, que significa «El poder sanador de Dios está en cada una de las células de mi cuerpo».

El momento decisivo en su exploración espiritual fue cuando por fin «renunció» y se rindió al hecho inevitable de que tarde o temprano moriría. Cuando ocurrió eso me comentó: «Ahora que me he rendido, pienso que lo he recibido todo». Con eso no quería decir que había recibido una especie de «billete gratis» a la inmortalidad; quería decir que cada día, durante al menos varios momentos dichosos, había comenzado a experimentar su infinitud.

El efecto neto del crecimiento espiritual de Scott fue que desarrolló una paz interior inquebrantable. Este estado interior era tan profundo que tuvo varias manifestaciones físicas; una de ellas fue la elevación de su umbral del dolor.

Otra manifestación fue su apariencia física. Pasados unos meses empezó a tener un aspecto diferente; el tono blanquecino de su piel pasó a tener cierta luminosidad, ese resplandor incandescente que se ve a veces alrededor de las personas santas; incluso cambió la expresión de sus ojos; ya no se veían atormentados, sino que reflejaban una enorme compasión y un profundo conocimiento de sí mismo. El cambio en su apariencia fue muy espectacular.

Como ves, no había nada terriblemente esotérico en su programa para el dolor; fue tan sólo una combinación de buena medicina, sentido común y el trabajo propio de él.

Cuando llevaba alrededor de seis meses con el tratamiento, un día me llamó para decirme que acababa de hablar con su cardiólogo.

—Era acerca de mi nivel de CFQ —me dijo—. Tenemos que hablar.

Me dio un vuelco el estómago. Si el nivel de CFQ era muy alto, era posible que los músculos cardiacos estuvieran en peligro de fallo inmediato.

—¿Qué dijo el cardiólogo? —le pregunté.

—Prefiero que lo hablemos en persona.

Dolor agudo / Dolor crónico

Hay diferencias

Dolor agudo	Dolor crónico
• Es de corta duración	• Larga duración
• La causa es conocida	• La causa suele ser desconocida
• Entorpece *temporalmente* las capacidades físicas	• Entorpece *indefinidamente* las capacidades físicas
• Causa ansiedad	• Causa ansiedad y miedo
• Suele responder a tratamiento	• No suele responder a tratamiento
• El cerebro no suele perpetuarlo	• Generalmente el cerebro lo perpetúa

La historia de Scott: Último capítulo

Sé que algunos médicos consiguen mantener las distancias y ser objetivos y que no se involucran emocionalmente en la vida de sus pacientes, pero nunca he logrado entenderlo del todo. Tan pronto vi llegar a Scott, exclamé:

—¿Qué te dijo?

—Dijo que me ha bajado el nivel de CFQ —contestó él, con una sonrisa luminosa como un rayo—. Que ha bajado digamos que a *normal*.

—¡Bien! —grité, levantando el puño.

—El cardiólogo me dijo: «No sé qué estás haciendo, pero sigue haciéndolo» —continuó Scott, sonriendo—. Me dijo que había leído algo sobre eso de Deepak Chopra, pero que no lo entiende muy bien. Yo le respondí: «No hay nada que entender; no es algo intelectual, es algo que hay que experimentar. Simplemente hay que hacerlo».

—¿Cómo va tu dolor?

—Muy bien; no pienso mucho en él. Bueno, ahora que lo pienso, no va tan bien; todavía me duelen bastante los músculos. Pero no todo empieza y termina ya con el dolor. He vuelto al trabajo, ¿te lo había dicho?

Y se lanzó a hablarme de su trabajo; tuve que insistir para que continuara con su situación médica.

—¿O sea que todavía sientes dolor residual? —le pregunté.

—Sí, pero sé un montón de maneras para elevarme por encima de él. Conozco todos los trucos.

—¿Ha sido difícil?

—Pues claro. A veces me ha resultado más difícil que estar enfermo. Eran tantas las cosas que tenía que cambiar, mis hábitos, mi dieta, mi mente. Tenía que aceptar el hecho de que durante cuarenta y dos años la mayoría de las cosas que hacía estaban equivocadas, porque me llevaron a esto. Pero tener que hacer tantos cambios ha sido una *bendición*. Cuanto más grandes son los cambios que haces en tu vida, mayor es la curación.

Esto ocurrió hace tres años. En el momento de la publicación de este libro, la enfermedad de Scott continúa en remisión.

Evidentemente, sería ridículo decir que mi programa para el dolor es una cura milagrosa para la polimiositis.

La realidad es que Scott transformó su vida, su cuerpo y su alma. Y cuando lo hizo su sistema inmunitario dejó de intentar destruirlo, por motivos tan misteriosos como los que originaron su enfermedad.

Como he dicho, el cuerpo tiene un poder casi mágico para sanarse a sí mismo. Pero nadie controla ese poder; es un poder al que sólo se puede servir, no dar órdenes.

Hace poco, cuando volví a verlo, le dije:

—Me siento muy orgulloso de ti.

—Gracias, Dharma —se limitó a contestar.

Él también está muy orgulloso, eso es evidente. Pero está orgulloso de un modo en que no interviene para nada su ego; es un orgullo más trascendente.

Ahora ama la vida y ese orgullo, y lo hace como quien se enorgullece de pertenecer a una familia maravillosa; es el orgullo de quien siente que forma parte de la vida.

Segunda parte

El programa curativo del dolor

2

Primer aspecto: Terapia nutricional

*El gran arte de la vida es la sensación,
sentir que existimos, incluso con dolor.*

George Gordon, Lord Byron

—¡Lo ha conseguido! —le dije a Marie cuando entró en mi consulta.
—Apenas —contestó ella.
—Normalmente consigue lo que se propone —dijo su marido, que entraba tras ella.
¿Qué significaba aquello? ¿Sería una recriminación? ¿Un apoyo? Pronto lo descubriría.
Una hora antes Marie había llamado a mi recepcionista para decirle que tal vez tendría que cancelar su visita a mi clínica para el dolor, porque tenía una migraña y se sentía como si «alguien le clavara un cuchillo de mondar en el oído».
Cuando Marie se dejó caer en la silla, su marido miró el reloj.
—¿A qué hora debo volver? ¿Dentro de una hora más o menos?
—O más —dije yo.
—¿Sólo para recetar una dieta?
—Es un poco más complicado que eso.
El marido pareció impaciente.

—La amiga de Marie dijo que usted recetaba dietas en lugar de medicamentos.

—La dieta es medicina —contesté sonriendo, pero él no sonrió.

De pronto Marie gimió, y se cubrió los ojos para protegerlos de la luz.

—Las ha pasado moradas, ¿verdad?

—Sí —repuso ella, sin levantar la vista.

—En realidad se lo decía a su marido.

Él pareció sorprendido, como si no estuviera acostumbrado a que le prestaran atención.

—¿Quiere la verdad? —me dijo, mientras me miraba fijamente a los ojos—. Estos últimos años han sido una putada.

Marie hizo un gesto de pesar ante la palabrota; era posible que hubiera oído esa palabra con demasiada frecuencia. Empecé a temer que su marido formaba parte del problema, y yo necesitaba que fuera parte de la solución; si no, era posible que no hubiera solución.

—¿Sabe? —continuó su marido—, ya tenemos una dieta de otro especialista. Nos hizo una lista con todos los alimentos que causan migraña; pero no ha servido de mucho, por lo que ahora dudo bastante.

—Lo comprendo —respondí—. A nadie le gusta hacer sacrificios que no dan resultados. Pero yo no me voy a limitar a decirle qué alimentos evitar. Últimamente se han descubierto muchas cosas interesantes sobre el dolor crónico, y sé que van bien. En realidad creo que debería quedarse, porque todos somos necesarios para derrotar el dolor.

De nuevo miró su reloj.

—Le daré una oportunidad —dijo, con un suspiro.

La voz sonó hueca y apagada, como si le saliera del fondo del estómago. Por primera vez Marie levantó la vista para mirarlo.

—Gracias, cariño —le dijo, con una débil sonrisa.

Él también sonrió, pero con un gesto automático. Tenía el aspecto agotado de una persona a la que le han ofrecido muchas cosas que nunca han sido útiles.

—Vamos a comenzar por la nutrición —dije—, pero ese es sólo el primer aspecto de mi programa para el dolor, que consta de cuatro aspectos. Los otros tres son el trabajo corporal, la medicación y el control mental. Tal vez suene complicado, pero encaremos la realidad, las personas somos complicadas. Somos multifacéticos, y es necesario un tratamiento multifacético para solucionar los problemas. Si intentamos tomar la salida fácil no nos saldremos de esta.

El marido asintió.

Busqué los ojos de Marie y la miré.

—Sé que soy capaz de encontrar la manera de que acabe ese dolor, Marie, porque he mejorado a cientos de pacientes con dolores incluso peores que el tuyo. Lo que les dio resultado a ellos te dará resultado a ti.

»La comunidad médica —continué—, creía que los diferentes dolores crónicos funcionaban de modo distinto y necesitaban tratamientos distintos; pero ya no creo eso, como tampoco lo creen muchos otros especialistas. Ahora opino que todos experimentamos el dolor de un modo similar, independientemente de su causa. Por lo tanto, voy a enseñarte la manera no sólo de evitar las migrañas, sino también de acabar con cualquier tipo de dolor crónico. Si en el futuro tuvieras artritis o dolor de espalda o dolor muscular crónico, podrías controlar el dolor producido por esos trastornos con este mismo programa básico. Después de todo, el dolor es dolor.

»Pero para vencerlo, tendremos que combatirlo en todos los aspectos a la vez. No podemos saltarnos ninguno, y ninguno es más importante que otro. Todos trabajan juntos.

»Puesto que tenemos que comenzar por uno, lo haremos con la terapia nutricional, pero no me voy a limitar a hablar de los alimentos que desencadenan las migrañas; eso es tema de parvulario. Voy a hablar de nutrientes específicos que acaban con el dolor.

El marido de Marie pareció interesado. Sacó una libreta y un bolígrafo de su maletín.

—¿Qué nutrientes?

Por primera vez lo vi con ganas de apoyar a su mujer. Íbamos a ganar.

—Son cuatro las principales estrategias nutricionales contra el dolor —comencé—. Ahora os las explicaré.

Marie estiró el brazo y le cogió la mano a su marido.

Intensidad del dolor

Más		
doloroso	10	Migraña/jaqueca, quemadura grave
	9	Cólico de lactante
	8	Parto
	7	Dolor debido a un tumor extendido
	6	Artritis grave, fibromialgia
	5	Dolor de espalda
	4	Dolor fantasma de extremidades, fractura ósea
	3	Artritis moderada, dolor moderado de cabeza por tensión
Menos	2	Esguince
doloroso	1	Insolación moderada

Cuatro estrategias nutricionales contra el dolor

En estos últimos años, a medida que progresaba el estudio del control del dolor, los investigadores han descubierto que ciertos nutrientes tienen un efecto profundo en la intensidad de dolor que se siente. En cuanto médico clínico he aplicado con entusiasmo esos nuevos hallazgos.

También he aplicado las medidas nutricionales que la medicina oriental ha usado durante miles de años. Dado que muchas de estas medidas no han pasado por las exhaustivas pruebas de los organismos gubernamentales, la mayoría de los médicos occidentales nunca han oído hablar de ellas.

Esta combinación de remedios nutritivos antiguos y modernos ha dado excelentes resultados; con ella he logrado mejores resultados que la mayoría de especialistas o clínicas para el dolor.

Mis estragegias antidolor van bien prácticamente a cualquier persona, porque actúan sobre las funciones más fundamentales del sistema nervioso, que son similares en todas las personas. En efecto, estas son estrategias antidolor «genéricas», tan eficaces para el dolor artrítico, como para el de cabeza o el de espalda. Actúan en contra de cualquier ciclo de dolor que se haya grabado en el sistema nervioso.

Los otros tres aspectos de mi tratamiento para el dolor también actúan en todas las formas de dolor centralizado, grabado, independientemente de la causa de ese dolor. Por lo tanto, los cuatro capítulos siguientes, en que explico mi programa general, valen para todo aquel que sufre de dolor crónico.

El dolor es dolor para todos, y el dolor está en el cerebro. Por eso este programa general es eficaz para el dolor de espalda, el de cabeza, el de articulaciones y cualquier otro tipo de dolor crónico.

Como es lógico, también hay terapias específicas en mi programa, apropiadas exclusivamente para problemas concretos. En la tercera parte del libro hablo de varios trastornos concretos (artritis, migraña o jaqueca, dolor de espalda y fibromialgia), y explico la forma de ajustar el programa general para adaptarlo a un determinado trastorno.

Para comenzar con el programa general, echemos una mirada a las cuatro estrategias nutricionales «genéricas» contra el dolor.

1. Comer nutrientes que reduzcan la inflamación. Como he dicho, la inflamación es una causa importante de dolor. Está presente tanto en las migrañas como en el dolor de espalda, el muscular y la artritis. Ciertos nutrientes tienen una potente acción antiinflamatoria. En cambio otros alimentos comunes agravan la inflamación y deben evitarse.

2. Comer nutrientes que favorezcan la producción de serotonina, inhibidora del dolor. Recordarás que el neurotransmisor serotonina es una de las más potentes armas en el contraataque al dolor. La serotonina participa en el cierre de las puertas del dolor, y su carencia nos hace más vulnerables. Varios trastornos de dolor crónico se han relacionado con la carencia o insuficiencia de serotonina, entre ellos la migraña, el dolor de espalda, el dolor muscular y muchas otras dolencias.

La escasez de serotonina también se ha relacionado estrechamente con muchos de los síntomas del síndrome de dolor crónico, que «retienen» el dolor. Entre estos síntomas están la depresión, la dependencia de fármacos, drogas y alcohol, el exceso en el comer y el insomnio.

La razón de que esta insuficiencia sea tan común entre esta clase de pacientes es que el dolor obliga al cuerpo a «consumir» su provisión de serotonina; el dolor entonces empeora, con lo cual se consume aún más esa provisión, y así se genera un ciclo destructivo. Pero es posible detener ese ciclo renovando la provisión de serotonina con la alimentación.

3. Comer nutrientes que mejoren la salud del cerebro y del sistema nervioso. Como indiqué en el primer capítulo, cuanto más sano está el sistema nervioso más alto es el umbral del dolor. Un cerebro en buen funcionamiento es capaz de eliminar el dolor; pero no podrá hacerlo si no recibe un potente apoyo nutritivo.

Si el cerebro funciona suficientemente bien, es posible hacer desaparecer el dolor con sólo los pensamientos. Como tal vez recuerdes, un método probado para derrotar el dolor es dar al cerebro un estímulo rival, que compita con él. Los pensamientos pueden ser una fuente de estímulos rivales muy poderosos. Algunas personas son capaces de eliminar el dolor «pensando».

Pero eso sólo es posible cuando las facultades cognitivas están muy aguzadas. Ese es uno de los motivos de que el dolor sea más intenso cuando la persona está cansada: simplemente no tiene la energía mental para distraer al cerebro del dolor.

4. Evitar los clásicos obstáculos dietéticos para el dolor. Hay varios errores dietéticos comunes que suelen cometer muchos pacientes de dolor. Cualquiera de ellos es capaz de aumentar notablemente el dolor y favorecer así el síndrome de dolor crónico. Estos errores suelen tener consecuencias desastrosas.

Entre los más frecuentes están el comer en exceso o menos de lo necesario, ingerir alimentos que provoquen alergias o reacciones no deseadas y aquellos que desestabilicen el equilibrio hormonal.

En las primeras fases del dolor crónico, estos atractivos obstáculos dietéticos suelen utilizarse a modo de refugio temporal para protegerse del dolor. Pero con frecuencia se convierten en parte del síndrome de dolor crónico y comienzan a perpetuar el ciclo de dolor.

Evitar estos errores es relativamente fácil.

Veamos ahora, con más detalles, cada una de las cuatro estrategias nutricionales básicas.

Es prácticamente seguro que estas estrategias te serán útiles. Cuando termines de leer este capítulo, tendrás a tu disposición una *potente arma* para presentar batalla al dolor.

Este será tu primer paso en el viaje hacia la curación de tu dolor crónico.

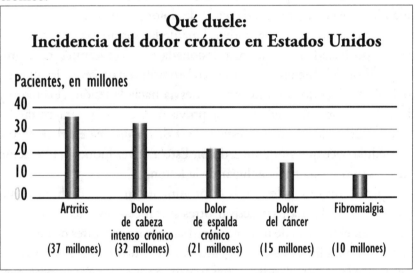

Nutrientes que inician, y detienen, la inflamación

¿Recuerdas en qué consiste el proceso de inflamación? Este proceso, que tiene la finalidad de sanar, pero que también puede resultar perjudicial, forma parte del contraataque del cuerpo ante una lesión, una herida o una enfermedad. Cuando uno de estos factores afecta una parte del cuerpo, este inunda de sangre la zona con el fin de proporcionarle glóbulos blancos extras, para atajar la infección, y también los nutrientes necesarios para sanar.

Pero una parte de esta sangre rezuma, gotea de los vasos sanguíneos y produce hinchazón, presión sobre los nervios del dolor, rigidez y calor. Esta sangre también libera potentes sustancias químicas que sensibilizan la zona; esta sensibilización es un fabuloso mecanismo de supervivencia, porque obliga a cuidar de la zona dañada.

Ciertamente la inflamación contribuye a la curación, pero a veces también se descontrola.

Si el dolor producido por la lesión o la enfermedad se graba o «centraliza», la inflamación puede continuar indefinidamente, incluso después de que se haya curado la lesión o la enfermedad.

Además, dado que la inflamación de suyo es causa de dolor, también influye en la creación del ciclo de dolor perpetuo.

Y no acaba aquí lo negativo. Una de las sustancias químicas que el cuerpo hace llegar a la parte lesionada es la serotonina, el neurotransmisor del «bienestar» que el cerebro utiliza para cerrar las puertas del dolor. Cuando la serotonina se desvía hacia la lesión, el cerebro y la médula espinal quedan sin la provisión necesaria para cerrar las puertas del dolor. Entonces esta escasez de serotonina en el cerebro y la médula hace que aumente el dolor. Esto a su vez induce la liberación de más serotonina hacia el lugar de la lesión.

En el lugar de la lesión, la serotonina no sirve para inhibir el dolor; el cuerpo la usa para activar otras sustancias químicas que intervienen en el proceso de inflamación. Las más importantes de estas sustancias son las llamadas prostaglandinas; cuando aprendas la forma de controlar las prostaglandinas, tendrás un poderoso método para controlar el dolor.

Algunas prostaglandinas tienen un efecto muy positivo; contribuyen a curar las lesiones sin aumentar la inflamación, incluso la reducen.

Sin embargo, hay también prostaglandinas «malas», que también forman parte del proceso de inflamación, pero son su causa principal. De hecho, sin estas prostaglandinas no habría inflamación.

Y ahora la parte buena: tanto las prostaglandinas «buenas» como las «malas» están formadas por nutrientes concretos, por lo tanto, se puede controlar su producción comiendo ciertos alimentos. Al controlar la producción de prostaglandinas mediante la nutrición se ejerce un enorme poder sobre la inflamación; es posible aliviar la ya existente y evitar una futura antes de que comience.

A continuación explico la forma de hacerlo. Las dosis que sugiero son simples directrices. Tendrás que consultar con tu médico para adaptar el programa a tus necesidades concretas.

El primer paso es comer el tipo correcto de grasas en la cantidad correcta. El cuerpo las utiliza en la producción de prostaglandinas, de modo que si modificamos su consumo podemos modificar la producción.

Comiendo el tipo correcto de grasas se ayuda al cuerpo a producir sobre todo prostaglandinas «buenas», que hacen circular fácilmente por la sangre las plaquetas (responsables de la coagulación) sin que se adhieran entre ellas; cuando la sangre circula con facilidad, sale rápidamente de la zona inflamada y no se queda estancada en las dolorosas bolsas de tejido inflamado.

Pero cuando se comen grasas del tipo incorrecto, se producen sobre todo prostaglandinas «malas», que inducen a las plaquetas a formar grumos, dificultan la circulación de la sangre y aumentan la inflamación.

Las grasas que deberás comer son las siguientes:

EPA (ácido eicosapentaenoico). Esta clase de grasa se encuentra en el pescado.

El EPA es un ácido graso que se origina en diversos tipos de algas; los peces se alimentan de estas algas, y cuando comemos pescado metabolizamos este ácido graso. La mejor fuente de EPA no es el pescado blanco, sino el azul, de aguas frías, como el salmón, el atún, el arenque, la caballa y la sardina.

Los pacientes de dolor no vegetarianos deberían procurar comer de dos a cinco raciones de pescado a la semana; de este modo obtendrían la provisión de EPA suficiente para reducir la inflamación.

El EPA, que es un ácido graso omega-3, también se puede tomar en forma de suplemento. Para mejorar trastornos inflamatorios de larga duración, como la artritis, por ejemplo, tal vez sea necesario tomar hasta 15 comprimidos (de 1 gramo) de EPA diarios.

Es fácil encontrar suplementos de EPA; se venden en las tiendas de alimentos dietéticos, en las farmacias y en los supermercados.

Muchos pacientes de migraña han experimentado alivio sólo con tomar EPA.

Hay algunos, no obstante, que no desean tomar EPA preocupados por la contaminación del mar. Entonces, a veces lo reemplazan por aceite de semilla de lino, que tiene propiedades similares. El aceite de lino se encuentra en las tiendas de alimentos dietéticos; una buena fuente de aceite de lino son las semillas de lino molidas en un molinillo de café, que se pueden usar como condimento.

GLA (ácido gammalinolénico). Este tipo de grasa es similar al EPA, pero al parecer su efecto terapéutico no es tan potente. Por lo general se encuentra en forma de aceite de onagra y se vende en las tiendas de alimentos dietéticos. Una dosis adecuada sería de aproximadamente 500 miligramos diarios. Este aceite se puede tomar combinado con otros ácidos grasos beneficiosos, como el EPA.

ALA (ácido alfalinolénico). Este ácido graso se encuentra sobre todo en las verduras verdes. Normalmente no se vende como suplemento, por lo tanto no se ha establecido una dosis diaria.

Fuentes muy ricas en ALA son los «alimentos verdes» que contienen clorofila, como la espirulina, las algas cianofíceas (verde azuladas), la grama de botica, la alfalfa y la clorella. Estos alimentos, que contienen una amplia gama de micronutrientes, suelen tener un potente efecto antiinflamatorio. Pacientes míos que han tomado estos productos han experimentado mejoría de diversos trastornos inflamatorios, desde gingivitis e inflamaciones de la piel a artritis. También son un tónico general para la función cognitiva, puesto que al aumentar la energía del cerebro lo ayudan a derrotar al dolor.

Si bien todos los aceites que he mencionado son inofensivos en dosis sensatas, no hay que tomarlos en cantidades excesivas. En cantidad muy elevada podrían obstaculizar la coagulación normal de la sangre. Hay que tener este mismo cuidado con los aceites de pescado que contienen niveles elevados de vitamina A, que puede ser tóxica en dosis excesivas. Las embarazadas, en particular, deben evitar el exceso de vitamina A porque puede causar defectos de nacimiento.

Además, un pequeño porcentaje de pacientes me han dicho que esos aceites empeoran la inflamación en lugar de mejorarla, de modo que siempre conviene tener precaución. Algunas personas creen que la terapia nutricional es siempre inofensiva porque es natural, pero esto no es así. Los nutrientes concentrados pueden tener efectos muy poderosos y de largo alcance, por lo que deben tomarse con prudencia y bajo la atenta vigilancia de un especialista en el dolor formado en nutrición.

Ahora pasemos a los tipos de grasa que hay que evitar.

Por desgracia, son tal vez las que consumes con más frecuencia.

La peor grasa es la de origen animal. Los aceites de cocina comunes también son malos para la inflamación, entre ellos los de maíz, de cártamo, de girasol, de sésamo y de colza.

Estos tipos de grasa contienen enzimas que fabrican una sustancia llamada ácido araquidónico, que el cuerpo utiliza para producir prostaglandinas. Esta sustancia es inocua para la mayoría de las personas, pero es veneno para los pacientes de dolor.

Por lo tanto, si tienes alguna inflamación crónica deberás reducir de modo importante o, mejor aún, eliminar, el consumo de carne y sustituir los aceites vegetales más comunes por aceite de oliva. También deberás consumir productos lácteos desnatados, como leche, yogur y helado de crema desnatados, queso sin grasa y crema agria. Además, has de evitar los alimentos procesados y preparados que contengan grasas y aceites; entre estos hay de todo, desde galletas saladas crujientes a pasteles y tartas. Lee atentamente las etiquetas de los productos que compras.

Si tu dieta actual es la típica moderna, es posible que te resulte difícil reducir el consumo de grasas, porque la dieta normal en muchos países industrializados, entre ellos Estados Unidos, contiene un 33 por ciento de grasa.

Sin embargo, hoy en día existen muchos productos deliciosos sin grasa que deberían servirte para satisfacer el deseo de comer alimentos sabrosos.

La reducción del consumo de grasa no sólo disminuye la inflamación, sino que también combate el dolor de otras dos formas:

1) Mejora la función hepática, puesto que el consumo excesivo de grasa daña al hígado; esto contribuye a estabilizar los niveles hormonales. Como he dicho, la alteración del equilibrio hormonal es uno de los clásicos escollos dietéticos en la lucha contra el dolor.

2) Mejora la circulación sanguínea, con lo cual se estimula el funcionamiento del cerebro, que utiliza el 20 por ciento de toda la sangre bombeada por el corazón. La buena circulación lleva también más poder sanador a las zonas enfermas o lesionadas y también es directamente beneficiosa para algunas formas de dolor, por ejemplo, la irrigación sanguínea alivia algunos tipos de dolor muscular.

La reducción del consumo de grasa es también una de las cosas más importantes que se puede hacer para ahorrarse el dolor futuro causado por enfermedades degenerativas. Muchas de las formas de cáncer más comunes, como el de próstata, el de colon y el de mamas, están relacionados con el consumo excesivo de grasas. Comer demasiada grasa es también el mayor factor de riesgo de enfermedad cardiovascular, causante de muchos tipos de dolor. Además, los últimos estudios indican que el consumo excesivo de grasa es un factor de riesgo importante para la enfermedad de Alzheimer y la artritis reumatoidea. También la diabetes y la osteoartritis están asociadas a la obesidad, cuya causa suele ser el consumo excesivo de grasa.

Hace poco se ha descubierto un hecho que es muy alentador. En uno de los más recientes estudios a gran escala del consumo de grasa se descubrió que cuando la persona comienza a comer principalmente alimentos pobres en grasa, baja de modo importante la tensión arterial en sólo dos semanas; esto indica la rapidez con que el cuerpo comienza a liberarse de la grasa alimentaria.

En mi práctica clínica he visto cómo en cuestión de días la inflamación responde al menor consumo de grasa.

Así pues, comienza hoy mismo; no hay motivo para esperar.

Otros nutrientes que «dejan fuera de combate» la inflamación

Además de los ácidos grasos que reducen la inflamación, hay otros alimentos que también han demostrado tener esa capacidad.

Cúrcuma. Esta especia común de color amarillo podría ser la sustancia natural antiinflamatoria más potente; sus propiedades se conocen desde hace mucho tiempo en la farmacopea oriental. Se toma en cápsulas preparadas o se usa como condimento en una amplia variedad de platos, sobre todo los guisos con curry.

Estudios realizados en Occidente han demostrado que el principio activo antiinflamatorio de la cúrcuma es la curcumina, y en estudios controlados se ha comprobado que es tan eficaz como los potentes fármacos cortisona, ibuprofén y fenilbutazona; pero a diferencia de estos fármacos, la curcumina se puede tomar en dosis elevadas sin ningún riesgo.

La cúrcuma es curcumina pura en un 95 por ciento más o menos.

En un estudio realizado para comparar el efecto de la cúrcuma con el de los fármacos antiinflamatorios, los pacientes de artritis reumatoidea que tomaron cúrcuma experimentaron igual mejoría en la rigidez e inflamación articular matutina que los que tomaron fenilbutazona, fármaco que puede causar úlceras gastrointestinales e inmunodeficiencia.

Los análisis de laboratorio indican que la forma de cúrcuma más potente, el curcuminato sódico, es un agente antiinflamatorio más potente que la cortisona.

Los herbolarios occidentales recomiendan la toma oral de la hierba, pero en la tradición médica oriental a veces se aplica externamente sobre la zona inflamada, en forma de emplasto. Cuando se toma por vía oral, se suele mejorar su absorción tomando también enzimas que intervienen en la digestión de las proteínas, como la bromelaína, por ejemplo.

Se cree que la cúrcuma reduce la inflamación al aumentar la actividad del cortisol, hormona esteroidea natural que tiene potentes propiedades antiinflamatorias.

Si has leído mi libro *Rejuvenece tu cerebro*, sabes que considero neurotóxico el cortisol cuando está presente en el organismo en niveles muy elevados durante un periodo largo. Pero es improbable que la cúrcuma induzca una elevación tan extrema de cortisol. La principal causa de la elevación permanente del nivel de cortisol es el estrés prolongado o constante.

No hay ninguna dosis establecida para la cúrcuma. Por lo general recomiendo a mis pacientes comenzar a tomarla en dosis pequeñas, unos 100-200 miligramos diarios, y luego aumentar la dosis si es necesario. Suele venderse en cápsulas de 100 miligramos. Mis pacientes no han notado ningún efecto secundario importante, pero de vez en cuando podría producir un leve malestar de estómago si se toma en dosis muy elevadas. Si te ocurre eso, reduce la dosis.

La cúrcuma se encuentra como condimento en casi todos los supermercados, pero las cápsulas son algo difíciles de encontrar. Muchas tiendas de alimentos dietéticos no las sirven.

La cúrcuma forma parte importante asimismo de fórmulas naturales para el dolor.

Boswellina. Este es otro remedio asiático antiguo, muy usado en la medicina ayurvédica, cuya eficacia se ha demostrado recientemente en experimentos de laboratorio y en pruebas clínicas controladas. Esta sustancia procede de la resina del árbol *Boswellia serrata*, del cual también se extrae un tipo de incienso. En un estudio con animales realizado hace poco, un derivado de la boswellina, el ácido boswéllico, redujo la inflamación de animales artríticos en un 28 a 55 por ciento.

En un estudio de 175 pacientes de artritis reumatoidea, el 67 por ciento tuvieron una reacción entre buena y excelente a la boswellina; se constató la disminución de la rigidez, del dolor y la hinchazón.

Se cree que la boswellina alivia la inflamación al reducir el número de glóbulos blancos que «migran» hacia la zona inflamada.

Una buena dosis inicial de boswellina es de 300 miligramos diarios. En general, en esta dosis moderada, mis pacientes no han experimentado ningún efecto secundario importante.

Podría ser relativamente difícil encontrar boswellina. Tal vez tendrás que encargarla por correo a un buen proveedor especializado.

Jengibre. Durante miles de años los sanadores asiáticos han usado el jengibre como antiinflamatorio. Se cree que alivia la inflamación al reducir el número de prostaglandinas «malas».

El famoso médico y escritor Andrew Weil, ferviente promotor de la medicina botánica, ha afirmado que el jengibre podría ser tan eficaz como algunos de los fármacos antiinflamatorios no esteroideos, con la diferencia, como bien observa, de que el jengibre protege el revestimiento del estómago, mientras que los antiinflamatorios no esteroideos lo irritan.

El jengibre se puede comer fresco, y así se sirve normalmente en muchos platos chinos. Pero secado tiene un efecto antiinflamatorio más potente. El jengibre secado, vendido en cápsulas, se encuentra en muchas tiendas de alimentos dietéticos. Generalmente se presenta en cápsulas de 500 miligramos.

Una dosis inicial sensata es de 2 cápsulas de 500 miligramos, tomadas entre dos y cuatro veces al día.

Enzimas digestivas de las proteínas. Estas enzimas, entre ellas la proteasa, la bromelaína, la tripsina, la lipasa, la pancreatina, la amilasa y la papaína, tienen un importante efecto antiinflamatorio. Ayudan al sistema inmunitario a distinguir entre las sustancias extrañas inocuas y las que activan la reacción inflamatoria.

En varios estudios clínicos controlados se ha comprobado que las enzimas digestivas de las proteínas (también llamadas enzimas proteolíticas) producen un importante alivio de la artritis. En un estudio realizado con mil pacientes de diversas enfermedades reumáticas inflamatorias, casi el 70 por ciento experimentaron una reacción entre buena y excelente, con efectos secundarios mínimos.

Un beneficio añadido de estas enzimas es que favorecen la digestión de los alimentos y, por lo tanto, contribuyen a sanar el aparato gastrointestinal.

Antioxidantes. Varias vitaminas antioxidantes, entre ellas la forma de vitamina E llamada gamma-tocoferol, no previenen directamente la inflamación, pero sí protegen al cuerpo de los daños causados por la inflamación.

El gamma-tocoferol es la única sustancia conocida capaz de liberar al cuerpo de un compuesto químico muy destructivo llamado peroxinitrito, producido por la inflamación; esta sustancia, que es óxido nítrico radical, podría iniciar procesos que conducen al cáncer o a trastornos cardíacos. Además, el gamma-tocoferol atrapa y elimina el óxido de nitrógeno, compuesto químico que suele encontrarse en el aire contaminado. Una dosis diaria sensata de vitamina E es de 400-800 miligramos.

También se ha comprobado que otros nutrientes antioxidantes, entre ellos las vitaminas C y A, y el selenio, protegen los tejidos inflamados; evitan que los músculos, tendones y ligamentos queden permanentemente dañados por inflamación crónica.

Una buena dosis de vitamina C es de 1.000 miligramos tres veces al día. A algunas personas esta dosis les causa leves problemas gastrointestinales; en el caso de que ocurra eso, hay que reducir la dosis hasta que desaparezca el problema. En cambio, a otras personas les van bien dosis de hasta 2 gramos de vitamina C tres veces al día.

Una dosis prudente de vitamina A es de 10.000 UI (unidades internacionales). Las embarazadas, sin embargo, sólo deberán tomar vitamina A bajo el control de un médico, porque, como ya he dicho, las dosis elevadas de esta vitamina durante el embarazo pueden ser causa de defectos de nacimiento en el bebé.

El selenio, el mineral antioxidante más potente, deberá tomarse en dosis de 50-100 mcg diarios. En esa dosis podría tener también un moderado efecto ansiolítico.

Estos son los nutrientes antiinflamatorios más potentes. Si tomas con regularidad algunos de ellos, o todos, es casi seguro que reducirás tu inflamación.

Cuando combines la terapia antiinflamatoria con los otros tres elementos de la terapia nutricional y con los otros aspectos de mi programa antidolor, el dolor inflamatorio dejará de controlarte; serás tú quien lo controle a él.

Nutrientes antiinflamatorios

Útiles	Perjudiciales
• EPA • GLA • ALA • Cúrcuma • Boswellina • Jengibre • Enzimas proteolíticas • Gamma-tocoferol y otros antioxidantes (vitaminas C y A, y selenio)	• Grasas de origen animal • Aceites de cocina comunes (de maíz, cárcamo, girasol, sésamo, colza). Reemplazarlos por *aceite de oliva*

Cuando terminé de explicar a Marie y a su marido los nutrientes que reducen la inflamación, les di una lista parecida a la del cuadro.

Paul, de algo más de cuarenta años, dobló cuidadosamente la lista y la colocó en su libreta; era ingeniero y le gustaba tener bien organizadas las cosas.

—Una pregunta rápida —me dijo—. ¿Por qué Marie sufre siempre de una migraña justo antes de que le comience la regla?

—Yo también lo he notado —aseguró ella.

—Alrededor del 60 por ciento de todas las migrañas están directamente relacionadas con el ciclo menstrual —les dije—. Hay una nueva teoría sobre por qué ocurre eso. Para mí, la teoría tiene mucha lógica. No sé si os habréis fijado, pero muchas de las formas más comunes de dolor crónico, entre ellos la migraña, el dolor de espalda y el dolor muscular, atacan mucho más a las mujeres que a los hombres. El dolor muscular crónico es diez veces más común entre las mujeres, y las migrañas y el dolor de espalda son tres veces más frecuentes. Dos tercios de todos los pacientes que están en clínicas para el dolor son mujeres.

»¿Recordáis que hablé de un neurotransmisor que cierra las puertas del dolor?

Paul miró sus notas.

—La serotonina —dijo.

Le di una palmadita en la rodilla sonriendo. Me encanta cuando los pacientes y sus familiares escuchan atentamente mis explicaciones y se responsabilizan de solucionar sus problemas. Te sorprendería saber cuántas personas esperan que yo lo haga todo.

—Buena respuesta. La serotonina es probablemente la mejor arma contra el dolor del cuerpo. Es incluso más importante que las endorfinas. Ahora bien, la teoría es la siguiente. Al parecer, la fluctuación en los niveles de la hormona femenina estrógeno desestabiliza el nivel de serotonina. Por el contrario, la hormona masculina testosterona lo estabiliza. Así pues, es posible que las mujeres sean más vulnerables al dolor que los hombres. Las mujeres son particularmente vulnerables cuando la menstruación altera sus niveles de estrógenos.

—Pero yo siempre he oído decir que las mujeres tienen un umbral del dolor más alto que los hombres.

—Es posible que dado que las mujeres experimentan más dolor aprendan a tolerarlo mejor. Pero parece que no tienen un umbral del dolor más alto. En realidad, da la impresión de que lo tienen más bajo.

Le pregunté a Marie si tendía a tener síntomas premenstruales fuertes. Contestó que sí.

—¿Incluso depresión?

—Sí —contestaron los dos al unísono.

Les dije que tanto los síntomas premenstruales como la depresión indican una posible insuficiencia de serotonina.

—Sin embargo —añadí—, es posible aumentar el nivel de serotonina con nutrientes. No es tan difícil.

—Díganos cómo —dijo Paul, y abrió la libreta por una página en blanco.

Pero antes de comenzar, le pedí a Marie que llenara los formularios iniciales. Mientras Paul bebía un refresco, miré sus respuestas. Me entristeció lo que vi. Marie no sólo sentía dolor, sino que además sufría. Sus dolores de cabeza le producían un sufrimiento que vivía como interminable. En el pictograma destinado a indicar la intensidad del dolor, había rellenado con negro las lágrimas que caían por la cara del paciente, agrandándolas; jamás había visto a nadie hacer eso. Además, tenía muchas de las características del síndrome de dolor crónico. Una de las cosas que escribió fue: «El dolor me hace difícil sentir amor; y le hace difícil a mi marido amarme».

Sin embargo, ahí estaban los dos, con esperanza, intentándolo, todavía juntos. Qué fuertes son las personas; su increíble fuerza me conmueve profundamente.

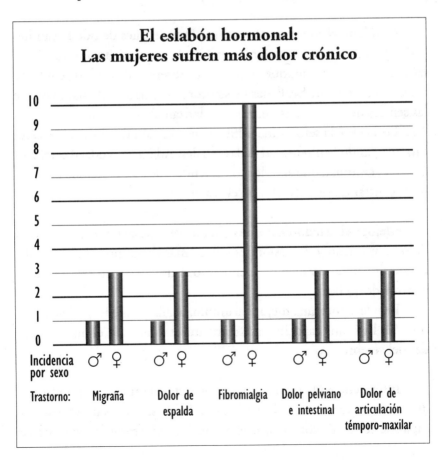

Aumentar la serotonina para elevar el umbral del dolor

La serotonina es la peor enemiga del dolor; observa todas las formas como lo combate:

Inhibe la liberación de la «sustancia D». ¿Te acuerdas de la sustancia D? Es uno de los principales portadores químicos del dolor; considérala la sustancia Dolor. Se produce en la columna vertebral como reacción a las señales de dolor conducidas por los nervios y las lleva hasta el cerebro. Si estas señales no llegan al cerebro, no sentimos dolor, porque, en último término, el dolor está en el cerebro. La serotonina disminuye la liberación de sustancia D. Al hacerlo cierra algunas de las puertas del dolor.

Combate el dolor en el cerebro. Aun después de que hayan llegado algunas señales de dolor al cerebro, la serotonina continúa combatiéndolas. El tálamo, que es el «centro receptor del dolor», contiene un sistema de neuronas llenas de serotonina. Cuando el tálamo recibe las señales de dolor, estas neuronas se lanzan al contraataque.

De hecho, la serotonina inhibe la percepción del dolor en el cerebro, regulando la intensidad de las señales. Además, ayuda al cerebro a dirigir el contraataque al dolor impidiendo que este reaccione en exceso y «centralizando» el dolor en el sistema nervioso.

Mejora el estado de ánimo. Como ya sabes, si uno reacciona al dolor con miedo y depresión, este hace más daño; no sólo lo percibe mejor sino que también es menos capaz de lanzar un contraataque controlado y eficaz.

Pero la serotonina mejora el ánimo, acalla el miedo y alivia la depresión. Esto nos capacita para combatir el dolor con el máximo poder del cerebro.

Interviene en la regulación de los ciclos de sueño. Como hemos dicho, si el cerebro está debilitado por falta de sueño, es mucho menos capaz de combatir con eficacia el dolor. Pero la serotonina lo favorece;

junto con otra importante «hormona del sueño» (la melatonina), nos ayuda a conciliar el sueño y continuar durmiendo, aunque experimentemos dolor.

Contribuye a la flexibilidad de los vasos sanguíneos. Esto va muy bien a las personas que sufren trastornos inflamatorios crónicos. Cuando los vasos sanguíneos están más flexibles no son tan propensos a dejar salir el goteo de sangre que causa la irritación dolorosa. La serotonina aumenta la elasticidad de los vasos sanguíneos y contribuye a evitar el «goteo». Un trastorno que mejora así es el de la migraña, que está causada principalmente por el goteo de sangre en el cerebro. Como verás en el capítulo 7, una de las mejores maneras de prevenir y tratar las migrañas es aumentar el nivel de serotonina.

Como ves, la serotonina se opone con fuerza al dolor de varias maneras.

Sin embargo, como he dicho, el propio dolor baja el nivel de serotonina. La serotonina se «agota» en el lugar de la inflamación, y cuando esto ocurre la persona es aún más vulnerable. También se muestra más propensa a la depresión y al insomnio. Es un círculo vicioso.

Pero existe una solución: generar más serotonina.

Esto se puede hacer con medicación, con fototerapia y con ejercicios de mente-cuerpo. Pero uno de los modos más eficaces de aumentar el nivel de serotonina es con la terapia nutricional. Te explicaré cómo se hace.

El cuerpo fabrica serotonina a partir de una proteína parcial (o «aminoácido») llamada triptófano. El triptófano está presente en la mayoría de los alimentos que comemos.

Sin embargo, son millones las personas que no consumen suficiente triptófano o no convierten buena parte de él en serotonina. Una indicación de que la insuficiencia de serotonina es un problema común es la popularidad de un fármaco que aumenta su nivel: Prozac. En los último años el Prozac se ha convertido en uno de los fármacos más usados en todo el mundo.

Alimentos ricos en triptófano

Alimento	*L-triptófano en mg*
Pollo (85 g)	285
Queso cheddar (85 g)	270
Platija grande (85 g)	211
Huevo	210
Cacahuetes (1/2 taza)	184
Mantequilla de cacahuete (2 cucharadas)	112

Otras fuentes son la leche, la soja y otras formas de queso.

Ten en cuenta que muchos de estos alimentos son muy ricos en grasa, por lo que debes comerlos con mucha moderación.

El Prozac y fármacos similares (el Zoloft, por ejemplo) pueden ser muy útiles para algunas personas, entre ellas algunos pacientes de dolor crónico (de estos fármacos hablaremos en el capítulo 4). No obstante, el Prozac suele tener efectos secundarios; además, no es apropiado para personas cuya insuficiencia de serotonina no pasa de leve. Por lo tanto, prefiero que mis pacientes aumenten el nivel de serotonina de modos más naturales. El modo más sencillo y eficaz es hacer ejercicios de mente-cuerpo, que explicaré más adelante. Pero algunos pacientes son capaces de aumentar el nivel de serotonina con un mayor consumo de alimentos que contienen triptófano.

El triptófano existe en forma de suplemento, pero actualmente es más difícil adquirirlo. Hace varios años, un lote de comprimidos de triptófano que resultaron contaminados durante su fabricación fue causa de numerosas enfermedades y de muertes. Debido a esta tragedia, la Administración de Alimentos y Fármacos de Estados Unidos (FDA) prohibió la venta de triptófano sin receta; ahora es necesaria la receta de un médico, y hay que comprarlo en farmacias que elaboran sus propias fórmulas.

En un buen número de países se encuentra a la venta en forma de suplemento, entre ellos varios europeos.

Otra fuente de triptófano que actualmente se encuentra en Estados Unidos como suplemento es el 5-HTP (5-hidroxi-L-triptófano); se trata de una forma modificada de triptófano, obtenida de plantas, que tiende a tener efectos aún más positivos que el propio triptófano. Una dosis diaria razonable es de 50 miligramos. Las personas afectadas por dolor intenso podrían necesitar una dosis más elevada.

La dosis diaria adecuada de triptófano sería de 250-500 miligramos para una persona sana; una persona con dolor crónico podría necesitar hasta 3.000 miligramos diarios. Esta dosis relativamente alta deberá tomarse repartida a lo largo del día, bajo la dirección de un profesional de la salud.

Muchas personas prefieren tomar la dosis mayor de triptófano por la noche, porque puede causar somnolencia, debido a su efecto inmediato en la producción de serotonina. Además, el triptófano activa la liberación de melatonina, la «hormona del sueño». Durante años el triptófano ha sido un popular somnífero suave y sin riesgos.

Es posible que si tomas demasiado triptófano no te sientas calmado, sino agitado, porque la serotonina puede producir tensión nerviosa si su nivel es demasiado alto. Igual que en el caso de los demás neurotransmisores, el nivel de serotonina debe mantenerse dentro de la franja óptima. Siempre se tiende a «tomar demasiado de lo bueno». Si te sientes agitado después de tomar triptófano, reduce el consumo.

Si decides no tomar triptófano en forma de suplemento, aumenta su presencia en tu organismo comiendo abundantes hidratos de carbono complejos (fécula y azúcar), sobre todo antes de tomar la proteína. Cuando se come primero la proteína, el proceso digestivo inhibe la absorción del triptófano.

Muchos de mis pacientes afectados por depresión me han dicho que a menudo ansían comer hidratos de carbono. Creo que esto se debe a que necesitan el aumento de serotonina que provocan los hidratos de carbono.

Como ves, aumentar el nivel de triptófano con cambios en la dieta es sencillo y no es arriesgado. Sin embargo, para obtener la cantidad de triptófano necesaria para inhibir el dolor crónico, tal vez necesites tomarlo en forma de suplemento y no sólo como parte de tu dieta.

> **Para aumentar el nivel de serotonina**
>
> Come la fécula y el azúcar primero, y después la proteína.

Ahora vamos a pasar al tercer componente de mi estrategia nutricional contra el dolor: derrotarlo «fortaleciendo» el cerebro.

Como escribí en *Rejuvenece tu cerebro*, «el cerebro es de carne y hueso». Por lo tanto, es posible aumentar su poder, así como es posible aumentar la potencia muscular, con un programa que incluya terapia nutricional. Cuanto más fuerte esté el cerebro mejor combatirá el dolor.

Presentar batalla al dolor con el cerebro

El cerebro hace algo más que limitarse a pensar; también rige todos los procesos del cuerpo, directa o indirectamente, de manera consciente o inconsciente. Uno de esos procesos es la percepción y el control del dolor.

Ya hablamos de cómo frena el dolor, de modo que ahora veremos cómo aumentar su capacidad o poder.

Hay cuatro maneras básicas para aumentar la salud física del cerebro: 1) con ejercicio físico y mental; 2) con remedios naturales y farmacéuticos; 3) disminuyendo el estrés, sobre todo mediante la meditación, y 4) con terapia nutricional. Puesto que este capítulo hace referencia a la nutrición, trataremos este tema en relación al cerebro. En los capítulos siguientes veremos los otros métodos para aumentar el poder cerebral.

Para nutrir óptimamente el cerebro tendrás que hacer dos cosas: seguir una buena dieta y tomar unos cuantos suplementos para fortalecer el cerebro.

Comencemos por la dieta.

Una de las ideas expresadas con más frecuencia en *Rejuvenece tu cerebro* es que «lo que es bueno para el corazón es bueno para el cerebro». Esto lo oí por primera vez a la doctora Candace Pert, legendaria neurocientífica y una de los primeros descubridores del sistema endorfínico. Esto significa que el corazón y el cerebro se benefician del mismo tipo de dieta: pobre en grasas, rica en nutrientes y equilibrada. Este tipo de dieta la he recetado a muchas personas mayores que han seguido mi programa para rejuvenecer el cerebro, y les ha servido para superar diversos trastornos cerebrales, desde deterioro leve de memoria y lesiones cerebrales a la enfermedad de Alzheimer. También ha sido útil a personas sanas para tener más energía mental y capacidad cerebral; la he recetado a pacientes de dolor y les ha hecho un bien inmenso, porque les proporcionaba la capacidad cerebral que necesitaban para vencer su dolor.

Ya sabes que una dieta rica en grasa de origen animal y aceites de cocina comunes aumenta la inflamación. ¿Pero sabes que también «pudre» literalmente el cerebro? Es triste, pero cierto. El motivo es el siguiente: el cerebro está compuesto en su mayor parte por grasa; en realidad cada neurona contiene un 60 por ciento de grasa. Si ese tejido graso se bombardea con grasa alimentaria, cargada de dañinas moléculas con «radicales libres» que aceleran la oxidación, se puede causar la muerte de las neuronas por oxidación excesiva. En efecto, la grasa alimentaria «enrancia» las neuronas.

Y cada vez que se pierden neuronas se pierde parte de la capacidad de combatir el dolor.

Además de «degenerar el cerebro», la grasa alimentaria también obstaculiza su irrigación sanguínea. Esto es un desastre porque, como ya he dicho, el cerebro necesita el 20 por ciento de toda la sangre bombeada por el corazón. Cualquier cosa que impida la llegada de sangre al cerebro impide que este tenga el oxígeno y los nutrientes que necesita; también impide la eliminación de toxinas y tejidos muertos. Finalmente, la mala circulación mata miles de millones de neuronas.

En consecuencia, una dieta rica en grasa es peor para el cerebro que cualquier otro error nutricional.

Sin embargo, si se deja de comer alimentos ricos en grasa y se empieza a hacer ejercicios, en cuestión de días comienzan a limpiarse de grasa los vasos sanguíneos que irrigan el cerebro. Muchos pacientes me han dicho que han comenzado a sentir más energía mental a la semana de comenzar una dieta pobre en grasas. Algunos de ellos seguían el programa de longevidad cerebral y aprovecharon ese nuevo vigor mental para pensar más rápido; otros eran pacientes de dolor, que aprovecharon esa renovada capacidad para combatir su dolor.

La dieta antidolor debe ser también densa en nutrientes. No deberías comer las «calorías vacías» del azúcar y las féculas muy refinadas. Come en su lugar alimentos enteros, nutritivos, que proporcionan al cerebro y los nervios los nutrientes que necesitan. Tu dieta deberá componerse ante todo de cereales integrales, verduras, frutas, productos derivados de la soja (ricos en proteínas), productos lácteos desnatados y diversos tipos de legumbres (que también son muy ricas en proteínas).

Si no eres vegetariano, deberás comer carne sólo de vez en cuando y en porciones pequeñas, de alrededor del tamaño de media pechuga de pollo, y comer varias raciones de pescado de aguas frías (por ejemplo, salmón o atún) a la semana. Sin embargo, si evitas totalmente la carne, de todos modos puedes consumir suficientes proteínas, y evitarás así la grasa de origen animal que agrava la inflamación.

Tu dieta deberá consistir en alrededor de un 15-20 por ciento de grasa, un 40 por ciento de proteínas y un 40 por ciento de hidratos de carbono complejos.

La proporción relativamente alta de proteínas de esta dieta favorece la formación y regeneración de la masa muscular, que servirá para aliviar muchos tipos comunes de dolor, entre ellos el de espalda, el de la artritis y la fibromialgia.

Como ves, no es una dieta rígida; es muy flexible y permite comer alimentos sanos en abundancia. Una buena dieta antidolor es similar a otros planes de comida sanos, y también es similar a las dietas de atletas y deportistas.

Comer como un atleta podría parecer algo difícil, pero, como le dije una vez a Scott, mi paciente de polimiositis, las personas que sufren dolor crónico deben ser tan dedicadas como los atletas; si no, les resultará mucho más difícil curar su dolor.

Ahora veamos los nutrientes individuales que fortalecerán tu cerebro lo suficiente para derrotar el dolor. Algunos de estos nutrientes se obtienen de los alimentos de la dieta, pero es necesario tomar otros en forma de suplemento.

Vitamina A. Este potente antioxidante protege las neuronas fortaleciendo las membranas que las rodean. Toma 10.000-25.000 UI diarias. (Las embarazadas sólo deberán tomar esta vitamina bajo la supervisión de un médico; las dosis muy elevadas pueden ser causa de defectos de nacimiento en el bebé.)

Vitaminas del complejo B. De todas las vitaminas, las del complejo B son las más importantes para los nervios; también son esenciales para el cerebro. Una insuficiencia de vitaminas B produce irritación, letargo, nerviosismo y mayor sensibilidad al dolor. Una carencia grave, sobre todo de la vitamina B inositol, puede causar inflamación de los nervios. Toma diariamente un suplemento que contenga por lo menos 50-100 miligramos de todas las vitaminas B.

Vitamina C. Este nutriente es necesario para la fabricación de varios neurotransmisores, y también protege al cerebro de las moléculas de radicales libres. Toma 1.000-2.000 miligramos tres veces al día. Si esa dosis te produce trastorno intestinal moderado, redúcela.

Vitamina E. Además de combatir la inflamación, la vitamina E ralentiza el envejecimiento del cerebro y lo protege de la grasa alimentaria. Toma entre 400 y 800 UI diarias.

Magnesio. Este mineral «calmante» es importante para el buen funcionamiento de los nervios porque ayuda a las neuronas a absorber los nutrientes que necesitan. La mayoría de las personas no obtienen el magnesio suficiente de sus dietas. Toma 200-300 miligramos diarios.

Selenio. Este mineral es un potente antioxidante que en algunas personas tiene un agradable efecto relajador. El nivel de selenio en el cuerpo tiende a bajar a medida que envejecemos. Una dosis prudente es de 50-100 mcg diarios.

Además de estas vitaminas y minerales hay otras sustancias nutritivas importantes que mejoran muchísimo el funcionamiento del cerebro. Por lo general recomiendo todas estas sustancias a mis pacientes en el tratamiento de rejuvenecimiento del cerebro. Pero pueden ser igualmente útiles a los pacientes de dolor crónico porque ayudan a combatir el dolor, al fortalecer la función cognitiva, aumentar la agudeza intelectual y la energía, y mejorar el ánimo. En resumen, te harán sentir fabulosamente bien.

Lecitina (o fosfatidilcolina). Esta es la «unidad estructural» básica de la principal sustancia química portadora de pensamiento y memoria (la acetilcolina). Es capaz de mejorar la memoria y aumentar la capacidad de concentración de modo espectacular; es inmensamente beneficiosa para los pacientes de dolor que aplican técnicas de enfoque mental para inhibir el dolor. Toma hasta 1.500 miligramos diarios.

Fosfatidilserina. Esta sustancia es similar a la fosfatidilcolina de la lecitina, pero es aún más potente. Ayuda a las neuronas a conducir los impulsos nerviosos y al cerebro a fabricar neurotransmisores, e inhibe la producción de cortisol, la hormona del estrés que contribuye a una mayor percepción del dolor. Dado que ayuda a la producción de neurotransmisores, mejora la memoria inmediata y la concentración, como se ha comprobado en un buen número de estudios. Al mejorar la capacidad cerebral, ayuda al cerebro a lanzar su contraataque al dolor. Toma 100-300 miligramos diarios.

Acetil L-carnitina. Este nutriente acelera la producción de energía en las neuronas y en realidad contribuye a que los dos hemisferios cerebrales trabajen juntos. También podría mejorar el ánimo. La mayoría de mis pacientes toman 500 miligramos diarios. Los que tienen un grave deterioro cognitivo toman hasta 1.500 miligramos.

Ginseng. Esta antigua planta oriental es un «adaptógeno», llamado así porque contribuye a que el cuerpo y el cerebro se adapten a los cambios bioquímicos. Es un fabuloso neutralizante del estrés, causante de una cascada de alteraciones bioquímicas. El ginseng es un «estimulante equilibrado» que da energía sin producir tensión nerviosa.

El ginseng aumenta la energía al estimular la producción de adrenalina sin producir su liberación en la sangre. Esto es beneficioso para los pacientes de dolor porque una grave carencia de adrenalina aumenta la vulnerabilidad al dolor del sistema nervioso. Una dosis terapéutica diaria de ginseng es de 750-1.500 miligramos. La mayoría de los tipos de ginseng que se ofrecen en el mercado pueden ser de valor.

Ginkgo biloba. Esta hierba mejora espectacularmente la circulación sanguínea en el cerebro. En un estudio de pacientes con mala circulación cerebral, casi el 80 por ciento se benefició de modo importante de tomar ginkgo. Se ha comprobado que mejora la actividad cognitiva y el rendimiento psicomotor incluso en pacientes de la enfermedad de Alzheimer. El ginkgo produce efectos con mucha rapidez; es posible que notes sus efectos a la hora. Mis pacientes con deterioro cognitivo mínimo toman 120 miligramos diarios, mientras que aquellos cuyo deterioro cognitivo es grave toman hasta 320 miligramos diarios.

Fenilalanina. Este aminoácido es esencial para el cerebro en su lucha contra el dolor; detiene la descomposición de las endorfinas. Es particularmente beneficioso combinado con otras modalidades que estimulan la producción de endorfinas, como la acupuntura y el ejercicio. Una dosis sensata de fenilalanina, también llamada DLPA, es de 2-3 gramos diarios.

No recomiendo a mis pacientes que tomen todos estos suplementos, pero si sigues estas orientaciones dietéticas y añades estos suplementos según recomiende tu médico, creo que aumentarás tu capacidad cerebral. Esta mejoría en la capacidad funcional de tu cerebro y nervios te servirá a su vez para superar tu dolor. Lo he visto centenares de veces, y no hay ningún motivo para suponer que a ti no te vaya a dar los mismos resultados.

Ahora pasemos al último componente de mi terapia nutricional para el control del dolor: evitar los clásicos escollos dietéticos.

Los nutrientes más importantes para el cerebro y los nervios

Nutrientes comunes (dosis diaria)	Nutrientes especiales (dosis diaria)
Vitamina A (10.000-25.000 UI)	Lecitina (1.000-1.500 mg)
Vitaminas B (50-100 mg)	Fosfatidilserina (100-300 mg)
Vitamina C (3.000-6.000 mg)	Acetil L-carnitina (250-1.500 mg)
Vitamina E (400-800 UI)	Ginseng (750-1.500 mg)
Magnesio (200-300 mg)	Ginkgo biloba (90-320 mg)
Selenio (50-100 mcg)	Fenilalanina (2.000-3.000 mg)

Los clásicos escollos dietéticos en la batalla contra el dolor

Si sigues la dieta que he recomendado ya estarás bien encaminado para evitar los cuatro errores más comunes que cometen los pacientes de dolor. De todos modos, es necesario que tengas muy claro cuáles son estos escollos para no ceder nunca a la tentación de caer en ellos.

Escollo número 1: Comer en exceso

Muchos pacientes de dolor tienden poco a poco a comer demasiado. Descubren que comer es un placer del que todavía pueden disfrutar y que durante unos momentos les desvía la mente del dolor. Es bueno disfrutar con la comida, en realidad es importante disfrutarla. Pero si te entregas a la gula estropearás tu tratamiento para el dolor. Este programa exige disciplina y energía, y el exceso en la alimentación trastorna ambas cosas.

Si comes en exceso comprobarás que te resulta cada vez más difícil perseverar en comer los alimentos sanos que combaten el dolor; es muy raro que alguien se dé un «atracón de zanahorias». Además, es muy probable que el exceso de comida te altere el equilibrio hormonal y el nivel de azúcar en la sangre.

Casi con toda seguridad, comer en exceso te hará engordar, y para algunos trastornos de dolor crónico, sobre todo el dolor de espalda y la artritis, la obesidad aumenta drásticamente el dolor, al aumentar el esfuerzo de los músculos y las articulaciones. Es posible también que la obesidad afecte tu autoestima, y necesitas tu autoestima, es el «combustible» que activa la fuerza de voluntad.

En el caso de que comas en exceso, reduce la cantidad de comida paulatinamente. No hagas una dieta drástica, porque entonces caerías en el escollo número 2: comer demasiado poco.

Escollo número 2: Comer menos de lo necesario

Sé que a veces el dolor quita el apetito, pero para un paciente de dolor comer menos de lo que necesita es tan peligroso como no tomar la medicación necesaria. No lo olvides: el alimento *es* medicina.

Si comes demasiado poco privas a tu cerebro y a tus nervios de los nutrientes que necesitan para combatir el dolor. Los pacientes de dolor necesitan consumir muchos nutrientes específicos en abundancia.

Comer demasiado poco también suele desencadenar la hipoglucemia, un nivel bajo de azúcar en la sangre, lo que aumenta de forma terrible la sensibilidad al dolor y frena temporalmente el contraataque al dolor del cerebro.

Ciertas insuficiencias de nutrientes pueden ser causa también de dolor por sí solas. Entre estas se cuentan las siguientes:

Insuficiencia de vitamina C. Provoca una forma de escorbuto subclínico que produce dolor en los músculos, articulaciones y huesos. El dolor se debe a falta de «tejido conjuntivo», en cuya fabricación interviene la vitamina C.

Insuficiencia de vitamina D. Suele ser causa de la enfermedad llamada «osteomalacia», un debilitamiento que causa dolor en los huesos. Los dos lugares más afectados por el dolor son las piernas y la espalda. Este trastorno suele confundirse con osteoporosis.

Insuficiencia de vitaminas del complejo B. Si es grave, provoca la activación espontánea de los nervios del dolor, generando dolor en todo el cuerpo. Una carencia grave de vitamina B_1 suele producir dolor en las extremidades (en especial los pies), ya que empiezan a morir los nervios periféricos.

Insuficiencia de magnesio. Esta insuficiencia puede ser causa de dolor muscular; exacerba una forma de dolor muscular particularmente discapacitadora, la angina de pecho, que es el dolor del músculo cardiaco, causado por una menor irrigación sanguínea.

La insuficiencia de magnesio contribuye también al inicio de las migrañas, puesto que interviene en la regulación de las contracciones y dilataciones de los vasos sanguíneos que generan las migrañas. Además, algunos investigadores creen que la insuficiencia de magnesio favorece la fibromialgia.

Insuficiencia de calcio. Causa calambres en las piernas, sobre todo por la noche. Las personas mayores suelen sufrir de estos calambres debido a falta de calcio.

Escollo número 3: Comer alimentos que causan alergias

Este escollo suele ser difícil de identificar, porque suele presentarse de forma leve. Las alergias alimentarias clásicas, francas, son fáciles de detectar, porque producen síntomas claros, como urticaria, mareo y estornudos. Pero las alergias moderadas, e incluso las sensibilidades más leves, pueden ser muy sutiles.

Incluso cuando las reacciones negativas a ciertos alimentos son sutiles, causan sufrimiento a los pacientes de dolor. Las reacciones alérgicas a los alimentos suelen afectar al cerebro y deteriorar la función cognitiva. Cuando ocurre esto se la llama «alergia cerebral». Incluso una alergia cerebral leve puede aumentar la sensibilidad al dolor.

Además, estas alergias imitan la reacción inflamatoria y podrían aumentar la inflamación. Tanto la alergias a los alimentos como la inflamación son consecuencia del intento del sistema inmunitario de repeler a un «invasor extraño».

Una paciente, Elizabeth, sufría desde hacía casi veinte años un doloroso trastorno, muy parecido al síndrome de cansancio crónico. Aunque soportaba con valentía los síntomas, entre otros, infecciones crónicas, memoria confusa, insomnio grave y dolores «migratorios», este trastorno destruía su calidad de vida. Finalmente descubrió, mediante una «dieta de eliminación», que era alérgica al gluten de trigo; cuando redujo el gluten de su dieta experimentó una recuperación espectacular; casi todos sus síntomas desaparecieron en cuestión de semanas.

Si sospechas que eres alérgico o sensible a ciertos alimentos, debes intentar seguir una dieta de eliminación. Consiste en hacer un día de ayuno en el que sólo bebes agua, y después comienzas a añadir alimentos, uno a uno. Cuando se manifieste una reacción sabrás que eres sensible al último alimento que añadiste.

Escollo número 4: Comer alimentos que desestabilizan el equilibrio hormonal

Las hormonas son el principal vínculo entre el cerebro y el cuerpo. Las ocho glándulas del sistema endocrino, además del hígado y los riñones, las secretan en el torrente sanguíneo. Las hormonas tienen un potente efecto en los pensamientos, los sentimientos, los estados anímicos, el grado de energía y la percepción del dolor.

Las glándulas endocrinas que tienen más influencia sobre el cerebro son las suprarrenales, las gónadas, la pineal y la pituitaria. Estas glándulas secretan las hormonas adrenalina, cortisol, testosterona, estrógeno, DHEA (deshidroepiandrosterona) y melatonina, todas las cuales influyen profundamente en la mente y el estado de ánimo. Cuando la persona está sana, estas hormonas tienden a lograr un equilibrio natural.

Pero con el estrés constante que produce el dolor crónico las hormonas suelen perder ese equilibrio. Las consecuencias son muy negativas: depresión, ansiedad, confusión, letargo, disminución del deseo sexual y mayor sensibilidad al dolor y al estrés.

Sin embargo, aun en el caso de sufrir de dolor crónico es posible reequilibrar las hormonas. Una de las mejores maneras de hacerlo es con la terapia nutricional; la mejor terapia para conseguir el equilibrio hormonal es limitar el consumo de grasa. La digestión de las grasas obliga a un gran esfuerzo al hígado, que es un órgano importante en el mantenimiento de este equilibrio, el que orquesta la «sinfonía hormonal»; cualquier nutriente que haga trabajar en exceso al hígado perjudica este equilibrio; el azúcar puede ser muy dañino, así como el chocolate y el alcohol.

Una de las mejores maneras de fortalecer el hígado es tomar vitaminas B en abundancia, o comer remolacha y acelga, que estimulan el buen funcionamiento hepático; otro nutriente que tiene un efecto sanador en el hígado es el cardo mariano, hierba que se encuentra en todas las tiendas de alimentos dietéticos. Una buena dosis de cardo mariano es de una a dos cápsulas diarias de 500 miligramos.

Con esto acaba el primer aspecto de mi programa para el dolor.

Como puedes apreciar ahora, la terapia nutricional es un arma potente contra el dolor. Contribuye a detener la inflamación, aumenta la producción de serotonina (un calmante) y de endorfinas, y ayuda al cerebro a lanzar su vigoroso contraataque al dolor.

Cuando combines la terapia nutricional con los otros tres aspectos del programa, podrás combatir el dolor con un poder que jamás soñaste.

Continuemos, entonces. Pero probablemente desearás saber qué le ocurrió a Marie.

Marie

Paul acompañó a Marie en su última visita. Después de la primera, hacía ocho meses, había ido sola a las consultas siguientes; al poco tiempo de iniciar el tratamiento comenzó a sentirse mejor y a no depender tanto de Paul.

Siguió los cuatro aspectos del programa (terapia nutricional, fisioterapias, medicación y control mental), que influyeron profundamente en su vida. Muy pronto pasó de la reducción a la eliminación de los síntomas; después, a medida que su salud y bienestar generales mejoraban, comenzó a sentirse estupendamente bien.

De tanto en tanto sentía dolores de cabeza relativamente moderados, pero ya no le gobernaban la vida. Del todo libre del síndrome de dolor crónico, ya no estaba deprimida, sus pautas de sueño eran normales, hacía ejercicio cada día y se involucraba mucho más en sus aficiones y en su trabajo.

Cuando se sentaron juntos en el sofá de mi consulta, los dos estaban sonrientes y felices. A fines de esa semana iban a iniciar un crucero; era un deseo que no habían podido cumplir debido al temor de Marie de que una migraña les estropeara el viaje.

—Le dije que si lograba pasar dos meses sin una migraña la llevaría al Caribe —dijo Paul—. Así que a este viaje lo llamaremos nuestro crucero de la Victoria.

—¡Dos meses! —exclamé yo.

Antes del tratamiento Marie sufría de migraña casi cada semana, y le duraba por lo menos dos días.

—En realidad tuve una la semana pasada.

Paul la miró sorprendido.

—Entonces se cancela el viaje —dijo, aunque sonreía—. ¿Por qué no me lo dijiste?

—Ah, mis dolores de cabeza ya no son lo mismo —contestó ella—. Sólo son... dolores de cabeza. Ya no tengo la impresión de que me arde el cerebro.

—Ella es mi heroína —me dijo Paul, con expresión de orgullo.

—¿Más ahora que cuando sufría? —le pregunté.

Él lo pensó un momento.

—¿La verdad? Sí, más. ¿Sabes por qué? Porque creo que se necesita más valor para acabar con el sufrimiento que para soportarlo.

Paul tenía toda la razón.

Se necesita más valor para acabar con el sufrimiento que para soportarlo.

Ahora pasemos al siguiente aspecto de mi programa, para que acabemos pronto con tu sufrimiento.

3

Segundo aspecto: Fisioterapias

El proceso de autocuración es privilegio de todo ser humano.

YOGUI BHAJAN

Tiffany estaba sentada en su silla de ruedas y me miraba suplicante.

—Por favor, ayúdeme a volver a caminar.

Sentí una compasión profunda por ella; sufría muchísimo. Pero tenía que ser sincero.

—Lo único que puedo hacer es ayudarte a funcionar lo mejor posible con lo que tienes. Y creo que ese debería ser tu objetivo, no caminar, y ni siquiera liberarte del todo del dolor. Tal vez lo logres si consigues el mejor grado de funcionamiento; pero tal vez no. Sólo puedo garantizarte una cosa. Si encuentras la manera de hacer absolutamente lo mejor posible con lo que tienes, encontrarás la paz.

Ella pareció decepcionada, como si la hubiera instado a conformarse con un objetivo inferior.

—Tiffany —insistí con energía—, hacer lo mejor posible será más difícil que caminar. Me refiero a tu vida, a toda tu vida, no sólo a tus piernas.

—Mi vida no está paralizada —dijo con tristeza—. Sólo lo están mis piernas.

Asentí, compasivo, pero estaba equivocada. Su vida sí estaba paralizada. Estaba «atascada» en su aflicción, en su furia y en su síndrome de dolor crónico. También estaba atascada en su silla de ruedas; lo aceptara o no, la silla de ruedas formaba parte de su vida.

Quería que la ayudara a recuperar su vida sanándole las piernas, pero yo no lo veía posible. El único método médico práctico era intentar curarle las piernas sanando su vida.

Si quieres sanar tu dolor crónico, también ese es el método que debes adoptar. Deberás olvidarte de alcanzar una vida perfecta, sin dolor, y poner la energía en llegar a ser tu mejor «yo» posible. Si logras ese objetivo, también encontrarás la paz, aun cuando todavía sientas un poco de dolor.

En este capítulo te explicaré la forma de encontrar alivio al dolor mediante diversas fisioterapias: acupuntura, ejercicios terapéuticos, manipulación quiropráctica y osteopática, terapias de frío y calor, ejercicios mente-cuerpo, aromaterapia, fototerapia, magnetoterapia y masaje. Estas terapias tratan la estructura física del cuerpo y lo hacen más resistente al dolor. En su mayor parte, son terapias «mecánicas», pero pueden tener efectos de largo alcance en la bioquímica corporal, entre otras cosas, en la química del dolor y el estado de ánimo. Los ejercicios mente-cuerpo también influyen en el espíritu.

Este aspecto era de fundamental importancia para Tiffany; también lo será para ti.

Al comienzo de la visita le hice un examen médico estándar; también evalué el grado de su síndrome de dolor crónico. Al acabar ambos procedimientos, tenía claro que se enfrentaba a obstáculos terribles.

Tiffany tenía veintitrés años, era hermosa, culta y buena fotógrafa. Un horroroso accidente la dejó inválida cuando estaba en pleno ascenso en su profesión. Estaba tomando fotografías cerca de una vía férrea cuando se vio arrastrada por el torbellino de aire producido por la velocidad de un tren, que la arrastró por el suelo.

Sobrevivió, pero cuando la encontraron junto a la vía era poco más que un ensangrentado saco de huesos rotos. La médula espinal había quedado terriblemente afectada, y quedó paralítica de cintura para abajo.

En múltiples operaciones le insertaron hierros a lo largo de la columna y le soldaron las vértebras; eso le permitía estar erguida en la silla, pero no le había aliviado el intenso dolor crónico.

Todavía tenía un poco de sensibilidad en las piernas, pero eso sólo le producía más dolor; sufría de hiperestesia, trastorno en el cual el más ligero contacto duele atrozmente. Siempre que algo le rozaba las piernas sentía deseos de gritar; también sentía un dolor candente en la parte inferior de la espalda y sufría de frecuentes y dolorosos espasmos. Además, tenía un dolor centralizado que sentía como si le viniera de las piernas, al que llamaba «dolor raro» y solía erizarle la piel de las piernas.

Otro problema era que, al parecer, su sistema nervioso había pasado a un estado de excitación casi constante. Manifestaba signos de un importante desequilibrio en la parte del sistema nervioso que rige los actos automáticos, como la digestión y la respiración. Esta parte del sistema nervioso se compone de dos ramas, la rama simpática, que excita, y la rama parasimpática, que calma. En ella, la rama simpática había pasado a ser notablemente dominante. Esto no es excepcional entre los pacientes de dolor, porque muchas veces el sistema nervioso interpreta el dolor como una amenaza y se atasca en un estado de alerta constante. Por desgracia, la excitación nerviosa también intensifica el dolor.

En parte debido a esa continua estimulación nerviosa, Tiffany estaba al borde del agotamiento suprarrenal y su energía estaba muy agotada.

En el aspecto psíquico, sufría de una depresión clínica moderada. Una parte de su depresión nacía de su tristeza por el accidente; pero otra parte era bioquímica. El dolor crónico suele causar depresión bioquímica, principalmente porque altera el equilibrio de los neurotransmisores del cerebro.

Pero, por desgracia, esta depresión aumenta la percepción y baja el umbral del dolor. Este dolor añadido, entonces, produce aún más depresión. Es un círculo vicioso común, y ella estaba ciertamente atrapada en él.

La depresión, como tal vez recuerdes, es un componente importante del síndrome de dolor crónico. Sin embargo, la depresión no era el único síntoma que afligía a Tiffany. También se sentía aislada e impotente, tenía dificultades para dormir y estaba físicamente inactiva. Todos esos aspectos del síndrome de dolor crónico le robaban la vida y aumentaban la intensidad de su dolor.

Basándome en la exploración, elaboré un programa de tratamiento que consistía en: 1) equilibrar su sistema nervioso; 2) reducir el dolor; 3) tratar la depresión; 4) restablecer su energía física y mental agotadas; 5) estimular la regeneración física de la parte inferior de su cuerpo, y 6) controlar el síndrome de dolor crónico.

Después del reconocimiento médico, también la examiné con las técnicas de diagnóstico de la medicina china tradicional. Entre estas técnicas está la toma de los «pulsos» de energía vital, o «chi», y la exploración del cuerpo para detectar las señales sutiles de malestar y desequilibrio.

Como suele ocurrir, el diagnóstico basado en la medicina china fue similar al obtenido con los procedimientos diagnósticos occidentales. Sin embargo, dado que la tradición curativa asiática tiene más de cinco mil años de antigüedad, el diagnóstico de la medicina china estaba enmarcado en una forma de expresión muy diferente del diagnóstico occidental. Hace cinco mil años los médicos chinos no tenían ningún conocimiento anatómico de las ramas simpática y parasimpática del sistema nervioso; pero sí veían que había un elemento estimulante, agresivo, en las energías físicas de todas las personas, y también un elemento calmante, pasivo. A estos dos elementos los llamaron «yin» y «yang», en lugar de parasimpático y simpático. Y, como suelen hacer los médicos occidentales, trataban de favorecer la curación equilibrando esas dos fuerzas.

Pero los médicos chinos asignaron las cualidades yin y yang a algo más que sólo la energía humana física; ellos creen que en *todas* las cosas, dentro y fuera del cuerpo, hay un equilibrio natural de fuerzas iguales y contrarias; creen que lo esencial para la curación es proporcionar al cuerpo el equilibrio de yin y yang en todos los aspectos de la vida.

Por ejemplo, creen que el trabajo debe equilibrarse con la diversión, que los alimentos ácidos han de equilibrarse con alimentos alcalinos, que el frío debe equilibrarse con calor, la acción con contemplación, etcétera.

Este concepto es tan profundo como práctico. Lograr el equilibrio en todos los aspectos de la vida es una fabulosa manera de prevenir la enfermedad y activar la fuerza sanadora natural del cuerpo.

No obstante, en cuanto método curativo, favorecer este equilibrio no siempre da resultados inmediatos; por lo tanto, no siempre es útil en una crisis médica. Pero en trastornos de larga duración, como el del dolor crónico, la modalidad china suele dar mejores resultados que la occidental; activa la capacidad natural del cuerpo con una eficiencia pasmosa.

Además, si se combinan las modalidades oriental y occidental, en una medicina integradora, es posible lograr la mayor capacidad de curación posible. Durante muchos años he practicado la medicina integradora o complementaria y siempre he conseguido mejores resultados que los obtenidos por médicos de medicina sólo occidental o sólo oriental.

Según mi diagnóstico basado en la modalidad china, Tiffany estaba muy desequilibrada en muchos aspectos de su vida y ese desequilibrio había reducido su energía vital o chi. Al tener menos chi carecía de la capacidad necesaria para lanzar un vigoroso contraataque biológico al dolor. Eso también contribuía a su depresión, y a la incapacidad física para recuperar por lo menos el uso parcial de sus piernas.

Para revitalizar su chi tenía que ayudarla a reequilibrar mente, cuerpo y espíritu.

Para ello no sólo debía haber equilibrio entre el yin y el yang, sino también entre las cualidades metafóricas conocidas como los Cinco Elementos. Según la medicina china tradicional, al equilibrar los cinco elementos se armoniza el equilibrio general de todo el organismo; los cinco elementos, que describen simbólicamente la cualidad de todos los elementos de la vida, son tierra, agua, metal, fuego y madera. Todo lo que existe, desde objetos a emociones, está relacionado con uno de estos cinco elementos. Por ejemplo, una «emoción metal», dura, es la aflicción, mientras que una «emoción fuego», cálida, es la alegría; de modo similar, el «tiempo atmosférico metal» es seco, mientras que el «tiempo fuego» es caluroso. Se cree que conseguir el equilibrio entre los cinco elementos, lo que equivale a decir en todo, es la mejor manera posible de fortalecer el chi y superar la enfermedad.

En el lenguaje metafórico de la medicina china tradicional, la aflicción de Tiffany por el accidente había reducido su «energía metal», tan necesaria para nutrir su chi, lo cual también la incapacitaba para «humedecer» la «energía madera» de su rabia; sin esa «humedad», su rabia hervía y alimentaba la espiral degenerativa de aflicción-dolor-rabia. Esta espiral la mantenía deprimida y débil, y casi con dolor constante.

Aunque tal vez te parezca extraño el lenguaje metafórico de la medicina china tradicional, la realidad es que el diagnóstico exigía fundamentalmente los mismos tratamientos que el diagnóstico occidental: equilibrar la corriente de energía vital, resolver su aflicción y nutrir su estado físico y mental.

Para lograrlo, yo tenía que aplicar un programa completo de medicina integradora. Una parte de este programa consistiría estrictamente en terapias occidentales (terapia nutricional, medicación, rehabilitación física y psicoterapia). Pero sabía que si sólo empleaba esas terapias era probable que fracasara.

Tendría que aplicar también dos de las modalidades más potentes de la medicina china tradicional: acupuntura y ejercicios corporales yóguicos avanzados.

Pensé que si combinaba todas esas modalidades, las orientales y las occidentales, en un programa completo y coordinado de medicina integradora, sería capaz, con la gracia de Dios, de realizar un poco de «magia».

Tiffany ya conocía las modalidades de la medicina integradora porque con anterioridad había visitado a dos de los más dotados artesanos del mundo de la curación, Deepak Chopra y Andrew Weil. De hecho, el doctor Weil, colega residente en Tucson, Arizona, la envió a mí porque respeta mi trabajo con pacientes de dolor.

Una vez que le expliqué el programa, pareció animada.

—Comencemos —dijo—. Estoy dispuesta.

Era una chica valiente. Como dijo el marido de mi paciente Marie, «se necesita más valor para acabar con el sufrimiento que para soportarlo».

Creo que Tiffany tenía el valor necesario para acabar con su sufrimiento.

Acupuntura: Un camino hacia el poder

La noticia del poder de la acupuntura llegó a Occidente gracias al presidente Richard M. Nixon. Los caminos del Señor son inescrutables.

Antes de la administración Nixon, la medicina occidental era ajena desde hacía siglos a la fuerza sanadora de la acupuntura. Pero en 1971 el presidente Nixon «abrió» China a Occidente y expuso a los médicos occidentales a la acupuntura. Durante su primera visita a China, un prominente periodista del *New York Times*, James Reston, sufrió fuertes dolores después de una apendicectomía de urgencia; los médicos chinos lo trataron con acupuntura y el dolor remitió al instante. La asombrada delegación estadounidense propagó por el mundo la recuperación «mágica» de Reston y la acupuntura inició su entrada gradual en la corriente principal de la medicina de Estados Unidos.

En la actualidad, la mayoría de los especialistas en el dolor aceptan la acupuntura como uno de los métodos más eficaces para controlar el dolor. Sin embargo, muchos médicos no especializados en el dolor están mal informados sobre este método; lo consideran arcano, ineficaz y poco científico.

Esta actitud es terriblemente desafortunada para los pacientes de esos médicos mal informados.

Pese a lo que pudieran pensar esos médicos, hay abundantes pruebas, adquiridas en cuidadosos experimentos científicos, de que la acupuntura es capaz de acabar con el dolor.

Veamos, por ejemplo, el cuadro siguiente, que refleja el éxito de la acupuntura en cuatro estudios importantes. En cada uno de ellos, la acupuntura obtuvo más éxito que las terapias ortodoxas occidentales.

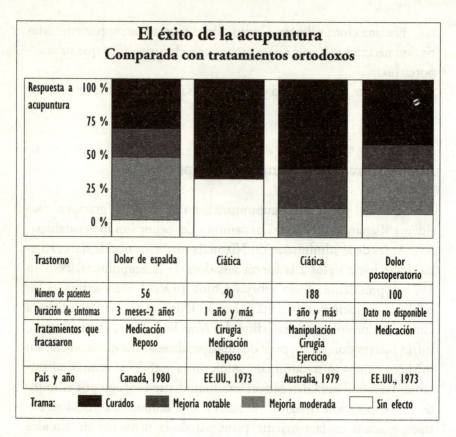

Como en el caso de muchas terapias médicas, es más fácil demostrar que la acupuntura da resultados que demostrar cómo funciona. Sin embargo, hay varias teorías y es posible que cualquiera o todas ellas sean ciertas.

Las siguientes son las teorías más importantes. Todas, excepto la última, son occidentales; la última es la antigua teoría de la medicina china tradicional:

- La acupuntura libera endorfinas en el fluido cerebroespinal.
- La acupuntura estimula los nervios «periféricos», que recorren el cuerpo hasta las extremidades y contraatacan al dolor.
- La acupuntura libera agentes antiinflamatorios en el torrente sanguíneo.
- La acupuntura reduce la tensión muscular.

- La acupuntura regula la circulación de chi por los «meridianos energéticos» que, de modo similar a los nervios, recorren todo el cuerpo.

Existen varias formas diferentes de acupuntura, pero todas se fundamentan en el método antiguo original. Las formas más comunes son la acupuntura estándar de la medicina china; la acupuntura europea (adaptada de la china); la acupuntura médica (forma de acupuntura europea practicada actualmente por médicos estadounidenses), y la electroacupuntura, que emplea una leve estimulación eléctrica.

Yo practico la acupuntura médica, que aprendí en la Universidad de California en Los Ángeles (UCLA). El curso que ofrece la Facultad de Medicina de la UCLA es el método más prominente de acupuntura médica.

De todos modos, no creo que la acupuntura médica sea la única forma válida de esta terapia. Es probable que te vaya bien cualquiera de las formas más comunes de acupuntura si la administra un profesional titulado.

A algunas personas les preocupa que la acupuntura produzca dolor, puesto que se utilizan agujas. Las agujas son tan delgadas que entran en la piel sin perforarla, sin pinchazo; la inserción de una aguja de acupuntura no es lo mismo que la punción de una aguja hipodérmica. Muchas personas disfrutan con las sesiones de acupuntura por la sensación de calma interior que se genera al equilibrarse las energías.

Si tienes un problema crónico serio, es posible que necesites entre cinco y diez sesiones anuales; pero también podrías necesitar muchas menos.

Digitopresión y shiatsu

Hay una forma de terapia parecida a la acupuntura que se la puede hacer uno mismo, en casa: la digitopresión, también llamada digitopuntura y acupresión. Como tal vez ya sabes, la digitopresión consiste en amasar, manipular y friccionar los puntos de acupuntura. Los resultados con esta técnica no suelen ser tan espectaculares ni gratificantes como los que se logran con acupuntura, pero sí hay ciertas ventajas: es gratis y lo puede hacer uno mismo en cualquier momento y durante todo el tiempo que se quiera.

De todos modos, antes de intentar hacerte digitopresión, sería conveniente que fueras por lo menos a una sesión con un terapeuta formado en esta modalidad; mientras te la hace le puedes formular preguntas sobre la técnica. Una forma popular de digitopresión es el shiatsu, forma de masaje en la cual el terapeuta aplica presión en los puntos de acupuntura para equilibrar el chi.

Para realizar la digitopresión se presiona un punto de acupuntura conocido con la yema del dedo. Si localizas bien el punto es probable que notes que ese punto está sensible o dolorido. Ese dolor, según la interpretación occidental, indica un bloqueo en la circulación de energía nerviosa; según la teoría asiática, indica un bloqueo en la circulación del chi.

Una vez localizado el punto, presiona firmemente sobre él al mismo tiempo que haces rotar la yema del dedo. La presión puede durar desde unos treinta segundos hasta unos diez o veinte minutos, según el caso. Puedes dejar de presionar cuando notes alivio del problema, o cuando el dolor comience a desaparecer.

El cuadro siguiente ilustra los puntos de acupuntura clásicos para tipos concretos de trastornos y dolores. Como verás, la mayoría de los puntos tienen nombres de órganos corporales. Tratar esos puntos no sólo te servirá para acabar con el dolor sino que también mejorará el funcionamiento del órgano.

Digitopresión para aliviar el dolor

Trastorno o dolor de:
Ansiedad e insomnio: Co-7 (15) y Ba-6
Artic. temporomaxilar: ID-3 (9), ID-19 (10) y Es-44
Cabeza: IG-4
Calambres en piernas: Hi-3 (17), Ve-58 (4) y VB-34
Cuello: CG-14
Estómago: CC-12
Irritabilidad y tensión: IG-4 (3), Hi-3 (17) y VB-21
Náuseas: Pe-6
Oídos: TC-17
Ojos: VB-14
Pecho: CC-17
Pechos e hinchazón: CC-17
Premenstrual y ansiedad: Co-7
Senos paranasales: Ve-2
Útero: CC-4
Vegija o uretra: IG-8

Correspondencia con puntos de acupuntura
1. TC-17
2. VB-39
3. IG-4
4. Ve-58
5. CC-17
6. Ve-2
7. VB-14
8. CG-14
9. ID-3
10. ID-19
11. Es-44
12. Pe-6
13. CC-12
14. CC-8
15. Co-7
16. CC-4
17. Hi-3
18. VB-21
19. Ba-6
20. VB-34

Abreviaturas
Ba = bazo
CC = «canal de la concepción»
CG = «canal gobernador»
Co = corazón
Es = estómago
Hi = hígado
ID = intestino delgado
IG = intestino grueso
Pe = pericardio
TC = «triple calentador»
VB = vesícula biliar
Ve = vejiga

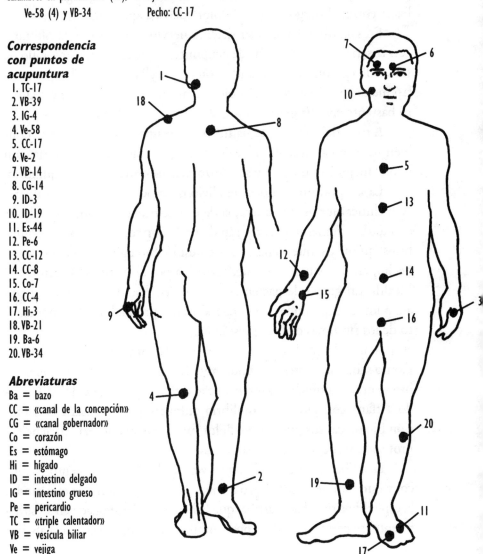

Creo que la digitopresión puede ser útil pero no tan potente como la acupuntura. Si tienes un trastorno doloroso grave, te recomiendo encarecidamente que consideres la posibilidad de acudir a un acupuntor profesional.

Como casi todos los otros aspectos de mi programa para el dolor, la acupuntura da mejores resultados cuando se combina con las otras terapias. No permitas que la mejoría repentina y espectacular causada por la acupuntura te induzca a abandonar el resto del programa. Si lo haces corres el riesgo de que el dolor vuelva a aparecer.

En cuanto a Tiffany, su sistema nervioso empezó a equilibrarse con la serie de tratamientos de acupuntura que le administré; salió de su estado de dominio simpático, con lo que ella se tranquilizó, se mostró menos propensa a los cambios de humor y al insomnio, y recuperó bastante energía general.

A medida que su sistema nervioso recuperaba el equilibrio, también su sistema musculoesquelético recuperó algo de su simetría, con lo que mejoró su postura y se le hizo más fácil mantener el equilibrio.

La acupuntura también le alivió de modo importante la depresión clínica. Junto con la terapia de ejercicios, la acupuntura suele ser extraordinariamente eficaz y rápida en la corrección de los desequilibrios químicos que genera la depresión biológica «endógena»; de hecho, en un estudio reciente, realizado por el National Institutes of Health, un grupo de pacientes deprimidos tratados únicamente con acupuntura experimentaron una reducción promedio del 43 por ciento de los síntomas de la depresión.

A medida que la depresión desaparecía, también lo hacía el dolor. Como sabes, la depresión clínica abre las «puertas del dolor» y el cerebro se muestra mucho más sensible al ciclo recurrente de dolor. Cuando Tiffany corrigió el desequilibrio químico que le causaba la depresión biológica, sus puertas del dolor funcionaron con más eficiencia y protegieron mejor su cerebro.

Esta liberación del dolor, a su vez, le alivió el sufrimiento psíquico, y esto también contribuyó a controlar su depresión. De este modo, la espiral positiva, hacia arriba, que la había tenido atascada en su sufrimiento, se convirtió poco a poco en una espiral negativa, hacia abajo.

Los tratamientos de acupuntura también tuvieron un efecto directo en su dolor crónico. Ya después de la primera sesión comenzó a experimentar una notable mejoría; esto pudo deberse al efecto de la acupuntura en la producción de endorfinas, en el sistema nervioso o en los «meridianos energéticos». Es muy posible que todos estos factores hayan influido. Lo importante es que el dolor se le hizo más soportable; ya no dominaba su vida ni le recordaba constantemente lo que había perdido.

Cuando comenzó a mejorar, Tiffany dejó de estar obsesionada con volver a caminar. Al reintroducir en su vida los elementos que había abandonado (estudios, trabajo y vida social) adquirió una especie de objetividad emocional respecto a caminar; caminar ya no simbolizaba su vida, la vida era la vida y caminar sólo caminar.

Eso fue bueno. Como le dije en su primera visita, la única esperanza de sanar sus piernas era sanando su vida.

Una mañana, antes de la sesión de acupuntura, me dijo que tenía una sorpresa para mí. Señaló su pierna derecha.

—Mira —me dijo, y con gran esfuerzo levantó el pie, separándolo ligeramente del suelo.

Me sentí tan feliz que me brotaron las lágrimas.

—Tiffany —le dije—, ha llegado el momento de que comiences a hacer ejercicio.

Terapia de ejercicios

El ejercicio es indispensable para todos los pacientes de dolor; tiene muchísimos efectos sistémicos que bloquean directamente el dolor.

Si sufres de dolor crónico podría repugnarte la sola idea de hacer ejercicio; si es así, tienes que encontrar el valor para superar esa aversión. Estoy seguro de que eres capaz de hacerlo. Si no fueras una persona valiente no estarías leyendo este libro; ya en la primera página te habrías dado cuenta de que este no es un programa para débiles.

Para hacer el ejercicio suficiente para bloquear el dolor no hace falta correr una maratón; lo importante es hacer lo que se pueda, aunque sólo sean ejercicios de respiración profunda. A medida que perseveres irás progresando.

A continuación, la lista de los efectos beneficiosos del ejercicio:

Estimula la producción de endorfinas. El proceso de producción de endorfinas es, en parte, un mecanismo protector que permite a las personas hacer un trabajo físico arduo durante periodos prolongados. Esa recuperación de fuerzas que se experimenta a veces cuando uno está extenuado físicamente es, en parte, una liberación masiva de endorfinas.

Aumenta la provisión de serotonina en el cerebro. Como recordarás, el neurotransmisor serotonina es el peor enemigo del dolor. En realidad, es probable que la «euforia del corredor», ese júbilo mental que normalmente se atribuye a la liberación de endorfinas, se deba más bien a una mayor liberación de serotonina. Los investigadores lo creen así porque saben que la serotonina tiene más efecto en la mente que las endorfinas, que afectan ante todo al cuerpo. Una de las mejores particularidades del aumento de serotonina causado por el ejercicio es que dura hasta mucho después de haber acabado la sesión de ejercicios.

Aumenta el nivel de noradrenalina. La noradrenalina es el neurotransmisor suprarrenal que levanta el ánimo y proporciona energía. Como tal vez recuerdes, un exceso de noradrenalina estimulante puede empeorar el dolor. Pero la cantidad de noradrenalina generada por el ejercicio no tiene ese efecto; lo que hace es activar el contraataque al dolor.

Estabiliza el nivel de estrógeno. El estrógeno es la hormona sexual cuya fluctuación desestabiliza el nivel de serotonina; la inestabilidad del nivel de esta hormona, como he dicho, podría explicar en parte el hecho de que el dolor crónico sea más frecuente entre las mujeres que entre los hombres.

Mejora el funcionamiento general del cerebro. Como escribí en *Rejuvenece tu cerebro*, «el cerebro es de carne y hueso». Como todo lo demás compuesto de carne y hueso, el cerebro se beneficia muchísimo del ejercicio físico. Las técnicas avanzadas de diagnóstico por imagen, como las exploraciones por resonancia magnética nuclear, indican que el ejercicio literalmente «ilumina» el cerebro con mayor energía física.

El ejercicio aumenta la energía del cerebro al mejorar la irrigación sanguínea. El cerebro utiliza el 20 por ciento de toda la sangre bombeada por el corazón; así, cualquier mejoría en la circulación mejora muchísimo el funcionamiento cerebral, al aprovisionarlo de oxígeno y nutrientes extras, y de su combustible, la glucosa.

El ejercicio también aumenta la producción de una importante hormona cerebral llamada factor de crecimiento nervioso; esta hormona ayuda a las células a funcionar con la máxima eficiencia.

Además, el ejercicio mejora el metabolismo cerebral. No sólo estimula a los nutrientes a entrar en el cerebro, sino que también acelera la eliminación de toxinas y desechos necróticos.

El cerebro, como sabes, puede ser la mejor arma contra el dolor. Por lo tanto, deberás ejercitar el *cuerpo* para estimular la buena forma de tu *cerebro*.

Los programas de ejercicios varían muchísimo entre mis pacientes de dolor. Algunos hacen ejercicio aeróbico vigoroso y trabajo con pesas, mientras otros se dedican sobre todo a actividades moderadas, no vigorosas, como caminar o la jardinería, por ejemplo.

Son cuatro las directrices más importantes para el programa de ejercicio antidolor:

1. El ejercicio ha de ser lo suficientemente intenso para acelerar el pulso en un 50 por ciento. Si en estado de reposo tienes 80 pulsaciones por minuto, durante el ejercicio deberá aumentar a 120 pulsaciones.

Este grado de intensidad producirá el «efecto ejercicio», que acelera el metabolismo, provoca mayor secreción de endorfinas, serotonina y noradrenalina, quema la grasa almacenada e impone un grado sano de estrés al sistema cardiovascular. Si no se llega al efecto ejercicio, la reacción neurológica es mucho más limitada.

Las personas que no están en forma pueden lograr ese efecto ejercicio haciendo actividades moderadas, pero las personas que están en buena forma podrían necesitar ejercicio vigoroso para conseguirlo.

Una manera fácil de comprobar si se logra el efecto ejercicio es prestar atención a la respiración; si notas que estás un poco sin aliento pero todavía puedes conversar con normalidad, quiere decir que estás en la franja de este efecto.

2. Hay que hacer ejercicio casi cada día. Si estás enfermo o lesionado puedes tomarte unos días de descanso; pero el popular concepto de «tres veces a la semana» es una tontería. Ese método fácil tal vez sirva para los anuncios por televisión, para vender más equipo para ejercicios, pero a ti no te capacitará para emprender un ataque serio al dolor crónico.

Pero si haces ejercicios muy vigorosos, deberás variarlos y por lo menos uno o dos días a la semana limitarte a hacer ejercicios moderados.

3. Hacer un mínimo de media hora de ejercicios al nivel de efecto ejercicio. Cualquier cosa inferior a esto no tendrá un efecto importante en tu metabolismo ni en la bioquímica del cerebro.

Si deseas bajar de peso, que puede ser importantísimo en el caso de artritis y dolor de espalda, deberás permanecer por lo menos 40 minutos en el nivel efecto ejercicio; durante más o menos los primeros treinta minutos de ejercicio no se quema grasa almacenada.

Además de hacer un mínimo de 30 minutos diarios de ejercicio enérgico, también deberás hacer todo el ejercicio moderado que te sea posible. Cualquier ejercicio suave, por ejemplo dedicarte al jardín, caminar o hacer quehaceres domésticos sencillos, será muy beneficioso, porque estira y tonifica los músculos, mantiene elevado el metabolismo y va bien para disipar el estrés.

Durante miles de años el cuerpo desarrolló una necesidad biológica de estar moderadamente activo todo el día; por lo tanto, el estilo de vida sedentario de la actualidad contradice las exigencias de la evolución. El cuerpo humano no fue hecho para pasarse la mitad del día sentado ante un escritorio y la otra mitad sentado delante del televisor; este es el estilo de vida que genera y perpetúa los trastornos de dolor crónico.

Por encima de todo, evita ser sedentario. Hace poco una investigación puso de manifiesto que un estilo de vida totalmente sedentario es un factor de riesgo de enfermedad crónica y de muerte tan importante como fumar.

4. El programa de ejercicios debe ser variado. Consistirá en ejercicios aeróbicos, con pesas y estiramientos. No hacer estas tres series limita la puesta en forma y los beneficios para el cerebro y el sistema nervioso, y crea el riesgo de lesiones.

El ejercicio aeróbico debe ser parte importante del programa de ejercicios porque beneficia directamente al cerebro y al sistema nervioso. Pero antes de casi todo ejercicio aeróbico es necesario hacer estiramientos; los estiramientos son importantísimos para evitar las lesiones. También es la mejor medida preventiva del dolor de espalda, que es el tipo de dolor crónico más fácil de evitar.

El trabajo con pesas se puede hacer para aumentar la masa muscular o tonificar los músculos. La importancia de mejorar el funcionamiento de los músculos es evidente, ya que todos los ejercicios requieren músculos. El trabajo suave con peso es también muy útil para tratar la artritis, que ataca casi a todas las personas en la vejez.

Dos pacientes míos representan las enormes variaciones posibles en los programas de ejercicio que han dado buen resultado. Uno fue Darren, corpulento deportista profesional de 1,88 metros de estatura que se lesionó la espalda en un partido de exhibición. La otra fue Tiffany.

El programa de ejercicios de Tiffany era relativamente moderado; consistía sobre todo en ejercicios suaves en una piscina terapéutica con agua templada, junto con ejercicios de estiramiento y yóguicos de mente-cuerpo.

Incluso el ejercicio suave bastaba para producir el efecto ejercicio en Tiffany; su cuerpo, con graves lesiones, había perdido mucho de su tono muscular, y el ejercicio suave era extenuante para ella.

Pero cada vez que se le enrojecía la cara por la mejor circulación, se sentía mejor; el ejercicio le mejoraba la química anímica y le daba una protección neuroquímica contra el dolor que le duraba horas. Además, hacía que de nuevo se sintiera entera y fuerte.

Darren, que tenía veintisiete años, al principio se negó a hacer ejercicio porque sentía unos dolores terribles. Cuando lo conocí estaba grueso, pues comía en exceso para aliviar el estrés, y su enorme cara solía tener ese color pálido gredoso que tienen las personas que sufren de dolor constante. Me dijo que cada vez que se movía se sentía como si le azotaran la espalda con un látigo.

Estuvo dispuesto a seguir un tratamiento muy agresivo porque su vida se había convertido en un absoluto sufrimiento. Antes de comenzar el programa vivía de una inyección de analgésico a la siguiente, y se veía reducido a la humillante dependencia de otras personas. Había abandonado todas las cosas que le procuraban placer: pescar, hacer excursiones, jugar a los bolos e incluso la actividad sexual. Ni siquiera podía estar sentado en un cine el tiempo suficiente para ver una película.

Respondió notablemente bien a la acupuntura y eso le dio esperanzas para soportar las dificultades de una estricta dieta para adelgazar.

Con veintisiete kilos menos ya era un hombre diferente. Había pasado lo peor del dolor y había recuperado movilidad suficiente para hacer ejercicios vigorosos. Yo no supe decir si la disminución de peso contribuyó a que le desapareciera el dolor o si la disminución del dolor contribuyó a hacerlo bajar de peso, y la verdad es que no me importaba. Lo único que importaba era que había pasado de una espiral hacia abajo a una espiral hacia arriba.

Al cabo de su primer año con mi programa para el dolor, Darren ya hacía un vigoroso ejercicio de levantamiento de pesos que habría matado a un hombre más débil. Pero con bastante frecuencia, mientras levantaba pesos, sus ojos se congelaban y su cara palidecía de dolor. Pero entonces hacía respiraciones profundas, le volvía el color a la cara, reía y cogía otra barra con pesas.

Pero tú no tienes por qué ser como Darren para beneficiarte de los ejercicios con pesas; un programa muy informal y suave puede ir muy bien, independientemente de tu fortaleza. Esto se comprobó en un reciente estudio realizado en la Universidad Tufts: cincuenta personas, entre hombres y mujeres, de ochenta y noventa años y salud delicada, doblaron su fuerza después de diez semanas de trabajo con pesas; también aumentó de modo importante la densidad de sus huesos. La concentración, o densidad, de minerales en los huesos es muy importante, porque es imposible librarse del dolor sin un conjunto músculo-esquelético sano. Por desgracia, no obstante, muchas personas olvidan que su esqueleto es una estructura viva y cambiante, y descuidan su salud ósea. Cuando los huesos no se fortalecen mediante el ejercicio se deterioran con rapidez. Sólo dos semanas de reposo en cama producen un 7 por ciento de pérdida de densidad en las vértebras.

Una consecuencia lamentable de la costumbre entre los ancianos de no hacer ejercicios de fuerza es que una cuarta parte de todas las personas mayores de sesenta años sufren de aplastamiento de las vértebras. Además, un tercio de todas las personas que llegan a los noventa años se rompen una cadera.

Para comenzar tu programa de ejercicio con pesas no te compres un aparato sofisticado; bastará un par de mancuernas en una tienda de oportunidades.

No te enredes en hacer una complicada serie de ejercicios de levantamiento de pesas; haz los más sencillos que explico en el apéndice 2, «Ejercicios de fortalecimiento».

Cuando comiences a hacerlos con regularidad, es posible que te excedas un poco y quedes dolorido. No aceptes pasivamente ese dolor ni ningún otro tipo de dolor. ¡Combátelo!, ¡derrótalo!

Una de las mejores maneras de derrotarlo es con un masaje.

Vencer el dolor con masaje

El masaje es una excelente terapia para el dolor muscular localizado, pero, como la mayoría de los elementos importantes de mi programa, también tiene efectos sistémicos, es decir, en todo el organismo. Como sabes, creo que las mejores modalidades antidolor son las que tienen beneficios multidimensionales de largo alcance. Para vencer a un enemigo tan cruel como el dolor crónico, hay que movilizar las fuerzas de todo el cuerpo, así como la mente y el espíritu. Ninguna guerra importante se ha ganado jamás en un solo campo de batalla.

El beneficio más evidente del masaje para los pacientes de dolor es que presenta al cerebro una fuente de estímulos rivales. Como recordarás, dado que las señales de dolor viajan más lento que las señales táctiles, es fácil que estas lleguen antes que aquellas y produzcan un «atasco de tráfico» en las puertas del dolor de la médula espinal.

Es especialmente fácil que las señales táctiles se sobrepongan a las señales de dolor crónico, porque estas suelen ser transportadas por los nervios de dolor del tipo más lento. Las señales de dolor crónico, de larga duración, avanzan a unos cinco kilómetros por hora (en nervios C-polimodales), mientras que las de dolor agudo, de corta duración, se mueven mucho más rápido, viajan hasta el cerebro a una velocidad aproximada de 65 km/h (en nervios A-delta).

Debido a esta lentitud de avance, el dolor crónico suele ser sordo y difícil de localizar. Por el contrario, el dolor agudo suele ser punzante, y mucho más fácil de localizar.

Pero las señales táctiles son mucho más rápidas incluso que las más rápidas del dolor agudo; viajan hasta el cerebro a una velocidad de entre 290 y 320 km/h (en nervios A-beta).

Es una suerte que las señales del dolor crónico sean tan lentas; facilita la tarea de «derrotarlas en su carrera a la puerta».

Hay muchas maneras de aprovechar este fenómeno. Te habrás fijado que a veces el dentista, antes de ponerte una inyección de novocaína te pellizca la mejilla y la mueve o te presiona la encía con el dedo; esto lo hace para generar señales táctiles que tengan ocupado al sistema nervioso; entonces, cuando pone la inyección, el pinchazo no duele tanto.

Tu médico de cabecera usa una técnica similar cuando te presiona el brazo antes de ponerte una inyección. Al hacer eso disminuye en un tercio el dolor del pinchazo; además, el desinfectante frío que pone en el brazo también sirve para bloquear el dolor, al atascar sus puertas con señales de frío.

Los granjeros aprovechan este fenómeno cuando ponen inyecciones a los animales; antes de clavar la aguja le dan una palmada al animal en la parte donde van a pinchar. Cuando hacen eso normalmente los animales no notan el pinchazo.

Uno de los remedios más antiguos para la migraña también aprovecha este fenómeno. Muchas personas han observado que si se cepillan el pelo a la primera señal de migraña, esta desaparece.

Sin embargo, como he dicho, el masaje terapéutico también tiene efectos sistémicos que van más allá de reducir el dolor en una zona localizada. Los otros efectos del masaje son los siguientes:

- Estimula la liberación de endorfinas.
- Favorece la dilatación de los capilares y disminuye el dolor causado por la hinchazón.
- Baja hasta un 50 por ciento el nivel del cortisol, la neurohormona estimulante; cuando se produce en exceso, el cortisol aumenta la percepción del dolor.
- Disminuye los espasmos, la rigidez y la tensión musculares.
- Alivia temporalmente el dolor, y ese alivio sirve para romper su ciclo.
- Genera bienestar emocional, que ahoga la intensidad de las señales de dolor.
- Contribuye a la expulsión de toxinas, entre ellas las cininas, que inician las señales de dolor.

Hay muchas formas de masaje, algunas de las cuales son bastante esotéricas. Sin embargo, los tipos más sencillos suelen ser los más beneficiosos.

La forma más común es el llamado masaje sueco, que consiste en friccionar y amasar, aplicando mayor presión en los músculos; en este masaje se separan suavemente los músculos de los huesos y luego se aprietan o palmotean.

Casi cualquier familiar o amigo debería ser capaz de hacer este masaje, y también lo hacen masajistas profesionales.

Otros tipos más complejos de masaje y fisioterapia los realizan casi exclusivamente profesionales; muchos de ellos suelen ser muy eficaces para el dolor crónico. Las siguientes son tres de las técnicas más populares.

La mioterapia

Esta forma de masaje la ideó la prominente fisioterapeuta Bonnie Prudden. A veces se la llama terapia del «punto desencadenante» o gatillo, porque consiste en presionar puntos contracturados que producen dolor en zonas alejadas de estos puntos; por ejemplo, un nudo de fibras musculares doloroso en el cuello podría causar dolor en la cabeza.

La existencia de puntos desencadenantes está ampliamente aceptada.

Prudden cree que los puntos desencadenantes están causados por lesiones, tensión muscular y estrés emocional, y que pueden permanecer años así. A veces, dice, estos puntos permanecen latentes y no causan problemas mientras un estrés físico o emocional no los active. Cuando se activan producen contracción en el músculo en que se encuentran. Esta contracción entonces genera un ciclo de dolor que no suele estar localizado en la zona concreta donde está situado el punto desencadenante.

Para acabar con el dolor, Prudden y otros mioterapeutas presionan estos puntos durante unos siete segundos con los codos y luego aflojan poco a poco; aplican una fuerza de entre siete y nueve kilos de peso. Para saber aproximadamente cuánta presión es esa, haz fuerza sobre la báscula. Los puntos situados en las caderas podrían necesitar una presión de hasta 18 kilos, mientras los de la cara 1,5 kilos.

Los puntos desencadenantes sólo se pueden localizar palpando; su localización varía según cada persona. En teoría, la relajación del punto se produce al privarlo de oxígeno. Cuando se deshace ese punto desencadenante, conviene hacer ejercicios de estiramiento para impedir que se vuelvan a formar.

Como habrás notado, la mioterapia es algo similar a la acupuntura, pero se basa en la manipulación de músculos, no de nervios ni meridianos energéticos.

Prudden ha documentado muchos éxitos con este tratamiento.

Numerosos médicos también tienen éxito inyectando en los puntos desencadenantes un anestésico local llamado lidocaína, que es similar a la novocaína. Este procedimiento lo explico en el capítulo 4.

El rolfing

Esta terapia, también llamada Integración Estructural, es una forma de masaje muscular profundo que en otro tiempo tenía la mala fama de ser muy doloroso. Pero en los últimos años, muchos rolfistas profesionales han modificado la terapia y resulta ahora mucho más agradable. La ideó en la década de 1970 la bioquímica Ida Rolf.

Como los mioterapeutas, los rolfistas creen que la tensión muscular localizada puede durar muchos años en el cuerpo; creen también que estos músculos tensos se adhieren o pegan a los tendones, ligamentos y otros músculos con tejido conjuntivo. Cuando esto ocurre el cuerpo queda desalineado de forma permanente, el estrés se «enquista» y se pierde la postura correcta. Esta alteración puede generar dolor músculo-esquelético crónico.

Los rolfistas tiran enérgicamente de los músculos pegados y los devuelven a su posición correcta, y rompen las adherencias que los mantenían fuera de su lugar.

Por lo general, se necesitan alrededor de diez sesiones.

He visto algunas mejorías espectaculares producidas por el rolfing. Con este tratamiento la persona suele evolucionar de la rigidez y la incomodidad constante a la agilidad y soltura de movimientos.

El método Trager

Esta técnica reeduca el cerebro y el cuerpo para que se muevan de formas que alivien el estrés y el dolor.

Los terapeutas Trager mueven metódicamente el cuerpo de la persona de modos específicos, para enseñar al cerebro y los músculos nuevas formas de movimiento. Esta terapia es más neurológica que física.

Al reestructurar los movimientos corporales, la terapia anima al paciente a buscar formas más sanas de sobrellevar el estrés. Puede ser muy útil para pacientes de dolor crónico de espalda.

Mi experiencia clínica con este método es muy limitada. Sin embargo, el testimonio anecdótico de las experiencias de algunos pacientes parece que confirman su eficacia. Scott fue uno de mis pacientes que se benefició de él.

Las fisioterapias que acabo de explicar son ciertamente muy apropiadas en el tratamiento de dolores músculo-esqueléticos crónicos, entre ellos el dolor de espalda, la osteoartritis, los dolores de cabeza por tensión, la fibromialgia, el dolor de la articulación témporo-maxilar y el del túnel carpiano.

Sin embargo, restablecer el funcionamiento óptimo del sistema musculoesquelético es muy beneficioso para pacientes de cualquier tipo de dolor. ¿Por qué? Porque este sistema es parte importante de todo el organismo e influye profundamente en el resto del cuerpo, que, a su vez, influye en la mente y el espíritu. Ten presente que cada persona es un ser entero, una totalidad, no sólo una colección de partes no relacionadas entre sí. Pensar que la terapia estructural sólo mejora el sistema músculo-esquelético es tan tonto como pensar que la terapia nutricional sólo sana el aparato digestivo.

Si estás intentando recuperarte de dolor crónico, deberías seguir el mismo consejo básico que di a Tiffany: para sanar tu dolor, sana toda tu vida.

Ahora dediquemos un momento a considerar una de las formas más populares de fisioterapia: la manipulación terapéutica.

La mejor terapia estructural
La terapia de manipulación, que consiste en la manipulación osteopática y quiropráctica, es una de las formas más populares de fisioterapia por la sencilla razón de que suele tener efectos profundos e inmediatos.

La manipulación quiropráctica y la osteopática son bastante similares; ambas restablecen el equilibrio, la eficiencia y la función de la estructura ósea del cuerpo. Los osteópatas, no obstante, por lo general tienen una educación más amplia que los quiroprácticos. Además de su formación en osteopatía, reciben la misma formación que los médicos. De todos modos, muchos quiroprácticos son expertos en la manipulación estructural.

Durante muchos años los terapeutas quiroprácticos, y a veces los osteópatas, sufrieron el escepticismo y el desprecio de los médicos, pero esa actitud ha cambiado mucho. En la actualidad, la mayoría de los médicos reconocen que la terapia de manipulación por lo general ofrece el mejor tratamiento posible para el dolor de espalda, una de las formas más comunes de dolor crónico.

Prácticamente todos los pacientes de dolor crónico pueden beneficiarse de esta terapia, porque mejora la salud estructural general. Muchos especialistas en salud holista creen que los quiroprácticos y los osteópatas suelen ofrecer la atención sanitaria más progresista de la actualidad, porque en sus tratamientos aplican también otras modalidades, como la terapia nutricional, la terapia de ejercicio, masaje y homeopatía.

En 1992, un grupo de expertos de la Rand Corporation publicó un importante informe que indicaba que para el tratamiento de ciertos tipos de dolor de espalda la terapia de manipulación era por lo general más eficaz que los fármacos o la cirugía. Más recientemente, un estudio realizado por el Departamento de Salud y Servicios Humanos de Estados Unidos, concluyó que los pacientes de dolor de espalda debían tratarse con terapia de manipulación antes de plantearse una intervención quirúrgica.

El cuadro siguiente, que esboza los resultados de un estudio realizado por la Workmen's Compensation Agency de California (instituto del empleo), indica que por lo general la terapia de manipulación consigue la recuperación de determinadas lesiones de espalda en menos tiempo que el tratamiento de un médico.

La quiropráctica (o quiropraxia) es la forma más común de terapia de manipulación. En la actualidad, los médicos quiroprácticos realizan el 94 por ciento de todas las manipulaciones de la columna, el 4 por ciento las realizan osteópatas y el 2 por ciento, doctores en medicina.

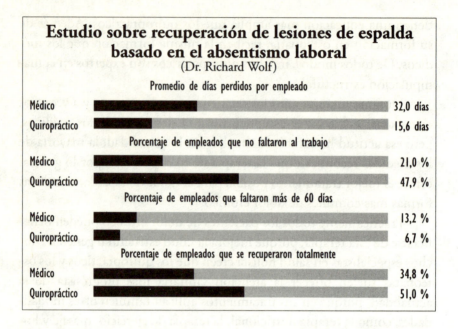

Los pacientes de dolor de espalda, en su mayor parte, prefieren la manipulación al tratamiento de un médico. En un estudio reciente, el 66 por ciento de los pacientes con dolor de espalda dijeron que estaban muy satisfechos con el tratamiento recibido de quiroprácticos; sólo el 22 por ciento dijeron que estaban muy satisfechos con el tratamiento de médicos. En ese mismo estudio, los pacientes tratados por quiroprácticos faltaron al trabajo un promedio de 10,8 días, mientras que los tratados por médicos faltaron un promedio de 39,7 días.

El objetivo fundamental de la terapia de manipulación es corregir la posición de las vértebras que se han desplazado. Cuando se produce este desplazamiento, por lo general debido a un traumatismo físico, se inflama la zona que rodea las vértebras, quedan afectados los nervios espinales y se producen espasmos musculares.

Los terapeutas corrigen esta desalineación vertebral estirando los tejidos que rodean las vértebras hasta más allá de su franja normal de movimiento. Al hacer esto, las vértebras vuelven al lugar que les corresponde, por lo general con un sonido, un «clic», que al parecer es producido por los gases que salen de las articulaciones.

Muchos terapeutas de la manipulación creen que las vértebras desplazadas no sólo causan dolor de espalda; sostienen que debido a que por la columna vertebral discurren los principales haces nerviosos, cualquier cosa que perjudique su funcionamiento también perjudica la transimisión nerviosa general del cuerpo. Por ejemplo, si la columna no está alineada en la parte donde salen los nervios que sirven a los riñones, se deteriora el funcionamiento renal.

Según esta teoría, las desalineaciones de la columna son importantes causantes de una amplia variedad de problemas físicos. Esta teoría no ha sido demostrada, y muchos médicos la discuten, pero yo creo que contiene un potente elemento de sentido común. Sea correcta o no, siempre es conveniente proteger y cuidar la columna. La columna vertebral es una estructura fuerte y delicada al mismo tiempo, bellamente construida y vibrante de energía, reverenciada por todas las tradiciones curativas a lo largo de la historia. En opinión de muchas personas, la mejor manera de cuidar de la columna es con la atención regular de un terapeuta de la manipulación.

Otras dos intervenciones físicas contra el dolor comparten la misma teoría en que se basa el masaje: una de las mejores maneras de derrotar el dolor es derrotarlo en su carrera hacia el cerebro.

Terapia de calor y frío

Cuando los médicos de Napoleón tenían que operar durante la campaña de invierno en Rusia, tendían a los soldados heridos en la nieve y esperaban a que el frío les insensibilizara el cuerpo, con lo que reducían muchísimo el dolor. Esa no fue la primera vez que se utilizaba el frío para combatir el dolor: los médicos del antiguo Egipto realizaban sus operaciones en habitaciones frías, excavadas a muchísimos metros bajo tierra. Antes que ellos, los sanadores chinos utilizaban el frío para aliviar las inflamaciones. Igual que las señales táctiles, las señales de frío viajan más rápido que las de dolor y suelen dejarlas fuera. Bastante frío puede insensibilizar los nervios.

El frío también combate el dolor de las siguientes maneras:

- Estimula la liberación de endorfinas.
- Estrecha los vasos sanguíneos que llevan sangre a la parte afectada, alivia la inflamación y disminuye la afluencia de sustancias químicas causantes de dolor (como las cininas y el ácido láctico).
- Alivia los espasmos musculares.

El frío es de uso tópico, se aplica sobre la parte afectada con bolsas de hielo o compresas frías. Se usa comúnmente para el dolor artrítico, la bursitis, el dolor de muelas, el dolor muscular y también para las migrañas. En un estudio, la terapia de compresas frías alivió la migraña a un 80 por ciento de los pacientes.

La aplicación de calor también es un remedio usado desde hace tiempo para muchos tipos de dolor. Es particularmente eficaz para favorecer la relajación muscular, y su uso es común para la artritis, el dolor de espalda y la fibromialgia. Igual que las señales de frío, las de calor viajan más rápido que las de dolor, y también estimulan la liberación de endorfinas.

Por lo general el calor se aplica con compresas calientes, almohadillas calefactoras y baños calientes. No hace mucho los terapeutas del dolor descubrieron que alternar aplicaciones de frío y de calor en la misma sesión es más eficaz que aplicar uno u otro solo.

Otra innovación reciente, algo similar a la aplicación de calor y de frío, es el uso de aparatos que producen un suave estímulo eléctrico. La corriente eléctrica indolora que produce este aparato gana la carrera a las señales dolorosas y bloquea las puertas del dolor; también estimula la producción de endorfinas.

Los especialistas en dolor están aceptando rápidamente este aparato, llamado TENS (*transcutaneous electrical nerve stimulation*: estimulación nerviosa eléctrica transdérmica). Los pacientes que lo utilizan se colocan pequeños electrodos sobre la zona dolorosa y controlan ellos mismos su intensidad. A veces los electrodos se colocan sobre los puntos de acupuntura adyacentes a la parte dolorosa.

Estas unidades son baratas, seguras y eficaces. Para más información sobre ellas, consulta a tu médico.

Magnetoterapia para el dolor

Otra innovación tecnológica que gana partidarios con rapidez son los imanes especiales para aliviar el dolor. Mis pacientes que han probado esta fascinante terapia han respondido muy bien y algunos la consideran una parte importantísima de su terapia.

La primera vez que oí hablar de usar imanes para controlar el dolor me pareció algo futurista y rebuscado. Sin embargo, al investigar este método descubrí que los estudios realizados indican que es algo que hay que tomar en serio.

Si bien hay varias teorías sensatas sobre cómo una fuerza magnética puede poner fin al dolor, nadie sabe en realidad cómo funciona esta terapia. Las teorías más admisibles son: 1) que los imanes aumentan la irrigación sanguínea en las zonas tratadas, posiblemente atrayendo las moléculas de hierro presentes en la sangre; 2) que influyen en la carga bioeléctrica presente en la células de todos los seres vivos, y 3) que estimulan las terminaciones nerviosas y favorecen la liberación de encefalinas analgésicas, que son similares a las endorfinas.

A mí, la teoría de la mayor irrigación sanguínea me parece la más convincente. Una mayor cantidad de sangre sirve para eliminar de los tejidos musculares el ácido láctico que causa dolor, inhibe la hinchazón causada por la inflamación e impide que los iones de calcio migren hacia las articulaciones artríticas.

Esta teoría está reforzada por el hecho de que al parecer los imanes no sólo disminuyen el dolor, sino también aceleran la curación. En la Facultad de Medicina de la Universidad de Miami, uno de los centros de investigación en que se estudia la magnetoterapia, los médicos observaron que una persona a la que una herida de bala causó una grave lesión en un hueso se recuperó totalmente en cinco semanas y no en los dos o tres meses que por lo general tarda en curar ese tipo de heridas. Otro paciente se recuperó de una operación de injerto de hueso en cinco semanas y media en lugar de los supuestos tres meses.

En una espectacular fotografía, tomada durante un estudio, se ve la región abdominal de una paciente que usó esta terapia en la recuperación de una liposucción; después de la operación, los médicos del

Centro Médico Mount Sinai de Nueva York le colocaron en el abdomen una gran almohadilla que contenía imanes; la zona que estuvo cubierta por la almohadilla se ve relativamente limpia de hematomas e hinchazón, mientras que la zona que quedó fuera de la almohadilla está manchada por los diferentes colores de los hematomas.

Esa foto se tomó durante un estudio del uso de la magnetoterapia para la curación posquirúrgica. Los investigadores comprobaron que en el 75 por ciento de 21 pacientes, el uso de la magnetoterapia reducía muchísimo el dolor, la coloración por hematomas y la inflamación.

En otro estudio reciente, controlado, realizado en la Universidad Baylor, se comprobó que la magnetoterapia es muy eficaz para controlar el dolor de pacientes del síndrome pospoliomielitis. El 76 por ciento de los pacientes experimentaron una importante disminución del dolor; en el grupo de control, tratado con magnetoterapia simulada, sólo el 19 por ciento de los pacientes experimentaron un alivio semejante. La magnetoterapia sólo tardó cuarenta y cinco minutos en producir un alivio importante.

Entre los más fervorosos partidarios de la magnetoterapia se encuentran golfistas profesionales. El golf puede causar mucho daño en la espalda, debido a los enérgicos movimientos de balanceo. La popularidad de esta terapia entre los golfistas profesionales comenzó cuando la probó Jim Colbert, que se había visto obligado a retirarse del campeonato a causa de una enfermedad degenerativa en la zona lumbar; su recuperación fue rápida y espectacular, y ganó el campeonato de invierno de 1995. Poco después, observó que «la mitad de los golfistas que participan en ese torneo usan imanes desde entonces». Entre los que comenzaron a usarlos estaba otro de los campeones de invierno, Bob Murphy, que también se había visto obligado a retirarse a causa de una artritis discapacitadora. Entre otros golfistas famosos que han usado la magnetoterapia están Arnold Palmer y Raymond Floyd.

Sin embargo no todos los golfistas profesionales que usan la magnetoterapia son hombres; Donna Andrews, estrella de la Asociación de Golf Profesional de Mujeres, que tiene unos treinta y cinco años, comenzó a usar imanes después de sufrir una grave lesión en la espalda, con lo cual se recuperó; antes de recurrir a esta terapia no había logrado mejorar de su lesión ni siquiera con un programa completo para el dolor que incluía ejercicio, terapia nutricional, quiropráctica y medicamentos.

En su mayor parte, estos aparatos magnéticos de diseño especial se usan directamente sobre la parte dolorida; también se pueden colocar en el interior de la suela de los zapatos, en muñequeras o en mangas de compresión. A veces se colocan en almohadillas, en el colchón, en cubiertas para asientos del coche o en sillones.

Los imanes que se usan son diferentes de los imanes corrientes, pues no se ha demostrado que estos últimos tengan eficacia terapéutica.

Como ocurre con la mayoría de las nuevas tecnologías, en la actualidad hay empresas no éticas que explotan la magnetoterapia fabricando productos baratos e ineficaces.

En todo caso, los elementos de magnetoterapia de alta calidad son relativamente baratos; que se sepa, no producen ningún efecto secundario.

La magnetoterapia se emplea por lo general para el dolor músculo-esquelético, en trastornos como la artritis y el síndrome del túnel carpiano. Pero al parecer alivia el dolor de una amplia variedad de trastornos.

Ahora veamos otra importante forma nueva de fisioterapia cuyo uso extendido sólo se remonta a unos quince años.

Fototerapia para fortalecer el umbral del dolor

Como he dicho repetidamente, una de las cosas más importantes que se pueden hacer para curar el dolor crónico es aumentar y estabilizar el nivel del neurotransmisor serotonina. Si el nivel de serotonina es bajo o inestable, la persona es muchísimo más vulnerable al dolor crónico en el caso de que contraiga una enfermedad degenerativa o sufra una lesión o herida; al parecer influye directamente en el comienzo de las migrañas, la depresión clínica, los síntomas del síndrome premenstrual y la fibromialgia, y en algunas personas podría ser causa del síndrome de colon irritable.

Una de las mejores maneras de asegurarse una provisión abundante y estable de serotonina es la fototerapia, o terapia de la luz.

Está bien documentado que las intensidades bajas de luz, las que se producen en los días cortos de invierno, contribuyen de modo importante a bajar los niveles de serotonina. El estado depresivo llamado trastorno afectivo estacional se ha relacionado con intensidades de luz insuficientes.

La luz es necesaria para que el cuerpo pase eficientemente de la producción de melatonina por la noche a la producción de serotonina durante el día. La melatonina es importante para conciliar el sueño y continuar durmiendo, pero si su producción continúa durante el día, debido a falta de luz, disminuye la cantidad de serotonina que se puede producir. Esto suele ser causa de muchos de los síntomas clásicos de la insuficiencia de serotonina, entre ellos la depresión, el letargo, el deterioro de la capacidad cognitiva, el deseo de comer dulces y la disminución de la libido.

Además, la insuficiencia de serotonina baja el umbral del dolor y aumenta el dolor ya existente.

Este problema es muy común, sobre todo en las regiones del mundo en que son muy cortos los días en invierno. Por ejemplo, en el estado de Washington se calcula que la falta de luz afecta gravemente a un 10 por ciento de la población y moderadamente a otro 20 por ciento. En el sur de California, en cambio, la falta de luz sólo es grave en un 3 por ciento de los casos y moderada en un 10 por ciento. Incluso en los climas soleados pueden verse afectadas las personas que pasan dentro de casa casi todo el día.

Las mujeres son particularmente vulnerables a este problema durante ciertos periodos de su ciclo menstrual, cuando el nivel de serotonina podría ya estar bajo, lo cual sucede alrededor de la mitad del ciclo menstrual, para permitir que se produzca la ovulación; después continúa bajo unas dos semanas, y luego, justo antes de la regla, baja aún más. Durante estos periodos, la falta de luz puede exacerbar de modo importante los molestos síntomas del síndrome premenstrual, entre los que está la mayor sensibilidad ante el dolor. De hecho, el trastorno afectivo estacional y el síndrome premenstrual tienen muchos síntomas comunes.

Un motivo de que sea tan frecuente este problema es la inmensa diferencia entre la cantidad de luz de un día soleado y la cantidad de luz que hay por lo general dentro de casa. Observa, en la gráfica siguiente, lo oscura que es una habitación con «la luz normal encendida».

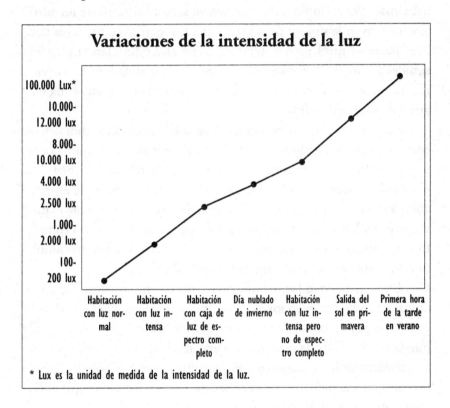

Para que la luz de espectro completo active la liberación de serotonina debe tener una intensidad mínima de 2.500 lux. Para liberar serotonina con luz artificial de espectro incompleto su intensidad debe ser de 10.000 lux.

Como seguramente sabes, la mayoría de las luces de las casas no son de espectro completo, es decir, con todas las diversas longitudes de onda de la luz del sol. Las únicas luces de espectro completo de uso común son las que que se ponen en los invernaderos para estimular el crecimiento de plantas y flores.

La mayoría de los investigadores creen que la fototerapia obtiene mejores resultados con luces de espectro completo. Estas luces tienen muchas ventajas sobre las luces corrientes. No tienen que ser excesivamente brillantes, porque causarían agotamiento en los ojos; además, sus diversas longitudes de onda favorecen actividades bioquímicas beneficiosas. Por ejemplo, como tal vez ya sabes, los rayos de luz ultravioleta activan la síntesis de la vitamina D; al parecer, estos rayos también bajan el nivel de colesterol en la sangre, estimulan la glándula tiroides y aumentan el nivel de estrógeno. En realidad, todas las vitaminas, minerales y enzimas del cuerpo utilizan por lo menos una longitud de onda específica.

Entre los beneficios para la salud de la luz de espectro completo se encuentra una mayor longevidad. En un experimento, los animales expuestos sólo a luces fluorescentes normales vivieron un promedio de 8,2 meses, mientras que los expuestos sólo a luz artificial de espectro completo vivieron 15,6 meses. Los animales expuestos a la luz natural vivieron 16,1 meses. Esto indica no sólo que la luz de espectro completo es beneficiosa, sino también que la luz artificial de espectro completo es casi tan beneficiosa como la luz natural del sol.

En la actualidad los investigadores no saben con exactitud cómo la luz activa ciertas reacciones bioquímicas, como la liberación de serotonina, por ejemplo. Durante los quince últimos años se aceptaba que la luz cambiaba la química cerebral al entrar por los ojos; pero recientemente se ha descubierto que la química cerebral sólo la altera la luz dirigida a la piel; lo único que se sabe de cierto es que ocurren esas alteraciones químicas en el cerebro.

Puedes comenzar la fototerapia comprando tubos de luz de espectro completo en una ferretería o tienda de artículos eléctricos. Estas luces tienen varias ventajas y tienen más probabilidades de mejorar tu nivel de serotonina que las normales.

Si quieres hacer fototerapia, deberás tener por lo menos cuatro tubos de 120 centímetros, y estar sentado cerca de ellos por lo menos una hora por la mañana al despertar.

Aromaterapia

Hasta hace poco yo no tenía ninguna experiencia clínica con la aromaterapia; la primera vez que oí hablar de ella me pareció algo no científico e insólito. Sin embargo, sé de casos que indican que esta terapia podría ser de valor para algunos pacientes.

La aromaterapia consiste simplemente en inhalar el aroma de diversas hierbas y plantas. Al parecer, estos aromas activan estados de ánimo específicos.

Desde hace mucho tiempo se acepta que el olfato influye poderosamente en la evocación de recuerdos; este sentido es único de un modo muy interesante: todos los estímulos que entran por los demás sentidos llegan a una zona del cerebro llamada tálamo, donde son filtrados para dejar fuera la información sensorial absurda o superflua. Los estímulos olfativos, en cambio, no pasan por el tálamo, sino que van directamente al sistema límbico, que rige la memoria y las emociones. Por lo tanto, el olor tiene una capacidad particularmente fuerte de evocar recuerdos y producir emociones.

Según los practicantes de la aromaterapia, algunos olores no sólo inducen determinados estados anímicos, también producen la secreción de sustancias químicas cerebrales asociadas con esos estados de ánimo. A continuación indico los aromas que suelen usarse en aromaterapia, junto con los estados anímicos que inducen y las sustancias neuroquímicas cuya producción activan. Estos aromas son los que tienen más posibilidades de ser valiosos para los pacientes de dolor.

Estos aromas, que se encuentran en forma de aceites esenciales en la mayoría de las tiendas de alimentos dietéticos, se usan de varias maneras. Se pueden poner unas gotas en agua hirviendo para producir vapor aromático, o en el agua del baño; también, calentar en una especie de lámpara llamada difusora de aroma, o ponerse en la piel.

La aromaterapia ha ido bien a muchos de mis pacientes para relajarse y sentirse más cómodos y a gusto.

Aromaterapia

Aroma	Estado anímico que induce	Neurotrans. que estimula
lavanda	tranquilidad, alegría	serotonina
manzanilla	relajación	serotonina
mejorana	tranquilidad	serotonina
azahar	relajación	serotonina
cardamomo	energético	noradrenalina
enebro	optimismo	(adrenalina)
romero	optimismo	noradrenalina
citral	frescura	noradrenalina
jazmín	afabilidad	dopamina
amaro	simpatía	dopamina
patchulí	extraversión	dopamina

¡No te abrumes!

Antes de pasar a la última forma de fisioterapia, la que yo considero la más eficaz de todas, quiero darte unas palabras de aliento. Ya debes de estar pensando: «Bueno, sólo estoy en la mitad de este programa para el dolor y este doctor ya me ha dicho que pruebe 292 cosas diferentes. ¡Es abrumador!».

No te abrumes. Simplemente haz las cosas para las que tengas tiempo y energía, y no se te ocurra intentar ser un paciente perfecto. Si te obsesionas con la perfección, sólo empeorarás tu dolor.

La verdad es que hay muchas cosas para probar, y no sabrás cuál de ellas te va mejor mientras no las pruebes. Las personas somos muy distintas, y no a todos nos van bien las mismas cosas.

Así pues, tendrás que tener paciencia y perseverar.

De todos modos, muy pronto descubrirás varias modalidades que te darán resultado, y cuando las descubras podrás concentrarte en ellas. Pronto se convertirán en una parte natural de tu rutina diaria.

Cuando llegues a esa fase, que llegarás, comprobarás que mi programa es muy sencillo y nada complicado.

Eso fue lo que le ocurrió a Tiffany cuando le presenté la terapia que explico a continuación. Al principio, esa terapia le pareció difícil y rara, porque nunca había intentado algo semejante. Pero muy pronto se convirtió en una parte normal de su vida cotidiana.

De hecho, fue el elemento de mi programa que le cambió la vida.

Ejercicios de mente-cuerpo: Utilización del poder del cerebro

Hace varios miles de años, muchísimo antes de que los anatomistas trazaran la estructura del sistema nervioso, los sanadores asiáticos descubrieron que podían influir en la salud de sus pacientes enseñándoles a canalizar sus energías internas; les mostraban técnicas que les permitían canalizar la energía de una parte del cuerpo a otra y desde el cuerpo al cerebro. A estas técnicas ahora las llamamos «ejercicios de mente-cuerpo»; son una combinación de movimientos y posturas yóguicos y meditaciones.

Al parecer, las personas que realizaban estos ejercicios hace miles de años experimentaban aumentos espectaculares en energía mental y bienestar físico. Desde entonces, son incontables los millones de personas que los han practicado.

Estos ejercicios, que son una forma de yoga kundalini, los introdujo en Estados Unidos, en 1969, el yogui Bhajan, líder de la religión sij en este país. Esta es una religión sencilla que cree en la existencia de un Creador y que las personas pueden sintonizar con él si se esfuerzan por ser amables, decentes, felices y sanas. La práctica de los ejercicios de mente-cuerpo kundalini, combinados con meditación, es el instrumento para conseguir la salud, la felicidad y la espiritualidad. Cuando me hice sij, hace unos veinte años, experimenté los profundos beneficios de estos ejercicios, que continúo practicando casi todos los días.

La interpretación occidental actual del efecto de los ejercicios de mente-cuerpo es que facilitan el transporte de la energía nerviosa desde los nervios periféricos a la médula espinal y al cerebro.

La interpretación antigua es que facilitan el transporte de la energía vital (o kundalini) desde los centros energéticos (o chakras) inferiores a los superiores, que están situados en el cerebro. De este modo se favorece la curación y la regeneración en todos los aspectos: físico, mental y espiritual.

Tras estudiar el tema durante los veinte últimos años, he llegado a pensar que estas dos interpretaciones contienen verdad; creo que ninguna de las dos, sola, representa la verdad completa.

La práctica de los ejercicios de mente-cuerpo está muy extendida en Asia, y en Occidente la siguen centenares de miles de personas. Su popularidad ha resistido el paso del tiempo simplemente porque dan resultados; si no, hace siglos que se habrían abandonado.

Cada uno de los ejercicios de mente-cuerpo tiene un efecto concreto: algunos favorecen el aumento de la energía cognitiva; algunos generan mayor energía física; otros producen una relajación profunda, y otros sirven para inhibir el dolor.

A Tiffany le enseñé varios de los ejercicios inhibidores del dolor, y también le enseñé los destinados a estimular la energía mental. Estos dos tipos de ejercicios ayudaron a su cuerpo a lanzar el contraataque al dolor.

En el apéndice 1 explico los ejercicios de mente-cuerpo más importantes para elevar el umbral del dolor. También están los ejercicios especialmente apropiados para la artritis, el dolor de espalda, el dolor de cabeza y la fibromialgia. Verás que son bastante fáciles de hacer; ciertamente no son más difíciles que el ejercicio aeróbico y el ejercicio con pesas. Son muy motivadores, porque los resultados suelen ser inmediatos. Por ejemplo, Scott, mi paciente de polimiositis, no necesitó ningún estímulo especial porque, según decía él, hacerlos era como «si te pusieran una inyección del mejor analgésico posible, sin efectos secundarios».

Creo firmemente que los ejercicios de mente-cuerpo ejercen su mayor poder cuando se hacen por la mañana, como parte de un programa diario de fortalecimiento de la salud. A esta práctica yo la llamo «Despertar a la salud». Bien hecha, activa las secreciones endocrinas que dan energía a la mente y al cuerpo, y protege del estrés durante todo el día. El programa varía para cada paciente, pero siempre consta de meditación, ejercicios de mente-cuerpo, buena nutrición y purificación.

Yo comienzo mi programa echado en la cama, donde hago por lo menos veintiséis respiraciones largas y profundas. Antes de levantarme ya siento que la sangre vibra por todo mi cuerpo y recarga todas las células con oxígeno y energía.

Me doy una agradable ducha, que termino con agua más fría; el chorro de agua fría es vigorizador, tonificador.

Normalmente bebo al menos un vaso de agua con zumo de limón.

Cuando me preparo para hacer mis ejercicios de mente-cuerpo, oro al Dios que está en mi interior y al Dios que está fuera de mí. Le pido la bendición de la salud mental, física, emocional y espiritual, y felicidad, prosperidad, gracia y alegría. Le pido que bendiga a mi familia, a mis hijos y a mis pacientes. Le pido que su energía amorosa y sanadora circule libremente por mí así como mi aliento circula por mi cuerpo.

Después hago mis ejercicios de mente-cuerpo, medito y tomo un buen desayuno cargado de potencia. Entonces ya me siento preparado para cualquier reto.

Cuando Tiffany comenzó a hacer los ejercicios de mente-cuerpo su reacción fue sorprendente. Empezó a experimentar una mejor corriente nerviosa hacia la parte inferior de su cuerpo; de hecho, recuperó tanta sensibilidad que notó las molestias que le causaban los hierros que le habían insertado en la columna.

A medida que avanzaba su curación se le hizo tan molesta la sensación de los hierros que tuvieron que hacerle una intervención quirúrgica para quitárselos. Los médicos comprobaron que se recuperaba de aquella operación mucho más rápidamente que la mayoría de los pacientes, y que era capaz de controlar la reacción de su sistema nervioso a los procedimientos dolorosos casi a voluntad. Los asombró esa capacidad, que ella atribuyó sobre todo a sus ejercicios de mente-cuerpo y a la meditación.

Una vez que le quitaron los hierros comenzó a sentirse cada vez mejor. Tenía más flexibilidad y más tonicidad muscular. El dolor le continuó disminuyendo en intensidad, duración y frecuencia.

Cuanto mejor se sentía, más se integraba en todos los aspectos de su vida. Profundizó una relación con un joven muy simpático, comenzó a concentrarse en el futuro y dejó de pensar en el pasado.

Entonces, un día, llegó a la visita con un aparato ortopédico en las piernas. Con dificultad se puso de pie y dio unos cuantos pasos hacia mí.

No me sorprendió ese logro, porque llevaba tiempo trabajando en ello, pero al dar esos pasos tenía en sus ojos la luz del sol, y me conmovió muchísimo.

Volví a verla hace poco, antes de que Cameron Stauth y yo termináramos de escribir este libro. Me maravilló lo radiante y llena de vida que estaba; me dijo que todavía seguía en su silla de ruedas la mayor parte del tiempo, pero que eso ya no la amargaba como antes, porque ahora veía su vida de otra manera. Al parecer, no consideraba su silla de ruedas como algo que la aprisionara, sino como algo que la capacitaba (claro que le resultaba más fácil aceptarla porque sabía que de vez en cuando se podía levantar y alejarse de ella).

Tanto su fisioterapia como su programa para el dolor iban extraordinariamente bien, y tenía la esperanza de que algún día sería capaz de caminar sin ningún aparato auxiliar.

Me contó que pronto se casaría, en un hermoso balneario de West Palm Beach (Florida), y que pensaba hacer sus promesas conyugales en una preciosa piscina, y que sería capaz de avanzar hacia el altar sin ninguna ayuda.

Sus planes me alegraron sobremanera, y me conmovió que me pidiera que hiciera una oración de bendición en la ceremonia.

El proceso de curación de sus piernas continúa.

La curación de su vida es completa.

4

Tercer aspecto: Medicación

Aunque el mundo está lleno de sufrimiento, también está lleno del deseo de superarlo.

HELEN KELLER

Su sobrina, que era también su cuidadora, ayudó a Martha a bajar de la camioneta equipada para su discapacidad y luego a entrar en mi consulta. Apoyada en un bastón, caminó lentamente hacia una silla, con la espalda y el cuello encorvados.

Se dejó caer en la silla, y se esforzó por recuperar el aliento. Se movió en el asiento mientras intentaba respirar, como si buscara una posición cómoda que sabía que no encontraría. Incluso en la silla continuaba con el cuello encorvado. Tenía que mirar hacia arriba para verme.

—¿Quieres algo? —le preguntó su sobrina.

—Aspirina. —Me miró con expresión afligida—. Gracias a Dios por la aspirina —susurró.

—¿Tomas muchas aspirinas? —le pregunté.

—Vivo de ellas.

—¿Algún problema de estómago?

—Todavía no, y toco madera. Pero el especialista en artritis me dijo que sólo era cuestión de tiempo; dice que la aspirina causa úlceras.

Martha, de setenta y cinco años, tenía una artritis grave. También tenía una enfermedad llamada espondilitis anquilosante, que afecta los tendones del cuello y la columna, y los deja rígidos.

—Si tomas muchas aspirinas —le dije—, podrías sufrir algo más que úlceras. Es probable que empeoren la artritis.

—¿Empeorar? —exclamó ella, boquiabierta—. La aspirina es lo único que me quita el dolor.

—Hay otras cosas para el dolor; la aspirina puede dañar los cartílagos.

Cogí un modelo de una columna vertebral y le señalé las pequeñas almohadillas de cartílago de los bordes de las vértebras.

—El cartílago es como una esponja que impide que los huesos se toquen entre ellos; pero para que cumplan esa función tienen que absorber agua. La aspirina hace más lenta esa absorción, y hace que duelan aún más las articulaciones.

—Esto es nuevo para mí —dijo abatida.

—Es nuevo para todos. Los médicos lo saben sólo desde hace unos años, y parece que algunos aún no lo saben.

Martha parecía abatida. Sus atormentados ojos se empañaron de lágrimas.

—¿Qué puedo hacer entonces?

Estuvo a punto de echarse a llorar, pero se contuvo. Era resistente; si no lo hubiera sido estaría ya en una residencia de ancianos, en cama y tomando narcóticos.

—Hay muchas cosas que se pueden hacer para el dolor —le expliqué—. Algunas incluyen medicamentos, y otras no.

—No te preocupes, nos arreglaremos —le dijo la sobrina con dulzura mientras le acariciaba la mano.

La gente que cuida de sus familiares es extraordinaria. Dan cariño y ayuda, y esas son las dos cosas más preciosas que alguien puede ofrecer.

Mirando a esas dos mujeres valientes, unidas en el amor y el sufrimiento, me prometí encontrar una manera de ayudarlas.

Comencé a explicarles mi método, en el que uso tres tipos básicos de medicación.

1. Medicación para el dolor. Algunos de los medicamentos que uso sólo se venden con receta, otros, sin ella. A diferencia de muchos especialistas del dolor, no me limito a recomendar esos medicamentos comunes de venta sin receta, como el acetaminofén y el ibuprofén, sino también potentes medicamentos de herbolarios y homeopáticos.

2. Medicación para la actividad cognitiva. Puesto que el dolor está en el cerebro, cuanto mejor funciona este, con más eficacia controla el dolor. Para fortalecer la capacidad del cerebro, recomiendo a mis pacientes tomar algunos de los mismos remedios para la actividad cognitiva que receto a los pacientes que siguen mi programa de longevidad cerebral. Medicamentos como el deprenyl estimulan la capacidad del cerebro para contraatacar enérgicamente al dolor.

3. Medicación específica para el trastorno o enfermedad. Son los medicamentos que tratan la causa de trastornos concretos, como la artritis o la migraña. Como he dicho, la medicina integradora suele ser más eficaz que la ortodoxa en detener enfermedades degenerativas como la artritis. Cuando estas enfermedades causan dolor crónico, cualquier mejoría reduce de modo importante ese dolor. Por lo tanto, algunos de los medicamentos que receto a los pacientes de dolor no están destinados a aliviarlo, sino a mejorar el trastorno que lo causa.

Después de ese primer encuentro con Martha, continué viéndola regularmente durante unos meses. Participó en un programa completo y respondió notablemente bien.

Al comienzo del tratamiento contribuí a aliviarle el dolor con sesiones de acupuntura, nutrientes antiinflamatorios, remedios a base de hierbas y remedios homeopáticos y diversas formas de trabajo corporal.

Algunas de esas terapias eran nuevas para ella y las había parecidas a otras que ya había probado. Con anterioridad la había tratado un médico que empleó remedios herbolarios, acupuntura y una forma de yoga. Estas terapias fueron un poco eficaces, pero no le curaron el dolor. En mi opinión, el fracaso se debió a que no estaban integradas en un programa completo y coordinado, en el que cada aspecto apoya de modo sinérgico a los demás. Para ser eficaz, un programa debe ser algo más que un simple surtido de terapias naturales.

Como respondió bien al programa de control del dolor, pude reducirle de manera drástica la toma de aspirina.

Un aspecto del tratamiento era, ciertamente, la medicación. Los medicamentos que tuvieron el mejor efecto en ella fueron los específicos para la enfermedad: agentes hormonales que atacan la causa de la artritis.

Le receté dos hormonas, la pregnenolona y la hormona del crecimiento humano. Aunque su uso no está extendido en el tratamiento de la artritis, he descubierto que son muy útiles para algunos pacientes.

La pregnenolona es una hormona que el cuerpo convierte en hormona esteroidea como el estrógeno y la testosterona. Las hormonas esteroideas alivian la artritis al reducir la inflamación y favorecer la salud de los cartílagos. Si bien muchos médicos recetan hormonas esteroideas sintéticas, estas tienen muchos efectos secundarios negativos. La pregnenolona es mucho más segura y tiene menos efectos secundarios.

La otra hormona que le di, la del crecimiento humano, aún no la recetan muchos médicos, pero está comenzando a aumentar su popularidad. Tiene el efecto general de rejuvenecer la bioquímica del organismo mediante una cascada de mecanismos químicos. Dado su efecto rejuvenecedor, la considero útil para diversos trastornos del envejecimiento, entre ellos la artritis.

Martha también respondió muy favorablemente a la terapia nutricional. Tomó cantidades abundantes de dos nutrientes que contribuyen a la absorción de agua por el cartílago: la condroitina y la glucosamina. Estos nutrientes consiguieron engrosar los cartílagos y disminuyó su dolor.

En menos de seis meses, Martha superó los peores síntomas de la artritis y la espondilitis anquilosante. Mejoraron de forma espectacular su movilidad y flexibilidad, y consiguió controlar el dolor. Se normalizaron los ligamentos de la columna y el cuello, y aumentó mucho su capacidad para mantenerse erguida y caminar sin dificultad. Ya no necesitaba ayuda en sus tareas cotidianas. Esto fue una bendición, no sólo para ella, sino también para su sobrina.

De hecho, Martha se ha convertido en una entusiasta de la natación. Me encanta ir a verla a su casa y observarla nadar en su hermosa piscina. Contemplarla me hace ver lo mucho que ha progresado desde el día en que su sobrina la ayudó a caminar con dificultad hasta mi consulta.

Actualmente, cuando tiene una crisis de dolor articular, le recomiendo que tome un medicamento útil, casi mágico: *aspirina*.

Te explicaré por qué.

Aspirina y medicamentos similares

Tomada con sensatez, la aspirina es un medicamento estupendo: rápido, sin riesgos y eficaz. No es de extrañar que sea el analgésico más popular del mundo. No obstante, lamentablemente se usa mal en un enorme número de casos. Casi siempre, el mal uso consiste en tomarla en exceso, lo que puede causar hemorragias internas, sobre todo en el estómago. Según estimaciones de la FDA (Administración de Alimentos y Fármacos) la toma excesiva de aspirina y fármacos semejantes (el ibuprofén, por ejemplo) provoca alrededor de 200.000 casos de hemorragia intestinal y varios miles de muertes al año.

Dado que su uso, y abuso, está tan extendido, es el primer medicamento del que deseo hablarte. Después de hablar de la aspirina y el ibuprofén, veremos los otros dos tipos principales de analgésicos de venta sin receta que uso: los remedios homeopáticos y los remedios de hierbas.

Después veremos los analgésicos de venta con receta y los medicamentos estimulantes de la actividad cognitiva.

Los únicos medicamentos de los que no hablaré mucho en este capítulo son los que se recetan para trastornos específicos; de esos hablaremos en los capítulos dedicados a estos trastornos.

Ten en cuenta, por favor, que cualquiera de los medicamentos de que hablo en este capítulo podría irte bien, independientemente de cuál sea la causa de tu dolor, porque todos forman parte de mi programa general para el dolor. Son de acción general y te servirán para combatir muchos tipos de dolor crónico que se han «incrustado» en tu sistema nervioso.

El ingrediente activo de la aspirina, el ácido salicílico, se ha usado durante miles de años. Los sanadores chinos de la Antigüedad daban ácido salicílico a sus pacientes en forma de corteza de sauce, que es la fuente natural más rica en esta sustancia. Lo usaban también como ingrediente de un potente preparado anestésico que mantenía inconscientes a los pacientes durante intervenciones quirúrgicas importantes. El uso medicinal de la corteza de sauce sólo se conoció en Occidente en 1758, cuando un médico llamado Edward Stone descubrió que reducía el dolor y la fiebre de sus pacientes.

La aspirina es tan popular porque actúa en tres frentes: alivia el dolor, reduce la fiebre y disminuye la inflamación.

Dado que reduce la inflamación, forma parte de una categoría de medicamentos llamados antiinflamatorios no esteroideos (AINE). Como su nombre indica, combaten la inflamación, como los esteroides, pero no tienen ninguna de las otras propiedades de los esteroides. (La sigla inglesa de estos fármacos es NSAID, que se pronuncia «insed»: *nonsteroidal anti-inflammatory drugs*.)

Existen más de veinte antiinflamatorios no esteroides diferentes. Algunos se venden sin receta y otros solamente con ella. A continuación detallo los más usados, primero con el nombre genérico y entre paréntesis las marcas más comunes:

- aspirina
  (p. ej., Bayer, Anacin, etc.)
- ibuprofén
  (p. ej., Advil, Motrin)
- naproxeno
  (p. ej., Anaprox, Aleve)
- indometacina
  (p. ej., Indocin)
- tolmetina
  (p. ej., Tolectin)
- fenilbutazona
  (p. ej., Butazolidin)
- diclofenaco
  (p. ej., Voltarén)
- diflunisal
  (p. ej., Dolobid)
- piroxicam
  (p. ej., Feldene)
- oxifenbutazona
  (p. ej., Oxalid)
- sulindac
  (p. ej., Clinoril)
- fenoprofeno
  (p. ej., Nalfon)

Los antiinflamatorios no esteroideos reducen la inflamación al inhibir la producción de dos importantes sustancias químicas inflamatorias, las prostaglandinas y el ácido araquidónico. Probablemente recordarás que hablé de ellos en el capítulo sobre la nutrición, porque también se pueden inhibir con terapia nutricional.

Aparte de estos medicamentos, existe otro analgésico común que se vende sin receta, el acetaminofén, aunque no alivia la inflamación; la marca más popular es Tylenol. Igual que los antiinflamatorios no esteroideos, alivia el dolor y reduce la fiebre, pero no tiene ningún efecto sobre las sustancias químicas que producen la inflamación. Por lo tanto no es tan eficaz para los trastornos inflamatorios.

Podría sorprenderte saber que los médicos no sabemos muy bien por qué la aspirina y los otros antiinflamatorios no esteroideos acaban con el dolor. Ciertamente el alivio de la inflamación influye en la eliminación del dolor, pero resulta que estos medicamentos también eliminan el dolor aunque no haya inflamación.

Otra teoría es que la aspirina y los otros antiinflamatorios no esteroideos refuerzan el contraataque al dolor del cerebro mejorando el funcionamiento de las «rutas nerviosas descendentes», que van del cerebro al lugar del dolor. Es probable que esta teoría sea cierta, pero nadie está seguro de que lo sea.

Si bien podría parecer extraño que los médicos no sepan cómo actúa la aspirina, no lo es tanto; numerosos fármacos funcionan de modos que los médicos no entienden del todo. En este sentido, muchas de las terapias de la medicina oriental, como la acupuntura, por ejemplo, también son bastante misteriosas.

También podría sorprenderte saber que muchos médicos recetan antiinflamatorios no esteroideos para el dolor y no los recetan para la inflamación. Eso es un error. La inflamación debe tratarse con estos medicamentos, aun en el caso de que no cause mucho dolor. Si no se trata, puede empeorar y grabarse en el sistema nervioso como dolor crónico. Cuando esto ocurre ya podría ser demasiado tarde para curar la inflamación con una terapia sencilla a base de antiinflamatorios no esteroideos.

Por lo tanto, si te haces un esguince en el tobillo, o sufres una inflamación por otro motivo, toma o aplica antiinflamatorios no esteroideos aunque no sientas mucho dolor. Pero ten presente que el acetaminofén no es antiinflamatorio, de modo que no lo uses para tratar un esguince.

Por un motivo similar, el acetaminofén es también menos eficaz para tratar los dolores menstruales, causados, en parte, por la producción excesiva de prostaglandinas en el útero. Puesto que los antiinflamatorios no esteroideos inhiben la producción de prostaglandinas, son los medicamentos apropiados para los dolores menstruales. De los diversos antiinflamatorios que se podrían usar para estos dolores, los estudios indican que el ibuprofén es generalmente el más eficaz. Por lo tanto, para los dolores menstruales yo recomiendo ibuprofén.

Una dosis sensata de ibuprofén para dolores menstruales, y para la inflamación, es de 400 miligramos cada cuatro horas, aunque al inicio de la reacción inflamatoria se pueden tomar hasta 800 miligramos. Esto servirá para prevenir una inflamación grave. La toma diaria de ibuprofén no debe exceder los 2.000 miligramos. Si tomas ibuprofén o cualquier otro antiinflamatorio no esteroideo cada día, debes tomar menos de 2.000 miligramos. Todos estos medicamentos podrían tener efectos secundarios negativos si se toman en dosis diarias elevadas durante un periodo prolongado.

Los siguientes son los peores problemas asociados con el uso indebido de antiinflamatorios no esteroideos.

Hemorragia gastrointestinal
Al inhibir la producción de prostaglandinas, estos antiinflamatorios pueden provocar problemas gástricos, porque una de las funciones de las prostaglandinas es fabricar la mucosa que cubre el revestimiento del estómago. La toma regular de estos medicamentos durante unas cuantas semanas puede causar úlceras y hemorragias gastrointestinales, sobre todo en personas mayores de sesenta años.

Este problema suele pasar inadvertido, porque los antiinflamatorios no esteroideos inhiben la mayor parte del dolor que producen. Alrededor de un 4 por ciento de todos los pacientes que toman dosis elevadas de estos medicamentos desarrollan úlceras y, sin embargo, la mitad de ellos sólo lo perciben cuando sufren un trastorno grave, peligroso para la vida, como una úlcera perforada o una hemorragia interna masiva.

Si tomas con regularidad algún antiinflamatorio no esteroideo para controlar el dolor crónico, tienes un 650 por ciento más de probabilidades que una persona corriente de ser hospitalizado por problemas gastrointestinales. Si experimentas algún problema gastrointestinal relacionado con estos antiinflamatorios no lo trates con antiácidos, porque no da ningún resultado; en este caso el problema no es simple hiperacidez. Si desarrollas una úlcera por este motivo, puedes tratarla con medicamentos específicos como Tagament, aunque este medicamento no prevendrá la formación de úlceras en el futuro.

Para evitar problemas gastrointestinales causados por antiinflamatorios no esteroideos, pídele a tu médico que te recete un fármaco relativamente nuevo llamado misoprostol, o Cytotec. Irá bien para proteger el revestimiento del estómago e evitar los problemas antes que comiencen.

Problemas hepáticos y renales
El deterioro renal es el segundo problema más común causado por los antiinflamatorios no esteroideos. Los riñones son vulnerables porque su función es eliminar estos medicamentos de la sangre. Algunos estudios indican que entre el 7 y el 10 por ciento de todas las enfermedades renales terminales podrían estar causados por un consumo excesivo de antiinflamatorios no esteroideos. En el caso de tener algún problema renal, insuficiencia cardiaca congestiva o hipertensión, estos medicamentos son muy peligrosos; podrían causar un fallo renal total en menos de una semana. Las personas que toman diuréticos también tienen más riesgos.

Otro grupo de personas particularmente vulnerables a los efectos secundarios de los antiinflamatorios no esteroideos son las que sufren enfermedades autoinmunes; en los casos de artritis reumatoidea, lupus y otras enfermedades de este tipo hay que tener especial cuidado y controlar los síntomas.

Hasta hace poco se creía que el antiinflamatorio sulindac era el que menos afectaba a los riñones, pero ahora parece ser que su uso excesivo contribuye a la formación de cálculos renales.

El hígado también elimina estos medicamentos de la sangre y por lo tanto le pueden causar daño. En el caso de tomar dosis elevadas de antiinflamatorio hay que controlar periódicamente el funcionamiento del hígado con análisis de sangre. Las personas alcohólicas, que ya tienen muy estresado el hígado, son muy vulnerables a los efectos dañinos de estos antiinflamatorios.

Problemas del sistema nervioso
Al parecer, los antiinflamatorios no esteroideos actúan sobre el sistema nervioso central, lo que obstaculiza su funcionamiento normal. El mayor riesgo para el cerebro y los nervios se produce cuando se toman dosis elevadas durante periodos prolongados. Esto podría causar confusión, agitación, zumbidos en los oídos, pérdida de memoria, insomnio, depresión e incluso alucinaciones y convulsiones epilépticas. A veces, cuando las personas mayores que toman dosis elevadas de antiinflamatorios tienen problemas mentales, sus familiares, e incluso sus médicos, suponen erróneamente que sufren de los primeros síntomas de la enfermedad de Alzheimer.

Otro problema con antiinflamatorios en relación al sistema nervioso es, paradójicamente, que bajan el umbral del dolor. Cuando se toman dosis elevadas durante mucho tiempo, el sistema nervioso pierde parte de su capacidad para combatir el dolor. El cerebro se hace dependiente del antiinflamatorio para lanzar su contraataque.

El problema se agrava cuando el medicamento comienza a perder efectividad debido al abuso. Cuando esto ocurre sí que es necesaria la capacidad natural del organismo para combatir el dolor, aunque si esa capacidad está debilitada por el antiinflamatorio la persona está en un apuro: cae en la tentación de tomar dosis más y más elevadas, y entonces, cuando pasa el efecto, el dolor será mayor que nunca. Al dolor consecuente al exceso de antiinflamatorio se le llama a veces «dolor de rebote».

Otro efecto secundario de los antiinflamatorios no esteroideos, relacionado en parte con la alteración del sistema nervioso, son los sarpullidos. A alrededor de un 3 por ciento de todas las personas que toman estos medicamentos les aparecen sarpullidos en la piel o sufren comezón. Por lo general, las peores reacciones en la piel las provocan la fenilbutazona, el sulindac y el piroxicam.

Agravamiento de la artritis
Aunque durante mucho tiempo los médicos animaban a los pacientes a tomar antiinflamatorios no esteroideos, ahora parece que el consumo excesivo exacerba el problema.

La artritis está causada principalmente por el deterioro del cartílago, esa almohadilla esponjosa que hay entre las articulaciones, y los antiinflamatorios contribuyen a ese deterioro porque hacen más lenta la producción de la molécula que retiene el agua en el cartílago, que necesita absorberla para funcionar bien. Cuando el cartílago se reseca demasiado, no protege las articulaciones, y entonces aparecen los síntomas de artritis. Aunque no tengas artritis en estos momentos, debes tener presente que las dosis elevadas regulares de antiinflamatorio contribuyen a desarrollarla. Sobre este problema hablaremos más en el capítulo 6.

Espero no haberte asustado tanto sobre el uso de antiinflamatorios que no vuelvas a tomar aspirina nunca más. La aspirina y los demás antiinflamatorios no esteroideos son medicamentos fabulosos si se usan bien. De hecho, hay muchas pruebas de que tomar unos 80 miligramos de aspirina al día protege de las enfermedades del corazón, debido a su efecto anticoagulante. En particular, la aspirina es valiosa para las personas que ya han tenido un ataque al corazón y desean prevenir otro.

El uso prudente de antiinflamatorios no esteroideos también puede prevenir el dolor crónico, porque alivian el dolor antes de que tenga la oportunidad de generar un ciclo recurrente. Por ejemplo, un paciente mío sufría de un fuerte dolor de espalda cada vez que practicaba su deporte favorito, el frontón. Cuanto más jugaba, peor era el dolor. Poco a poco desarrolló un dolor crónico de espalda. Su ortopeda le dijo que sería de locos seguir jugando; pero yo le recomendé que antes de cada partido se calentara los músculos de la espalda con agua caliente, hiciera ejercicios de estiramiento y tomara 400 miligramos de ibuprofén y 500 miligramos de aspirina. También le recomendé pregnenolona, que tomada junto con antiinflamatorios no esteroideos mejora de manera sinérgica el funcionamiento de las articulaciones. Este tratamiento le eliminó totalmente el dolor.

Ciertamente estos medicamentos son beneficiosos para la inflamación; pero cuando se toman con regularidad como analgésicos suelen ser peligrosos.

Ahora que sabes cómo pueden ser de peligrosos los antiinflamatorios no esteroideos, valorarás mejor los otros dos tipos de analgésicos sin receta que se usan comúnmente: los remedios homeopáticos y los preparados de hierbas, pues tienen muchísimas menos probabilidades de causar efectos secundarios y suelen ir extraordinariamente bien. Con frecuencia son mucho más potentes que los antiinflamatorios no esteroideos.

El poder de los remedios homeopáticos

Me asombra que tantos médicos estadounidenses sepan tan poco de medicina homeopática. Eso no tiene excusa.

La aplicación de esta tradición sanadora ha estado muy extendida durante casi doscientos años. A comienzos de este siglo, en Estados Unidos había casi tantos institutos homeopáticos como facultades de medicina. En este país hay a la venta cientos de buenos productos homeopáticos, y en la literatura médica han aparecido muchos artículos bien documentados sobre homeopatía. Sin embargo, la mayoría de los médicos no saben mucho de esta modalidad y al parecer no están interesados en ella.

Por supuesto, entiendo que un médico no desee abandonar su método para dedicarse a la homeopatía; pero no logro entender que no le interese investigar a fondo.

El principal objetivo de todos los médicos debería ser aliviar el sufrimiento de los enfermos, por lo que tienen la obligación de investigar cualquier método que haya demostrado convincentemente que alivia el sufrimiento. Está comprobado, sin lugar a dudas, que la homeopatía alivia el sufrimiento; esto merece por parte de la comunidad médica ortodoxa estadounidense más atención que la que ha demostrado hasta el momento.

La homeopatía es particularmente eficaz para aliviar el dolor. Como tal vez sepas, se basa en un principio similar al de la vacunación o inmunización; se toman dosis pequeñísimas de sustancias que estimulan la reacción sanadora del cuerpo.

Se emplean dos estrategias básicas. Una es dar al paciente pequeñas dosis de sustancias que provocan los síntomas que se desean curar. Por ejemplo, para curar una alergia al gluten de trigo, se suele administrar una pastilla que contiene una minúscula cantidad de gluten.

La otra estrategia homeopática básica es dar al paciente dosis pequeñísimas de sustancias que atacan los síntomas. Por ejemplo, para curar el insomnio se le podría dar una pastilla que contiene una ínfima cantidad de una hierba sedante.

Así, la teoría en que se respalda la homeopatía es que, para estimular la reacción curativa del cuerpo, es mejor administrar cantidades extremadamente pequeñas de sustancias que cantidades grandes.

La homeopatía nació en Europa, y allí continúa aplicándose muchísimo más que en Estados Unidos. En Gran Bretaña, por ejemplo, se calcula que un 42 por ciento de todos los médicos ortodoxos envían a sus pacientes a homeópatas. También es interesante observar que el principal medicamento para la gripe en Francia es un remedio homeopático llamado Oscillococcinum, que en la actualidad está adquiriendo popularidad en Estados Unidos. Yo lo tomo al primer signo de resfriado y he comprobado que suele detenerlo de inmediato.

Hace poco la prestigiosa *British Medical Journal* publicó un importante análisis de los estudios realizados sobre la homeopatía. De las 107 pruebas químicas revisadas, 81 demostraban resultados positivos.

En este informe se analizaban 20 estudios sobre el dolor y los traumatismos físicos, de los cuales 18 dieron resultados positivos.

Los siguientes son algunos ejemplos:

- En un estudio con pacientes de fibromialgia, los que mejoraron con un remedio homeopático fueron el doble de los que lo hicieron con un placebo.

- En un estudio con pacientes de migraña, aquellos a quienes se suministró un remedio homeopático pasaron de tener unos diez dolores de cabeza por mes, por término medio, a tan sólo 1,8. Estos pacientes también experimentaron una considerable disminución en la intensidad del dolor. En el grupo de control, al que se suministró un placebo, la mejoría fue insignificante.

- En un estudio con pacientes de esguince de tobillo, a más de dos tercios de los pacientes que tomaron la fórmula homeopática Traumeel les desapareció el dolor a los diez días, lo que ocurrió sólo a un tercio de los pacientes que tomaron un placebo.

Con frecuencia he recetado Traumeel en mi consulta, y he comprobado que por lo general es bastante eficaz. Por ejemplo, a un paciente con una distensión de un tendón importante de la pierna le receté Traumeel, junto con un analgésico de hierbas tópico llamado aceite Narayan; este paciente, que era un entusiasta jugador de tenis, tenía anteriormente el mismo problema con el tendón (el plantar) que baja por la parte posterior de la pierna desde la rodilla hasta el tobillo, lo que lo mantuvo incapacitado durante seis semanas, con tratamiento médico ortodoxo. La segunda lesión fue más grave que la primera y, sin embargo, con el remedio homeopático y el preparado tópico de hierbas, a los siete días ya pudo volver a jugar.

Es muy posible que este paciente previniera un dolor crónico para toda la vida con el tratamiento agresivo de la segunda lesión. Muchas veces, una lesión aguda como esa es causa de dolor crónico, sobre todo si es recurrente. Alrededor del 20 por ciento de todas las lesiones graves son causa de dolor crónico.

En un estudio muy interesante se comprobó que sólo la quinceava parte de todos los pacientes con lesiones graves que están bien económicamente desarrollan dolor crónico; en cambio, de todos los pacientes pobres, la mitad lo desarrolla. De esto deduzco que la mayoría de la gente acomodada tiene el dinero y el tiempo para tratar apropiadamente sus lesiones, mientras que los pobres sencillamente tienen que aguantarlas. Si sufres una lesión grave, dolorosa, no hagas caso omiso de ella, trátala.

Si deseas encontrar un remedio homeopático que te vaya bien para controlar el dolor crónico, el mejor método será consultar a un médico formado en homeopatía. En Estados Unidos son excepcionales los médicos que practican sólo la homeopatía, pero muchos naturópatas y quiroprácticos están formados en esta modalidad, como también algunos médicos. La ayuda de un profesional formado es importante, porque estas personas saben acerca de diversas sustancias que pueden desactivar los remedios homeopáticos; por ejemplo, el alcanfor obstaculiza la acción de la árnica.

También es posible encontrar remedios homeopáticos visitando una tienda de alimentos dietéticos; allí verás remedios homeopáticos simples y fórmulas con mezclas. En el envase de todos los remedios homeopáticos individuales se especifica claramente el trastorno que trata el remedio, y se recomienda la dosis adecuada.

Las fórmulas de remedios con mezclas tienen también etiquetas muy claras, con nombres como «Fórmula para la artritis» o «Fórmula para el estrés», entre otras muchas.

A continuación doy la lista de los remedios homeopáticos más populares para el dolor, con una breve explicación de algunos de sus beneficios. Claro está, deberás informarte de sus contraindicaciones y posibles efectos secundarios. Como en el caso de todos los medicamentos, también es importante que consultes con tu médico antes de tomar muchos remedios con el fin de comprender cómo interaccionan entre sí.

• *Árnica* 6x. Uno de los analgésicos homeopáticos más conocidos. La árnica es eficaz para el dolor agudo y previene el dolor crónico. La fórmula Traumeel contiene este remedio.

• *Aconitum* 12x. Sirve para aliviar el dolor intenso, como el posquirúrgico o el de quemadura. Es más eficaz si se toma inmediatamente después de producida la lesión, y también va bien para la artritis.

- *Chamomilla* 3x. Derivado de la hierba calmante manzanilla, este remedio va bien para el dolor crónico de baja intensidad, y tiene un efecto sedante moderado.
- *Apis* 12x. Útil como agente antiinflamatorio, suele usarse para tratar picaduras de abejas y otros insectos.
- *Árnica* 3x. Sirve para reducir la hinchazón, el hematoma y la rigidez consecuentes a una magulladura, sobre todo si se toma poco después de sufrir la lesión.
- *Hypericum* 6x. Suele recetarse para heriditas y abrasiones.
- *Rhus tox* 6x. Muchos pacientes de fibromialgia, como también de dolor muscular, experimentan alivio con este remedio. También es útil para cualquier forma de dolor que responda bien al calor.
- *Pulsatilla* 6x. Con mucha frecuencia se usa para el dolor causado por el síndrome premenstrual; también es eficaz para el dolor de la parte inferior de la espalda. A veces se emplea para el dolor artrítico.

Es posible que una fórmula sea más beneficiosa que un remedio sencillo, porque las fórmulas contienen una variedad de ingredientes sinérgicos y complementarios. Por ejemplo, un producto muy popular llamado «Lesiones y dolor de espalda», distribuida por Nature's Way, contiene *Árnica* 6x, *Hypericum* 6x, *Rhus tox* 6x, *Bellis perennis* 3x, *Ruta grav* 3x y *Phosphorus* 12x. Otra fórmula popular, el producto Calms Forté, para el insomnio, también contiene una amplia variedad de remedios homeopáticos.

Para encontrar fórmulas de buena calidad, visita la tiendas de alimentos dietéticos de tu localidad o consulta con un homeópata o un médico formado en homeopatía.

Si tienes hijos, podrías comprobar que, en la actualidad, los remedios homeopáticos son tal vez los que presentan menos riesgos. Las pastillas son fáciles de tomar porque son muy pequeñas, más o menos del tamaño de un guisante pequeño; tienen un sabor agradable, dulce, y se ingieren disolviéndolas bajo la lengua, lo cual es muy rápido, de modo que no hay peligro de atragantarse.

Dos de los analgésicos homeopáticos más populares se idearon en especial para niños; fabricados por Hyland, se emplean para tratar el cólico infantil y el dolor de la dentición. Padres que han usado estos dos medicamentos me han dicho que son extraordinariamente eficaces y fáciles de dar a los niños e incluso a los bebés.

La mayoría de los consumidores de productos médicos toman remedios homeopáticos sin consultar al médico. No obstante, para obtener los mejores resultados y en bien de la seguridad, deberías consultar con un profesional de la salud sobre esta forma de medicación así como de todas las demás.

Algunos médicos formados en homeopatía opinan que es contraproducente dar remedios homeopáticos junto con medicamentos estándar de eliminación de síntomas; creen que estos últimos anulan los efectos de los primeros. Otros médicos combinan los dos métodos, como hago yo.

Remedios de hierbas

Las hierbas son la materia prima más común de los medicamentos modernos. Un tercio de todos los fármacos que exigen receta se elaboran a partir de plantas. Las hierbas también constituyen la categoría más amplia de remedios naturales. En la medicina china tradicional, la farmacopea es principalmente herbolaria.

Mis pacientes de dolor suelen responder maravillosamente bien a las hierbas. Por ejemplo, Rebecca, paciente mía de setenta años, obtuvo inmenso alivio de una artritis grave en la rodilla gracias a dos fórmulas herbolarias chinas, «Circulación Meridiana» y «Guerrero Dinámico», elaboradas por la K'hn Herbal Co. Antes de tomarlas tenía tan incapacitada la rodilla que su médico le había recomendado cirugía sustitutiva.

La combinación de terapia herbolaria y electroacupuntura le fue tan bien que muy pronto se hizo innecesaria la operación, y durante los cuatro últimos años la rodilla le ha funcionado con normalidad.

Por lo general, la acción de las hierbas es más suave, y por lo tanto entrañan menos riesgos que los fármacos; sus efectos suelen ser más sutiles y tienen muchos menos efectos secundarios. De todos modos, como ocurre con todos los medicamentos, a veces pueden ser perjudiciales si se toman en exceso. Te recomiendo que sólo tomes hierbas medicinales bajo la vigilancia de un profesional de la salud formado en esta disciplina.

A continuación te ofrezco la lista de las hierbas que más se emplean para el dolor. Es probable que todas las encuentres en la tienda de alimentos dietéticos de tu localidad. Por regla general, se toman en forma de infusión caliente o en cápsulas. En el envase se dan instrucciones para su uso y dosificación.

Árnica. Como recordarás, en homeopatía se usan dosis pequeñísimas de esta planta, pero la árnica también es útil en dosis normales. Va bien para aliviar muchos tipos de dolor, al calmar el sistema nervioso. Se puede tomar en infusión y en cápsulas, o aplicada tópicamente en compresas mojadas frías. También se encuentra en ungüento o pomada.

Manzanilla o camomila. Esta planta de agradable sabor es un eficaz antiinflamatorio y sedante suave. También alivia los espasmos musculares. Se puede tomar en infusión o aplicarla en compresas; la compresa de manzanilla alivia el dolor neurálgico de la cara llamado neuralgia trigeminal. Para preparar una compresa, hierve la manzanilla, deja enfriar la cocción, ponla en un paño y aplícalo entonces sobre la zona dolorosa.

Gualteria o gaulteria. Igual que la corteza de sauce, esta planta contiene salicilatos, que son el ingrediente activo de la aspirina. Por lo tanto es útil como antiinflamatorio y analgésico. Sólo es para uso tópico, no oral.

Jengibre. Esta planta, de la que ya hablé en el capítulo sobre terapia nutricional, es un potente antiinflamatorio. Tiene más efecto secado y tomado en cápsula. El jengibre fresco no es tan potente.

Pimienta cayena o guindilla. Durante siglos la gente se ha aliviado el dolor friccionándose la zona dolorosa o bien con pimienta cayena o con ají o chile rojo. Al aplicar estas sustancias en la piel, el calor que producen da al cerebro un estímulo neurológico rival; como recordarás, las señales de calor son más rápidas que las de dolor y llegan antes a las puertas del dolor de la médula espinal, inhibiendo el dolor.

La pimienta cayena, en aplicación tópica, previene la producción de la sustancia D, transmisora del dolor. Es particularmente eficaz para detener el dolor nervioso causado por el herpes zóster.

Caléndula o maravilla. Esta planta es de uso tópico para el dolor en la piel, por ejemplo, el de quemadura de sol. Muchos productos comerciales para la insolación contienen caléndula.

Áloe vera. Tiene propiedades analgésicas suaves; alivia el dolor de una herida abierta, las irritaciones de la piel o las lesiones en el tubo digestivo. Comúnmente se aplica para las quemaduras de sol, heridas, abrasiones, lesiones del herpes y llagas ulcerosas. También se toma vía oral para acelerar la curación de úlceras gástricas, la irritación del revestimiento del estómago o trastornos inflamatorios intestinales como la colitis y la diverticulitis. El áloe vera penetra muy bien los tejidos y por lo tanto suele combinarse con otras sustancias analgésicas para favorecer su transporte hasta los tejidos subdérmicos lesionados.

Pasiflora o pasionaria. Esta planta, suavemente sedante, combate algunas de las características del síndrome de dolor crónico, como el insomnio, la ansiedad y la agitación, con lo que de manera indirecta alivia el dolor. También es útil para los espasmos musculares. Una cucharadita de extracto de pasiflora va bien al paciente para conciliar el sueño aunque se sienta molesto por el dolor.

Igual que los remedios homeopáticos, los remedios herbolarios no sólo se venden en preparados individuales; también hay fórmulas que contienen varias hierbas. En las tiendas de alimentos dietéticos encontrarás muchas fórmulas elaboradas con distintas plantas para diversos trastornos. Estas fórmulas suelen ser más eficaces que los remedios sencillos.

Existe una amplia gama de fórmulas herbolarias analgésicas chinas avaladas por el tiempo. Probablemente las encontrarás en herboristerías especializadas, no en una tienda de alimentos dietéticos normal. Los acupuntores titulados suelen venderlas.

Algunos ejemplos de este tipo de fórmulas son Corydalis Yan Hu Suo, que se usa para el dolor de los órganos internos; Yunnan Paiyao, para el dolor inflamatorio; Qi Ye Lien, para dolor de músculos y articulaciones, y Xiao Yao Wan, para dolor y espasmos musculares.

En general las hierbas chinas tienen un efecto suave, sutil, y suelen tener pocos efectos secundarios importantes. Sin embargo, hay que usarlas bajo el control de un profesional de la salud. Por regla general, los acupuntores saben mucho más sobre estas hierbas que cualquier otro tipo de profesional de la salud, a excepción de los médicos formados en medicina china tradicional.

Como ves, hay muchos remedios excelentes para el dolor que se pueden comprar sin receta. En realidad, estos analgésicos homeopáticos y de hierbas, sin receta, suelen ser la primera línea de defensa contra el dolor; como tales, los pacientes de dolor los toman con más frecuencia que los fármacos analgésicos con receta. Usados de modo inteligente y en buenas combinaciones, estos remedios son muy potentes. Una combinación sinérgica de remedios puede ser aún más potente que un medicamento que exige receta médica.

Algo muy importante es que estos remedios que no precisan receta suelen presentar menos riesgos que los medicamentos que sí la precisan, por lo tanto se pueden usar durante un periodo más largo de tiempo.

De todos modos, los medicamentos que precisan receta pueden ser muy beneficiosos si se usan bien, de modo que ahora hablaremos de ellos. Primero examinaremos algunos analgésicos de venta con receta y después te informaré sobre los fármacos que refuerzan la capacidad cerebral. Es posible que alguna de estas clases de medicamentos, o las dos, te sirva muy pronto para derrotar el dolor.

Medicamentos con receta que frenan el dolor

Los fármacos que precisan receta son la «artillería pesada» en la mayoría de los programas de tratamiento para el dolor. Suelen ser increíblemente potentes y a veces el efecto es casi instantáneo. Los médicos recurren más a estos medicamentos que a cualquier otra modalidad, porque sus efectos son profundos y muy previsibles.

Yo recurro menos a ellos que la mayoría de los médicos que tratan el dolor porque me preocupan mucho sus efectos secundarios, y creo que es más sensato servirse de combinaciones de terapias con menos riesgos que recurrir a una «píldora mágica» que precisa receta.

En todo caso, he recetado estos medicamentos a miles de pacientes, por lo general con resultados muy positivos. Usados con prudencia, son una modalidad valiosa dentro de un programa completo para el dolor.

Las siguientes son las principales categorías de medicamentos que se usan con frecuencia para combatir el dolor. Si crees que alguna de ellas puede ser apropiada para ti, consulta a tu médico. Por norma, un médico especializado en el dolor sabe más sobre estos fármacos que un médico no especialista.

Opiáceos

Por lo general, estos fármacos, también llamados narcóticos, son derivados de la adormidera (*Papaver somniferum*), de cuyas cápsulas aún verdes se obtiene el opio. El opio se ha usado como analgésico por lo menos desde el año 1500 a. de C.; se sabe que los antiguos sanadores egipcios, chinos y mesopotámicos lo usaban con frecuencia.

Debido al miedo a la adicción, sólo se administran durante un tiempo corto para el dolor agudo (el postoperatorio, por ejemplo) y para el dolor de las últimas fases de las enfermedades terminales. Sin embargo, estudios más recientes indican que podría ser exagerado el miedo a la adicción. En realidad, la mayoría de las personas que sufren de dolor crónico grave no se hacen adictas a los fármacos opiáceos, porque su efecto en los pacientes de dolor es distinto al que produce en personas sanas. Por lo general, los pacientes de dolor no sienten euforia cuando toman opiáceos, posiblemente porque estos se agotan en combatir el dolor.

Otro motivo de que los médicos eviten la administración de opiáceos durante un periodo prolongado es que los pacientes tienden a desarrollar tolerancia a ellos y entonces necesitan dosis cada vez más elevadas para aliviar el dolor. No obstante, yo he obtenido buenos resultados con una administración muy cuidadosa de ciertos opiáceos. Receté opiáceos a un paciente que tenía una forma de dolor central llamado distrofia simpática refleja, que contrajo al caerle una pesada piedra en el pie. Cuando la lesión se curó, este paciente, un maderero llamado Chuck, seguía sintiendo un dolor atroz en el pie. La rama simpática, estimulante, de su sistema nervioso estaba muy hiperactiva debido a un ciclo de dolor grabado en su cerebro y en sus nervios.

Probé con acupuntura, pero sólo lo alivió por un tiempo; después le receté una serie de inyecciones locales (llamadas bloqueo de nervio), pero tampoco acabaron con el dolor permanentemente. Entonces un cirujano lo operó para cortarle los nervios transmisores de dolor, que se mostraban hiperactivos; pero los nervios volvieron a crecer muy pronto. En ese punto, el cirujano decidió amputarle parte del pie.

Yo temía que la amputación no sirviera de nada porque gran parte del dolor ya estaba grabado en su sistema nervioso, y creía que aunque le amputaran parte del pie continuaría experimentando un «dolor fantasma», que sentiría como procedente del pie.

Pese a mis dudas, el cirujano siguió adelante y le amputó parte del pie. Por desgracia, mis temores estaban bien fundados, y la operación no acabó con el dolor. El sufrimiento de Chuck continuó.

Durante todo este proceso, él se mostró valiente, pero estaba comenzando a desarrollar varias de las características del síndrome de dolor crónico, y la calidad de su vida se deterioraba con rapidez.

Finalmente lo traté con una forma de terapia transdérmica: el parche de fentanilo. El parche, aplicado sobre la piel, va liberando una sustancia opiácea (fentanilo) que es diez veces más potente que la morfina. El parche eliminó el dolor casi de forma inmediata y lo ha mantenido a raya. Chuck volvió a sentirse feliz, y a ser productivo y activo; nunca ha experimentado euforia ni ninguna de las demás características de la intoxicación por opiáceos, como el letargo y la confusión; el parche ni siquiera tiene un efecto sedante en él, tan sólo hace que se sienta normal. Esta reacción no eufórica a los opiáceos es frecuente entre las personas que sufren de dolor intenso. Hace ya varios años que Chuck comenzó a usar el parche de fentanilo y aún le va muy bien con él.

Los medicamentos opiáceos, como dije antes, son en especial útiles para cualquier persona que esté en las últimas fases de una enfermedad terminal, porque normalmente la dependencia de fármacos no es una preocupación importante para las personas que se están muriendo. Sin embargo, hay muchos enfermos terminales que se resisten a depender de los opiáceos, debido a que nuestra sociedad desprecia la drogodependencia. Esta actitud es causa de que millones de enfermos terminales sufran innecesariamente.

Durante cientos de años esta aversión a la drogodependencia ha obstaculizado el uso adecuado de los opiáceos. De hecho, el cloroformo, el óxido nitroso (o gas hilarante) y el éter estuvieron prohibidos en la comunidad médica durante muchos años, incluso cuando los médicos ya sabían que eran analgésicos eficaces. Durante esa época, a mediados del siglo XIX, estos tres fármacos se relegaban a un uso clandestino y la gente los utilizaba como sustancias embriagadoras. En Gran Bretaña, un grupo de médicos recomendó el uso de cloroformo para aliviar los dolores del parto, pero se encontraron con la oposición de la Iglesia anglicana, que sacó a relucir el dictamen bíblico «parirás con dolor». Esta forma de pensar poco ilustrada imperó hasta que la reina Victoria pidió cloroformo durante el parto. A partir de entonces, la práctica se hizo común y se extendió la aceptación de los analgésicos entre los médicos.

Es posible que aunque tengas dolor crónico grave tu médico no te recete ninguno de los opiáceos fuertes como la morfina, el Dilaudid o el Demerol, por los motivos que acabo de mencionar. Pero sí es posible que de tanto en tanto te recete uno de los opiáceos más suaves, como la codeína. Esto podría ser apropiado para crisis ocasionales de dolor intenso.

En el caso de que te recetara codeína, debes saber que por lo general tiene mejor efecto cuando se combina con un analgésico de venta sin receta como el acetaminofén. Un ejemplo de este tipo de medicación combinada es «Tylenol con codeína».

Antidepresivos
Tuve una vez una paciente de fibromialgia que se negó en redondo a tomar antidepresivos porque creía que con eso admitía que su dolor estaba en la cabeza. Me contó que durante años su marido, que era psicoterapeuta, había tratado de convencerla de que su dolor era «una manifestación neurótica de conflictos no resueltos». Ciertamente, el hombre conocía la jerga psicológica, pero no sabía mucho sobre el origen del dolor. En realidad, el dolor generado totalmente por la mente, llamado dolor psicógeno, es muy escepcional; explica menos del uno por mil de los casos de dolor crónico, y por lo general acompaña enfermedades de franco deterioro mental como la esquizofrenia.

El dolor psicosomático, una parte del cual es influido por la mente, es mucho más común. De hecho, prácticamente cualquier dolor crónico es psicosomático al menos en parte, porque los pensamientos negativos siempre empeoran el dolor, y es imposible tener dolor crónico sin tener pensamientos negativos de vez en cuando; en realidad, es imposible estar vivo sin tener pensamientos negativos de vez en cuando.

Claro que mi paciente de fibromialgia que detestaba los antidepresivos tenía algo de dolor psicosomático, pero el origen del dolor era físico, no mental. Me preguntó entonces por qué quería recetarle antidepresivos.

Yo quería que tomara antidepresivos porque suelen tener un fuerte efecto en la transmisión física del dolor, primero porque hacen más lenta la secreción de las sustancias químicas del dolor en los nervios y luego porque impiden que las señales de dolor lleguen al cerebro. Miles de pacientes de dolor no deprimidos se han beneficiado de tomar antidepresivos.

Hay dos tipos de antidepresivos: los tricíclicos (entre ellos Elavil, Desyrel y Pamelor) y los inhibidores selectivos de la recaptación de serotonina (por ejemplo, Prozac, Paxil y Zolof). Normalmente los tricíclicos van mejor para el dolor que los fármacos tipo Prozac. Por lo general los pacientes de dolor necesian dosis más bajas de antidepresivos que los pacientes de depresión.

Pero, como he dicho, muchos pacientes de dolor sufren también de depresión y se benefician de los antidepresivos. En un estudio se comprobó que el 66 por ciento de los pacientes de dolor sufrían también de depresión; en ese estudio los investigadores descubrieron que los pacientes deprimidos eran más sensibles, se mostraban más irritables y eran más pesimistas respecto al tratamiento que los pacientes no deprimidos.

Los antidepresivos tricíclicos también se emplean mucho para prevenir el insomnio, que es exacerbado en gran medida por el dolor crónico. Pero, en general, yo prefiero tratar el insomnio con la hormona melatonina, inductora del sueño, que es muy popular entre muchos de los pacientes de dolor.

Si sufres de depresión clínica, podrías beneficiarte muchísimo de tomar algún antidepresivo. Sanar tu depresión puede ser esencial para controlar tu dolor.

Anticonvulsivos
Por lo general, los anticonvulsivos los toman las personas epilépticas para prevenir sus crisis, en las que los nervios y las neuronas del cerebro se activan espontáneamente y desencadenan reacciones incontrolables. Como sabes, algunos tipos de dolor crónico son también consecuencia de la activación espontánea de las neuronas. Debido a una lesión o una enfermedad, los nervios del dolor pueden adquirir el hábito de activarse; en realidad, se quedan atascados en la posición «activado». Los fármacos anticonvulsivos no sólo previenen la activación espontánea que causa las crisis epilépticas, también la que causa algunas formas de dolor crónico. Esto lo hacen sobre todo mejorando el «aislamiento» de los nervios; el mal aislamiento suele ser la causa principal de la activación espontánea de los nervios y neuronas.

Dado que los anticonvulsivos actúan directamente sobre las neuronas, son más eficaces para el dolor nervioso o neuralgia. La neuralgia suele experimentarse como un dolor agudo, punzante. Se siente más agudo que otros tipos de dolor crónico por la sencilla razón de que se origina en el nervio y por lo tanto va directo a la médula y al cerebro.

Dos de los dolores nerviosos más frecuentes son la neuralgia del trigémino y la neuralgia postherpes, que es un dolor lancinante originado en los nervios que han sido infectados por el virus del herpes. Estos dos trastornos mejoran a veces con la administración de anticonvulsivos.

Estos medicamentos son potentes y pueden tener efectos secundarios debilitantes, como aturdimiento, confusión y pérdida del equilibrio. Por lo tanto, si tu médico te receta alguno, comenzará por una dosis muy baja y la irá aumentando poco a poco hasta que logre el efecto deseado. Si tomas anticonvulsivos, es probable que experimentes los efectos secundarios antes que el alivio del dolor, de modo que trata de tener paciencia.

A veces se da anticonvulsivos a los enfermos de cáncer cuando los tumores invaden los nervios; en esas situaciones, suelen administrarse junto con opiáceos.

Los tres anticonvulsivos más corrientes son el ácido valproico, la carbamacepina y la difenilhidantoína.

Esteroides
Los esteroides son fabulosamente eficaces para reducir la inflamación y muy valiosos en una crisis médica, pero pueden tener efectos secundarios terribles si se toman durante mucho tiempo, por lo cual no son adecuados para el dolor crónico, que es continuado.

Los pacientes de dolor que toman esteroides durante periodos prolongados suelen experimentar reacciones dérmicas, deterioro de órganos, trastornos psíquicos y cognitivos, hinchazón y pérdida de masa ósea.

Como recordarás, Scott, mi paciente de polimiositis, tomaba esteroides cuando lo conocí, y detestaba los efectos secundarios tanto como el dolor.

Debido a sus efectos secundarios, la mayoría de los médicos no recetan esteroides para controlar un dolor de larga duración. Sin embargo, la mayoría sí aprueba inyectar ocasionalmente esteroides cuando hay inflamación en una zona cercana a la médula espinal; la inflamación de esa zona, llamada espacio epidural, suele causar un dolor terrible.

Por lo general, las inyecciones epidurales son eficaces y no entrañan riesgos. Dado que el medicamento se inyecta directamente en el lugar doloroso, las dosis son mucho menores que las orales, y esto previene los efectos secundarios.

Inyecciones para bloquear nervios
Si alguna vez un dentista te ha puesto una inyección de novocaína, has experimentado un bloqueo de nervio. Este procedimiento, que consiste en inyectar un anestésico local en un nervio, suele ser perfecto para el dolor agudo de corta duración y a veces alivia el dolor crónico.

El bloqueo de nervio contribuye a acabar con el dolor crónico al romper el ciclo de dolor el tiempo suficiente para que se normalice el sistema nervioso. En algunos pacientes he observado que con cada inyección se prolonga el alivio temporal que produce; cada inyección sucesiva destruye el «recuerdo» del dolor grabado en el sistema nervioso.

A veces, cuando el dolor es intenso e intratable, los médicos procuran inhibir permanentemente las señales del nervio de dolor hiperactivo cortándolo, congelándolo o destruyéndolo con sustancias químicas. En muchos casos, no obstante, el nervio vuelve a crecer y entonces vuelve el dolor. Si al crecer el desarrollo del nuevo nervio es imperfecto causa otro tipo de dolor, por lo general una sensación de hormigueo y ardor, similar a la sensación que se siente en el pie cuando se adormece.

Cuando la operación tiene éxito, normalmente los resultados no duran mucho; en general, los médicos suponen que el bloqueo de nervio llamado permanente dura unos seis meses; rara vez, más de dos años.

Aun en el caso de que el nervio no vuelva a crecer, el dolor de la zona dolorosa suele pasar a otro nervio. De todos modos, en los pacientes de enfermedad terminal, los bloqueos permanentes de nervios producen un enorme alivio.

Una operación similar al bloqueo permanente de nervio es la implantación de un electrodo que inhibe el dolor; también esto requiere una intervención quirúrgica. El electrodo, que se implanta en el cerebro o en la médula espinal, envía una pequeña corriente eléctrica cuando es activado, generalmente por el propio paciente. Esta corriente eléctrica inhibe las señales de dolor y también estimula la producción de endorfinas.

Este método suele ser eficaz al principio, pero no produce un alivio de larga duración.

Relajantes musculares
Por paradójico que parezca, estos medicamentos no afectan directamente a los músculos; al parecer actúan sobre el sistema nervioso central y producen una relajación general que afloja los músculos tensos y reduce los dolores y espasmos musculares.

Los relajantes musculares, entre otros la ciclobenzaprina, el carisoprodol y el metocarbamol, pueden ser efectivos para la fibromialgia, el dolor de espalda y otros trastornos que producen dolor muscular.

Por lo general, sólo son eficaces usados ocasionalmente, y no se consideran apropiados para tomarlos durante mucho tiempo. En mi opinión, los usan en exceso médicos que no están familiarizados con el tratamiento del dolor sin fármacos.

Tranquilizantes suaves
Estos medicamentos no tienen un efecto analgésico directo. Sin embargo, pueden reducir algunas de las características del síndrome de dolor crónico, como la depresión, la ansiedad y el insomnio, y aliviar indirectamente el dolor.

Los populares Valium y Xanac pertenecen a esta categoría de tranquilizantes; suelen tener efectos secundarios, como letargo, mareo o vértigo, estreñimiento y náuseas. A algunas personas este tipo de tranquilizantes no les mejora la depresión, sino que la empeora. Además, pueden ser muy adictivos.

Pero pese a estos riesgos evidentes, tales medicamentos son valiosos. Suelen producir un alivio temporal de algunos de los aspectos mentales más debilitantes del síndrome de dolor crónico. A veces este alivio anima al paciente a participar más activamente en su programa para el dolor.

Medicamentos que mejoran las facultades cognitivas

Ahora veamos una última clase de medicamentos que te pueden servir para derrotar al dolor: los que mejoran el funcionamiento del cerebro; estos medicamentos precisan receta.

Si has leído *Rejuvene tu cerebro*, sabes que tengo en alta estima varios medicamentos que estimulan la actividad cognitiva. En mi práctica clínica he usado estos fármacos para mejorar a pacientes de trastornos cerebrales terribles, entre ellos la enfermedad de Alzheimer. Con frecuencia he obtenido resultados extraordinarios; en muchos casos los pacientes consiguieron cosas que se consideraban imposibles.

También han dado buenos resultados a pacientes que sufrían de un deterioro cognitivo moderado, que no sólo superaron sus dificultades, sino además consiguieron capacidades cerebrales nuevas, no utilizadas antes. Experimentaron notable mejoría en memoria, capacidad de aprendizaje y concentración, y en energía mental.

Los mismos medicamentos suelen ir bien a pacientes de dolor; dado que el dolor está en el cerebro, cualquier remedio que mejore el funcionamiento cerebral mejora la capacidad del cerebro para derrotar al dolor.

Hace poco traté a una paciente de fibromialgia cuyo dolor muscular era tan intenso que prácticamente era una inválida. Casi cualquier movimiento le agravaba el dolor. Debido a esa irritación incesante su cara era una constante y cambiante máscara de sufrimiento. Su expresión variaba entre visajes, muecas y respingos de dolor y ceño fruncido; rara vez sonreía. Estaba muy deprimida, y me dijo que notaba la mente nebulosa.

Comenzó el programa completo para el dolor, en sus cuatro aspectos, y se benefició de muchas de las modalidades; pero la que tuvo el efecto positivo más inmediato fue la toma del fármaco piracetam, para la función cognitiva. Cuando comenzó a tomarlo desapareció la depresión, recuperó la claridad mental y experimentó un considerable alivio del dolor.

El piracetam aumenta el grado de energía del cerebro y mejora su funcionamiento general. Esto fue de importancia esencial para esta paciente, porque capacitó a su cerebro para lanzar un contraataque biológico más fuerte al dolor.

Como sabes, también es posible aumentar el poder cerebral con otras prácticas, como las terapias nutricional y de ejercicios, pero en resultados espectaculares e inmediatos es difícil superar los efectos de estos medicamentos que mejoran la función cognitiva.

Los siguientes son los mejores:

Piracetam
Como se ha comprobado en ensayos clínicos controlados, este notable medicamento, desarrollado en Europa, contribuye a mejorar la capacidad mental de pacientes de la enfermedad de Alzheimer y también de personas que sufren de un deterioro cognitivo muy leve. El piracetam aumenta el nivel de la principal sustancia química portadora de los pensamientos y recuerdos, el neurotransmisor llamado acetilcolina.

Cuando alguien no tiene suficiente acetilcolina le cuesta crear nuevos recuerdos y concentrarse; su capacidad cognitiva está muy disminuida. El piracetam restablece el nivel de este neurotransmisor y contribuye así a devolver la fuerza cognitiva. Al restablecerse el nivel de acetilcolina, normalmente se experimenta un resurgimiento de energía. Aunque el piracetam no es estimulante, ciertamente aumenta la energía mental y esto a su vez produce una sensación de energía física. Algunos pacientes que lo toman me han dicho que ya no necesitan estimulantes como la cafeína.

El piracetam contribuye incluso a que los dos hemisferios cerebrales trabajen juntos con más eficacia. Esto se consigue al mejorar el funcionamiento del cuerpo calloso, es decir, del conjunto de haces de nervios que conectan los dos hemisferios cerebrales. Dado que mejora la coordinación hemisférica, tiene fama de aumentar la creatividad. En Europa está muy extendido el uso de piracetam entre los escritores y pintores.

En Europa los médicos recetan piracetam desde hace varios años, pero en Estados Unidos aún no ha pasado el largo proceso de aprobación de la FDA (Administración de Alimentos y Fármacos). De todos modos, se puede obtener legalmente a través de algún «club de compradores» europeo.

Si deseas importar medicamentos que no han sido aprobados por la FDA, has de satisfacer los siguientes criterios: atenerte a todas las leyes estatales y locales e importar sólo una cantidad apropiada para uso personal; además, debes importar medicamentos que no entrañen riesgos importantes, y deben estar destinados a un trastorno médico grave. Si decides importar medicamentos, te recomiendo encarecidamente que sólo lo hagas con el consejo y la supervisión de un médico.

Se han realizado muchos estudios con el piracetam, y hasta el momento no se han comprobado efectos secundarios importantes. Una dosis adecuada para una persona de buena salud es de 600 miligramos diarios. Para personas con deterioro cognitivo relacionado con la edad es necesaria una dosis mayor, de 1.800 a 2.400 miligramos diarios. Los pacientes de dolor suelen necesitar una dosis más elevada que las personas sanas. De vez en cuando mis pacientes toman hasta 3.200 miligramos diarios y dicen no experimentar efectos secundarios importantes.

Deprenyl
Este fármaco se usa desde hace muchos años en Estados Unidos y en otras partes para tratar la enfermedad de Parkinson, que es el trastorno del sistema nervioso que causa la pérdida del control muscular.

La enfermedad de Parkinson se debe principalmente al agotamiento del neurotransmisor dopamina, que controla el movimiento físico. El nivel de dopamina disminuye a medida que envejecemos; comienza a bajar alrededor de los cuarenta y cinco años y continúa bajando a razón del 13 por ciento por década. Así, a los ochenta años la mayoría de las personas sólo tienen la mitad de la dopamina que tenían cuando eran jóvenes.

Si bien la dopamina se emplea sobre todo para la coordinación muscular, tiene otras funciones importantes. Es el neurotransmisor más importante en la función sexual, y también influye en la capacidad cognitiva y la inmunidad a la enfermedad.

El deprenyl restablece el nivel de dopamina y mejora la concentración, la memoria, el estado de ánimo y el impulso sexual. Tiene un efecto especialmente positivo en la depresión. En un estudio realizado con pacientes de depresión clínica que no habían experimentado ninguna mejoría tomando otros medicamentos, el 60 por ciento respondieron de forma positiva al deprenyl. En mi trabajo he observado que los pacientes no deprimidos reaccionan al deprenyl con una mayor energía mental y más vitalidad física.

El deprenyl alivia a los pacientes de dolor al aumentar la energía mental y disminuir la depresión. Hace poco se probó en un importantísimo estudio con pacientes de la enfermedad de Alzheimer; los investigadores comprobaron que el avance de la enfermedad se hacía bastante más lenta con deprenyl y vitamina E.

El deprenyl se puede comprar a través de un club de compradores europeo o con receta médica. Si lo compras a través de un club, te aconsejo que lo consultes con un médico.

Cuando receto este medicamento casi siempre comienzo con dosis muy bajas, unos 4 miligramos tres veces a la semana. Si veo que esta dosis no surte efecto, la voy aumentando poco a poco. A pacientes con deterioro cognitivo moderado les receto 5-6 miligramos diarios. A aquellos con deterioro cognitivo grave les receto 7-10 miligramos diarios. La dosis para pacientes de dolor suele variar entre 3 y 8 miligramos diarios.

Se ha demostrado que el deprenyl es un fármaco sin riesgos y se tolera bien; pero está contraindicado cuando el paciente toma antidepresivos. Dado que tiende a aumentar la energía, la mayoría de los pacientes prefieren tomarlo por la mañana; si se toma por la noche, a veces causa insomnio.

Medicación hormonal sustitutiva

A medida que envejecemos disminuyen los niveles de hormonas; esto provoca deterioro cognitivo, menor grado de energía, menor inmunidad, trastornos anímicos, enfermedades cardiovasculares y diversas afecciones típicas de la vejez, como el deterioro de las articulaciones y la pérdida de masa muscular. Todos estos trastornos aumentan radicalmente la vulnerabilidad al dolor.

En los últimos años la comunidad médica ha avanzado muchísimo en el reconocimiento del valor de la terapia hormonal sustitutiva. Cuando se administran hormonas para restablecer los niveles normales, los pacientes experimentan un rejuvenecimiento.

Muchos de mis pacientes de dolor han respondido muy bien a esta terapia. Ya he hablado de una paciente que mejoró muchísimo de su artritis después de comenzar una terapia hormonal sustitutiva. Otros pacientes con diversos problemas de dolor han respondido igualmente bien.

Por ejemplo, traté con terapia hormonal a un paciente de mediana edad que sufría de dolor de espalda y pronto notó una clara mejoría. La terapia hormonal aumentó su capacidad cognitiva, mejoró el funcionamiento de las articulaciones y le levantó el ánimo. Cada uno de esos factores influyó muchísimo en su capacidad para derrotar al dolor.

Dos hormonas que receto con frecuencia son la DHEA (deshidroepiandrosterona) y la pregnenolona, que el cuerpo convierte en hormonas sexuales esteroideas, tales como el estrógeno y la testosterona; por este motivo se las llama hormonas precursoras. La belleza de estas hormonas reside en que el cuerpo las utiliza según sus necesidades. Así, estas hormonas precursoras aprovechan la sabiduría del cuerpo.

Recientemente los medios de comunicación han calificado la DHEA como «remedio milagroso», calificativo bien merecido. Tiene propiedades asombrosas; al parecer retarda los síntomas del envejecimiento y previene la artritis, el cáncer, la osteoporosis, las infecciones víricas y bacterianas, la obesidad y la hipertensión. Aumenta la capacidad cognitiva y alivia la depresión.

Para determinar una dosis adecuada, compruebo el nivel de DHEA existente; esto se hace en cualquier laboratorio médico con un simple análisis de sangre. Entonces receto una dosis que restablezca el nivel que habría tenido el paciente al rondar los treinta años, cuando la DHEA está en su nivel máximo.

Algunos médicos restablecen el nivel de DHEA al nivel promedio del grupo de edad del paciente. Creo que eso es insuficiente; a los pacientes les va mejor cuando se les restablece el nivel que tenían en su juventud.

La dosis puede variar entre 10 y 200 miligramos diarios. La dosis de 200 miligramos sería para una persona mayor cuyo nivel sea extremadamente bajo. Suelo comenzar la terapia con 10 miligramos diarios y aumento la dosis poco a poco si es necesario.

Aunque no se han realizado estudios a largo plazo, en la actualidad parece que la DHEA no tiene efectos secundarios importantes si se usa del modo correcto. No deben tomarla hombres que tengan cáncer de próstata, porque la mayor producción de hormonas sexuales podría agravar el cáncer. Tampoco deben tomarla jóvenes en la veintena, porque sus niveles ya son elevados. Los jóvenes culturistas, que ya tienen un alto nivel de DHEA, a veces la toman para aumentar la masa muscular, lo cual es un error grave, como tomar esteroides.

Cuando receto DHEA a un hombre siempre pido un análisis PSA (antígeno específico de la próstata) para detectar anormalidades en la próstata, y pido a su médico de cabecera o urólogo que le haga un examen de próstata. También recomiendo a todos los hombres que toman DHEA que tomen palma enana (*Serenoa repens*), planta muy eficaz para proteger y favorecer la salud de la próstata.

La pregnenolona, la otra hormona que suelo recomendar, es similar a la DHEA, que se produce a partir de la pregnenolona, como todas las hormonas esteroideas. Así pues, la pregnenolona está en la cima de la pirámide de hormonas sexuales. Dado que el organismo la usa para producir muchas otras hormonas, facilita al cuerpo y al cerebro la adaptación a sus cambiantes necesidades hormonales.

Igual que la DHEA, la pregnenolona tiene una amplia gama de efectos positivos: mejora la capacidad cognitiva, alivia la depresión y tiene un efecto general rejuvenecedor. Estas cualidades la hacen valiosísima para los pacientes de dolor.

También sirve para prevenir el avance de la artritis. De hecho, su difusión comercial comenzó como tratamiento para la artritis, en los años treinta, pero su popularidad bajó cuando se inventaron las hormonas sintéticas.

La dosis varía de paciente a paciente. Para los pacientes de dolor suelo comenzar con una dosis de 50 miligramos diarios y la voy aumentando poco a poco si es necesario. La dosis más elevada que recomiendo es de 100 miligramos diarios.

Por lo general, la pregnenolona no tiene efectos secundarios, pero alguna que otra vez podría causar nerviosismo. Como todos los medicamentos, debe tomarse con prudencia y bajo la dirección de un médico.

Otra hormona que suelo recomendar es la melatonina. La produce la glándula pineal y regula los ciclos de sueño y vigilia. Por lo general, el nivel de melatonina en el cuerpo aumenta por la noche, y contribuye a producir sueño. Como es lógico, dormir es muy importante para los pacientes de dolor, porque la falta de sueño baja drásticamente el umbral del dolor. Por desgracia, cuando envejecemos, la glándula pineal tiende a atrofiarse y a producir menos melatonina. Esto explica la tendencia de las personas mayores a dormir menos que las personas jóvenes.

Una dosis diaria sensata de melatonina es de 5-3 miligramos, tomados por la noche.

Además de estas hormonas, también receto testosterona a algunos pacientes. Como tal vez sepas, la testosterona es la hormona sexual más abundante en los hombres, pero también está presente en las mujeres. La disminución del nivel de testosterona durante el proceso de envejecimiento afecta física y emocionalmente tanto a los hombres como a las mujeres. El nivel bajo de esta hormona es bastante frecuente entre personas de cincuenta años o más, y puede provocar depresión, obesidad, pérdida de masa muscular y ósea, menor oxigenación de las células y disminución de la libido. Varias de estas consecuencias pueden contribuir al aumento del dolor crónico. Para determinar tu nivel actual de testosterona, tu médico podría pedir un análisis de sangre estándar para medir los niveles hormonales.

Las dosis varían considerablemente. Esta hormona se puede tomar, inyectar o aplicar en forma de parche o crema. Hay que tener presente, sin embargo, que ciertas pruebas indican que en algunos pacientes la toma oral es perjudicial para el hígado. Para determinar la dosis y el método de aplicación adecuados, consulta a tu médico.

Por último, una hormona que es muy útil para muchos pacientes es la hormona del crecimiento humano. Por desgracia es bastante cara.

La hormona del crecimiento humano es la que activa el crecimiento de los niños y es responsable más tarde de un importante grado de curación y regeneración dentro del organismo. Ayuda al cuerpo a reparar los músculos y otros tejidos, y favorece el buen funcionamiento de los riñones, el corazón y el sistema inmunitario. En bastantes personas tiene un potente efecto de rejuvenecimiento, y a muchos de mis pacientes les ha mejorado notablemente el estado anímico y la actividad cognitiva.

Si tienes fibromialgia, es posible que sufras una insuficiencia de hormona del crecimiento; para más información, lee el capítulo 9.

Para determinar si eres candidato a terapia sustitutiva de hormona del crecimiento humano, consulta con tu médico.

Estos son los medicamentos que te pueden ir bien para superar el dolor.

Como te dije antes, es posible que te sientas abrumado por tantas opciones. Pero no te desanimes. Es fabuloso que existan tantas cosas que podrían serte de utilidad. Si pruebas varios de estos medicamentos, es probable que descubras que uno o más de ellos te va bien.

Pronto estarás tomando al menos un remedio de cada una de las categorías principales: medicamentos sintéticos de venta sin receta, preparados de hierbas, remedios homeopáticos, agentes hormonales sustitutivos y medicamentos para las facultades cognitivas. Tomados de manera correcta, cada uno de ellos aumentará sinérgicamente el poder de los otros.

Además, esta combinación de medicamentos actuará sinérgicamente con los otros tres aspectos de tu programa antidolor.

Aunque sólo hemos hablado de tres de los cuatro aspectos de tu programa, ya tienes un vasto y potente arsenal de modalidades antidolor a tu disposición.

Ahora es el momento de recurrir al poder de tus dos posesiones más grandes: tu *mente* y tu *espíritu*.

¡Adelante, y arriba!

5

Cuarto aspecto: Control mental y espiritual del dolor

Si el sufrimiento solo enseñara, todo el mundo sería sabio.
Al sufrimiento hay que añadirle amor.

ANNE MORROW LINDBERGH

Voy a decirte algo que tal vez no desees oír: es probable que tu personalidad sea causa de gran parte de tu dolor.

Si tienes dolor crónico, es posible que tengas una personalidad «dolorosa», caracterizada por ansiedad, depresión, rabia y rigidez. Estos rasgos intensifican y perpetúan el dolor.

Esto podría parecerte una acusación, pero no lo es. Es tan sólo la declaración de una realidad clínica.

Durante mis muchos años de trabajo clínico con pacientes de dolor he descubierto que la mayoría de ellos tienen hasta cierto punto una personalidad dolorosa.

Pero, por lo general, a los pacientes de dolor les molesta que les digan que su personalidad forma parte del problema. ¿Por qué? Porque muchos de sus amigos y familiares, e incluso sus médicos, les han dicho que el dolor lo tienen «todo en la mente». Los pacientes de dolor no soportan oír eso porque es un comentario desdeñoso, nada compasivo y casi siempre falso.

El dolor casi nunca existe únicamente en la mente. En general, ese tipo de dolor, llamado psicógeno, sólo ocurre entre personas muy psicóticas. Es muy improbable que el dolor de una persona normal esté sólo en la mente.

Sin embargo, la actitud mental de una persona sí puede contribuir en parte al desarrollo del dolor crónico. Muchos pacientes de dolor tienen una personalidad dolorosa antes de sucumbir a este trastorno, y esa personalidad las hace más vulnerables.

Además, la reacción de una persona al dolor crónico puede generar una personalidad dolorosa. La mayoría de las personas se crean una personalidad dolorosa a consecuencia del dolor. Este cambio drástico en su personalidad aumenta en gran manera el padecimiento ya existente. Este fenómeno es tan común que suele considerarse normal.

Dado que la mente sí desempeña un papel importante en el dolor, es fundamental tratar sus aspectos mentales. Si no se hace caso del papel que tiene la mente en el dolor, se puede sufrir de dolor el resto de la vida.

En este capítulo explicaré la forma de superar la personalidad dolorosa. Aprenderás a reaccionar al padecimiento de un modo mucho más sano que la reacción normal.

Aun en el caso de que no tengas una personalidad dolorosa, este capítulo te será muy valioso. Aprenderás a eliminar el dolor simplemente concentrándote en las fuerzas de tu mente y tu espíritu. Si trabajas en ello, pronto tendrás un control mental asombroso sobre el dolor, que incluso podría igualar al de los maestros de yoga.

En muchos sentidos, este es el aspecto más difícil de mi programa. Cuando trabajas en este aspecto no puedes limitarte a tomar un nutriente y hacer un ejercicio, y luego continuar con tus asuntos; cada día debes ahondar más en tu mente y en tu alma para vencer a los demonios que han engendrado tu dolor. Esta será una lucha monumental. Pero ahí radica su belleza. La batalla te ofrecerá la excepcional oportunidad de descubrir quién eres exactamente y lo que tienes dentro.

Ese conocimiento hará mucho más que ayudarte tan sólo a acabar con tu sufrimiento; te acercará más que nunca a tu verdadero yo, te harás más sabio. Tu espíritu florecerá.

Te convertirás en la persona que siempre has deseado ser.

Ese es el desafío de este último aspecto, y esa es la recompensa.

• • •

Hasta este momento, en nuestro estudio del cerebro nos hemos centrado sobre todo en sus funciones automáticas, involuntarias, pues lo considerábamos como el «portero» experimentado del organismo. Ahora es el momento de contemplarlo como la sede de la mente y el espíritu.

Te aseguro que necesitas tu mente y tu espíritu para curar el dolor. Es difícil sanar la mayoría de problemas crónicos de salud cuando se hace caso omiso de la mente y el espíritu, como suelen hacer los médicos ortodoxos mecanicistas, y es prácticamente imposible curar el dolor crónico si no se toma en cuenta la mente y el espíritu.

El dolor es una de las experiencias humanas más intensas y, por ello, exige encontrarle sentido, lo que sólo pueden hacer la mente y el espíritu. Si no se logra encontrar un sentido positivo al dolor, la interpretación será, casi con toda seguridad, negativa. Por desgracia, esta interpretación negativa aumentará en gran manera el sufrimiento.

Si alguna vez has sentido dolor durante más de unos pocos días, estoy seguro de que te habrás preguntado: «¿Qué pasa? ¿Qué significa esto?». Si no has logrado encontrar una buena respuesta positiva, es probable que hayas sentido miedo, rabia y ansiedad. Tal vez comenzaste a desarrollar algunas de las características emocionales negativas de una personalidad dolorosa.

Cada vez que se experimentan estas emociones negativas, se produce un ataque biológico al sistema nervioso que causa la reacción de estrés: el corazón se acelera, el cuerpo secreta hormonas del estrés, el cerebro produce neurotransmisores estimulantes, los músculos se tensan, los vasos sanguíneos se estrechan y el cerebro queda privado de su combustible, la glucosa. Todas estas reacciones biológicas bajan el umbral del dolor, aumentan, por lo tanto, la sensación dolorosa y disminuyen la capacidad para contraatacarlo.

Además, es probable que estas emociones negativas lleven a adoptar algunos de los rasgos del síndrome de dolor crónico, que afectan el estilo de vida. La rabia, la depresión y la ansiedad hacen que se piense en abandonar la vida; es posible que la persona pierda interés en su trabajo y sus aficiones, o que limite su contacto con los demás. Cambian los hábitos de comida y de sueños y tal vez se comience a depender de fármacos analgésicos.

Por lo general, en la mayoría de los pacientes de dolor está presente, hasta cierto punto, una combinación del síndrome de dolor crónico y de una personalidad dolorosa. Estos dos fenómenos se refuerzan entre sí y se perpetúan.

Por desgracia, los dos empeoran el dolor; son el «dúo dinámico» del sufrimiento.

Cuando trato a personas con una clara personalidad dolorosa, normalmente, me cuesta saber si la personalidad es fruto del dolor o si el dolor llega con la personalidad.

En muchos pacientes están presentes las dos cosas; por ejemplo, los pacientes de migraña suelen experimentar una ansiedad excesiva antes de comenzar a sufrirla, y la depresión excesiva viene después.

Pero, en realidad, no me importa qué viene primero porque eso tiene poco peso en mi tratamiento; las mismas técnicas mentales básicas van bien en ambas situaciones.

Mi primera preocupación es ayudar a comprender que eso de la personalidad dolorosa existe. Para hacerlo, a veces informo acerca de los siguientes datos estadísticos, recogidos de estudios importantes:

- El 58 por ciento de todos los pacientes de migraña sufren de un grado elevado de ansiedad; en este porcentaje entran el 59 por ciento de todas las mujeres que sufren migraña y el 55 de todos los hombres.
- El 19 por ciento de los pacientes de migraña sufren de depresión clínica.
- El 19 por ciento de los pacientes de osteoartritis tienen síntomas de depresión clínica.

- Después de hacer psicoterapia, los pacientes de dolor reducen en un promedio del 38 por ciento sus visitas anuales a sus médicos.
- El 25 por ciento de los pacientes de fibromialgia sufren por lo menos un trastorno relacionado con el estrés, como el síndrome de colon irritable, dolores de cabeza crónicos o dismenorrea (menstruación dolorosa).
- El 33 por ciento de todos los pacientes de dolor tienen algún trastorno psiquiátrico grave.

Otra forma de ayudar a los pacientes a comprender que la mente y el espíritu influyen en el dolor es explicarles cómo reaccionan a este padecimiento personas de diferentes culturas. En teoría, puesto que el sistema nervioso humano es casi idéntico en todas las personas, la gente de todo el mundo debería reaccionar de modo similar al dolor, pero no es así.

Por ejemplo, parece que los habitantes de Nepal tienen el umbral del dolor más alto del mundo, tal vez debido a las duras condiciones de vida de su país y a la importancia que da su cultura a la espiritualidad.

De modo similar, en otras culturas asiáticas, en que el dolor se considera un camino hacia la espiritualidad, se tolera con mucha mayor facilidad que en las culturas occidentales. Para los hindúes, por ejemplo, el dolor es sólo un trastorno pasajero que ocurre durante el viaje del alma inmortal; para combatirlo se concentran en su espíritu, que creen invulnerable al dolor; de hecho, son tan expertos en disipar el dolor con técnicas de control mentales y espirituales que se resisten a tomar cualquier tipo de analgésico, que podría disminuir sus poderes cognitivos; según ellos, los analgésicos aumentan la percepción del dolor.

Las otras dos culturas que poseen una elevada resistencia al dolor son los nativos norteamericanos y los grupos mediterráneos de origen judío. Estas dos culturas dan mucha importancia al hecho de encontrar sentido al dolor, en lugar de intentar ponerle fin lo antes posible; en estas culturas también parece haber un elemento de resistencia o deseo de sobrevivir. En un interesante experimento se hicieron pruebas de tolerancia al dolor a un grupo de cristianos protestantes y a un grupo de judíos. Una vez hecha la prueba, a cada grupo se le dijo que el otro había demostrado tener más resistencia al dolor. Después se les hizo una segunda prueba; en esta, el grupo de protestantes obtuvo los mismos resultados que en la primera, pero los judíos demostraron tener mucha mayor tolerancia al dolor. Al parecer, su condicionamiento social los motivó a cavar más hondo en busca de resistencia al dolor.

En las culturas europeas, los varones irlandeses tienden a reaccionar retirándose, replegándose, mientras que los italianos buscan consuelo en amigos y familiares.

Los cristianos suelen considerar el dolor como un castigo de Dios, y esta actitud negativa acostumbra a aumentar la percepción del dolor. De hecho, la palabra «dolor» en inglés, *pain*, deriva de la palabra griega *poiné*, que significa «castigo, expiación».

No creo que ninguna de estas reacciones psíquicas y espirituales al dolor sea más correcta que las otras desde el punto de vista moral. Sin embargo, algunas son más valiosas desde el punto de vista terapéutico. En general, las reacciones que entrañan aceptación y búsqueda de sentido sirven a la persona para recuperarse del dolor de forma más rápida y completa.

De todos modos, no es necesario aceptar las creencias de otras culturas para obtener alivio del dolor. Actualmente, en el contexto de nuestra cultura occidental existen las mejores técnicas mentales y espirituales para controlar el dolor. Estas técnicas son: 1) una forma de fijación de objetivo llamada «racimo psíquico»; 2) una forma de «terapia cognitiva»; 3) visualización; 4) un tipo de psicoterapia llamada «terapia conductista»; 5) reducción del estrés; 6) meditación, y 7) búsqueda espiritual.

Estas son las técnicas que uso con más frecuencia en el aspecto de control mental y espiritual del dolor. Son extraordinariamente eficaces, y cuando se aplican en conjunción con los otros aspectos de mi programa de cura del dolor, producen alivio a la inmensa mayoría de pacientes.

Empecemos entonces uno de los viajes más importantes de tu vida: el viaje a tu mente y tu espíritu.

El racimo psíquico

Antes de que inicies este viaje a tu mente y tu espíritu deberás decidir cuál deseas que sea tu destino. Este destino será el objetivo último de todo tu trabajo de control del dolor.

La primera vez que pregunto a mis pacientes cuál es su objetivo último, la mayoría responde: «Liberarme del dolor». Pero después de hacer el ejercicio de fijación de objetivos que yo llamo «racimo psíquico», generalmente comprenden que liberarse del dolor no es su objetivo último.

Lo que casi todos desean en realidad, más que cualquier otra cosa en el mundo, es tener una vida feliz. Esto es muy comprensible, lógicamente, puesto que eso es lo que casi todos anhelamos. Tener una vida feliz es un objetivo sencillo, común, pero muy, muy ambicioso; un objetivo que es más fácil desear que conseguir. Sin embargo, cuando estamos en medio de una gran dificultad o reto (como superar el dolor o luchar por el éxito) solemos detenernos en ese objetivo inmediato, inferior; pero por lo general este objetivo inferior es sólo un medio para un fin. Lo que más ansiamos en realidad, por encima de todo, es una vida feliz.

Algunos pacientes se quedan estupefactos cuando se dan cuenta de que lo que desean es una vida feliz más que verse libres del dolor. Han estado tanto tiempo concentrados en combatir el dolor que han olvidado que ser feliz es casi siempre lo más importante.

Muchos sólo comprenden que su objetivo último es la felicidad cuando hacen el ejercicio de racimo psíquico. Es un ejercicio maravillosamente eficaz porque es muy personal y muy sencillo. La manera de hacerlo es la siguiente:

Coge una hoja de papel y comienza a escribir las cosas que más deseas. Coloca estos deseos u objetivos en grupos generales de categorías relacionadas. Por ejemplo, escribe un grupo de objetivos relacionados con el trabajo, por ejemplo, obtener un ascenso, ganar más dinero o trabajar menos horas. Trata de ponerlos en una secuencia de relación lógica, por ejemplo, obtener un ascenso junto a ganar más dinero.

Después escribe objetivos relacionados con la familia, como pasar más tiempo con tus hijos, ser mejor cónyuge o hacer unas vacaciones toda la familia.

Después escribe grupos de objetivos relacionados con la salud, objetivos espirituales, sociales o cualesquiera otros que sean importantes para ti.

Escribe todo lo que te venga a la cabeza; no escribas lo que crees que deberías desear, escribe lo que de verdad deseas, aquí no hay correcto ni equivocado. La primera finalidad de este ejercicio es aclararte respecto a tus verdaderos objetivos en la vida. La finalidad secundaria es recordarte que tu vida es mucho más que sólo superar tu dolor.

Es probable que veas que objetivos de distintos grupos están entrelazados; por ejemplo, el objetivo de trabajar menos horas podría estar ligado al objetivo familiar de pasar más tiempo con tus hijos.

El cuadro de la página siguiente es un ejemplo típico de racimo psíquico. Como ves, este paciente, después de hacer dos borradores, finalmente colocó la felicidad en el centro de su esquema. La mayoría de los pacientes lo hacen así después de pensarlo un poco.

Cuando los pacientes de dolor hacen este sencillo ejercicio y toman conciencia explícita de sus deseos más profundos suele ocurrir algo en ellos: sienten que tienen claridad mental y emocional, y un mayor estado de conciencia. Les sirve para comprender que su existencia es mucho más que limitarse a combatir el dolor. Muchas veces comprenden que hay un aspecto eterno, o divino, de su ser que es insensible al dolor. Suelen darse cuenta de que su dolor es efímero y a veces, hasta cierto punto, incluso ilusorio.

Esta comprensión los dota de una dignidad especial, una dignidad que a veces falta a las personas que no sufren. Caminan erguidos, actúan con finalidad, están mejor preparados para hacer el difícil trabajo mental y espiritual necesario para vencer al dolor.

Por encima de todo, se acercan más a sus verdaderos yoes, y empiezan a desprenderse de su personalidad dolorosa.

Cuando llegan a este punto de claridad, es el momento de aplicar las diversas técnicas mentales y espirituales que ponen fin al dolor.

Echemos una mirada a estas técnicas.

CUARTO ASPECTO: CONTROL MENTAL Y ESPIRITUAL... 181

Ejemplo de racimo psíquico

Primero vamos a examinar los programas mental y psíquico para controlar el dolor; después ahondaremos más para comprender la fuerza antidolor más potente del universo: el dominio del espíritu.

Será un viaje interesantísimo. ¡Comencemos!

Control del dolor con terapia cognitiva

La terapia cognitiva es una fabulosa técnica psicológica para combatir el dolor crónico. Es una forma de psicoterapia relativamente nueva, que consiste en enfrentar los pensamientos negativos de modo cognitivo o racional, no emocional. A diferencia de formas antiguas de psicoterapia, que se centran en procesar los recuerdos dolorosos, la terapia cognitiva trata sobre todo con el presente, el aquí y el ahora. El objetivo del terapeuta cognitivo es mejorar el estado de ánimo y el comportamiento actual de la persona cambiando la forma defectuosa de pensar. La terapia cognitiva ayuda a la persona a ver el mundo de modo más realista y menos pesimista.

Según los terapeutas cognitivos, la percepción del mundo que tienen muchas personas es más azarosa y negativa de lo que es en realidad. Un motivo importante de esta actitud negativa es el hábito de ver las cosas de un modo excluyente, en blanco y negro. Muchas veces las personas se convierten en perfeccionistas rígidas y generan muchísimo estrés en sí mismas.

Además de causar estrés, esta actitud excluyente conduce a adoptar diversos estilos defectuosos de pensar. Muchas veces generalizan en exceso y creen que un incidente o acontecimiento negativo refleja toda la realidad. Se precipitan a sacar conclusiones, pensando que las cosas son mucho peores de lo que son. Además, personalizan demasiado y se culpan cada vez que algo va mal. Los terapeutass cognitivos llaman distorsiones cognitivas a estas formas de pensamiento defectuoso.

Las personas que tienen muchas distorsiones cognitivas suelen desarrollar características de la personalidad dolorosa, incluso antes de sufrir de dolor crónico. Su rigidez las lleva a comportamientos compulsivos y a sufrir de ansiedad y depresión. Entonces son relativamente más vulnerables al comienzo del dolor crónico. Si sufren una lesión grave o enferman de un trastorno degenerativo, son más propensas a experimentar un dolor que continúa indefinidamente.

También ocurre que muchos pacientes de dolor adoptan personalidades negativas, rígidas, después de comenzar a sufrir de dolor crónico. Su dolor es tan traumatizante que cambia su forma de ver el mundo. Empiezan a creer ideas que les parecen razonables en el momento, pero que en realidad son ilógicas y autodestructivas.

Muchas de estas ideas ilógicas y autodestructivas contribuyen al síndrome de dolor crónico. Por ejemplo, muchos pacientes comienzan a pensar que si no pueden hacer su trabajo tan bien como lo hacían antes es preferible no trabajar. Otros piensan que se sentirán mejor emocionalmente si se alejan de los demás, cuando en realidad lo que necesitan es amor y ayuda.

Aun en el caso de que estas personas no desarrollen el síndrome de dolor crónico en todos sus aspectos, sí desarrollan muchas de las características de una personalidad dolorosa.

Con frecuencia, cuando los pacientes de dolor empiezan a tener personalidad dolorosa entran poco a poco en la modalidad «piloto automático» y dejan de hacer el análisis continuado de la vida que es lo que capacita para distinguir lo bueno de lo malo y encontrar sentido al diario vivir. Estas personas entonces se atascan en su dolor y convierten su vida en una sinfonía de sufrimiento de una sola nota. En último término, esto hace el dolor casi insoportable, debido a las consecuencias biológicas de la depresión y la ansiedad. Esta visión de la vida es tremendamente alienante, y suele ahuyentar a amigos y familiares.

Para saber si el paciente de dolor se beneficiaría de la terapia cognitiva, suelo hacerle estas diez sencillas preguntas:

1. ¿Piensas en las actividades diarias desde la perspectiva del dolor que causan?

2. ¿Sueles pensar que no hay nada peor que el dolor crónico?

3. ¿Han empezado algunos amigos a evitar tu compañía desde que comenzó el dolor?

4. ¿Con frecuencia dejas que otras personas hagan por ti cosas que podrías hacer tú?

5. ¿Sientes la necesidad de tomar analgésicos?

6. ¿Te enfadas contigo porque el dolor ha limitado tus capacidades?

7. ¿Piensas que morir sería un alivio?

8. ¿Te cuesta pasar el día sin hablar de tu dolor?

9. ¿Consideras importante tener al mejor médico del lugar?

10. ¿Sueles pensar en cuántas cosas podrías conseguir si no tuvieras dolor?

Una respuesta afirmativa a cualquiera de estas preguntas es una indicación de que tu sistema de creencias es, por lo menos hasta cierto punto, rígido, autodestructivo, irracional o excluyente.

Si has contestado «sí» sólo a una o dos preguntas, tienes una actitud básicamente sana, realista y flexible, y tal vez no te beneficiaría mucho una terapia cognitiva.

Si has contestado sí a cuatro o cinco preguntas, es probable que tu sistema de creencias contribuya bastante a tu dolor, y deberías pensar seriamente en la posibilidad de hacer una terapia cognitiva.

Si has contestado sí a entre seis y diez preguntas, tienes una actitud esencialmente insana, lo cual casi con toda certeza intensifica y perpetúa tu dolor. Con toda probabilidad, te beneficiaría muchísimo una terapia cognitiva.

No te sientas mal si has puntuado muy alto; la mayoría de mis pacientes lo hacen cuando comienzan su programa.

Si necesitas trabajar con tu personalidad, considéralo una oportunidad para sanar. Alégrate de que haya algo que puedes hacer para sentirte mejor. Al fin y al cabo no hay nada peor que oír al médico decir: «Lo siento, pero no hay nada que pueda hacer por ti».

Si comienzas una terapia cognitiva, lo más probable es que progreses rápidamente, porque la mayoría de los pacientes lo hacen. Por norma general, la mayoría de los pacientes ven a un terapeuta durante menos de tres meses.

Para encontrar a un psicólogo que practique la terapia cognitiva consulta las Páginas Amarillas del listín telefónico, o pídele referencias a tu médico de cabecera. Algunos psicólogos se especializan en este tipo de terapia, pero un médico puede aplicar esta terapia sin estar especializado. De hecho, yo la aplico con algunos de mis pacientes.

Uno de ellos, que se benefició muchísimo, era un guionista de cuarenta y dos años llamado Dale, a quien las migrañas estaban arruinando su vida. La primera vez que vino a mi consulta me pareció preocupado y con prisas, aun cuando llegó temprano a la visita. Se revolvía en el asiento mientras bebía café en una taza de plástico. «Espero que no le importe que tome café —me dijo atropelladamente—, pero días como este, en que no tengo que trabajar, son los únicos en que me puedo permitir beberlo. Si lo hago mientras trabajo... ¡bum!» Hizo el gesto de golpearse la cabeza con un martillo.

Inmediatamente deduje que el estrés tenía un papel primordial en sus debilitantes migrañas. Si un desencadenante de migrañas como el café sólo actúa en ciertos momentos de estrés, como durante el trabajo, indica que el estrés es un factor importante en el problema.

Dale estaba asustado. Estaba a punto de perder un trabajo de 250.000 dólares porque no lograba terminar un guión a causa de sus dolores de cabeza. Se había retrasado con varios guiones por este motivo, y el productor de cine le había dicho que si continuaba así le cancelaría el contrato y buscaría otro guionista.

Unos diez días al mes eran un verdadero infierno a causa de las migrañas. Cuando debía estar trabajando, vomitaba bilis marrón en el inodoro y trataba de escapar de todo ruido, cosa imposible en su apartamento de Santa Mónica. Como tenía una viva imaginación, me dijo que sus dolores de cabeza eran «como tener una pulga que me pellizcara el oído y se abriera paso hacia el cerebro».

Dale tenía muchas de las características de la personalidad dolorosa, y un síndrome de dolor crónico moderado. Era un rígido perfeccionista. Me dijo que se volvía loco con el perfeccionismo, aunque creía que ese rasgo era la causa de su éxito. Pero cuanto más hablaba con él más me convencía de que su creatividad era la principal causa de su éxito, y que el perfeccionismo más bien trabajaba en su contra, ahogando sus instintos creativos. Cuando se lo comenté, me dijo que tal vez tenía razón, pero que no sabía cómo podía cambiar.

El programa completo que le propuse le resultó difícil. Hasta ese momento no cuidaba su dieta, fumaba y llevaba una vida sedentaria, todo lo cual favorecía sus migrañas. Los cigarrillos le perjudicaban de modo especial, porque el tabaco altera la bioquímica cerebral y deteriora notablemente la circulación, bajando así el umbral del dolor. Pero se le hacía difícil dejar estas cosas porque le aliviaban el estrés. Él consideraba la vida difícil de por sí, de modo que se entregaba a cualquier compensación que le ofreciera un refugio temporal.

Aunque su programa consistía en una buena dieta, terapia herbolaria, yoga, meditación, ejercicios de mente-cuerpo y acupuntura, no progresaba demasiado. Seguía teniendo un elevado grado de estrés, pero se resistía a abandonar su rigidez y negatividad.

Pero un día, durante una sesión de acupuntura, me dijo que creía que su perfeccionismo se debía a una experiencia traumática de su infancia. Cuando tenía siete años, su hermano, de tres, se atragantó con algo mientras jugaban y murió; desde entonces él se sentía culpable por no haberlo salvado. A partir de entonces, siempre había sido muy exigente consigo mismo, para compensar su fallo.

Había hecho psicoterapia, de modo que sabía que era tonto culparse de la muerte de su hermano y tratar de ser perfecto para compensarlo. Pero simplemente saberlo no le servía de mucho; ese conocimiento no había calado en él lo suficiente para cambiar su actitud ni su comportamiento.

Decidí probar la terapia cognitiva con él.

Le pedí que iniciara un nuevo hábito: decirse, cada día y varias veces al día, que él no había sido el responsable de la muerte de su hermano, y que tratar de ser perfecto no era la reacción adecuada a esa tragedia. También lo insté a decirse, varias veces al día, que su perfeccionismo no era la causa de su éxito y que tendría aún más éxito si se soltaba y relajaba.

Yo esperaba que esa conversación diaria consigo mismo cambiaría su actitud. No le daría más conocimiento de sí del que ya tenía, pero sí se lo haría asimilar.

Diez distorsiones cognitivas

(Adaptado del trabajo del terapeuta cognitivo David D. Burns)

1. *Todo o nada.* Esta forma defectuosa de pensar consiste en ver el mundo desde una perspectiva rígida, en blanco y negro. Los perfeccionistas suelen pensar así.
2. *Generalización excesiva.* Consiste en pensar que un acontecimiento representa toda la realidad.
3. *Filtro mental.* Concentrarse sólo en un aspecto negativo de una situación más grande o compleja.
4. *Descalificar lo positivo.* Esto ocurre cuando no vemos las cosas buenas que nos rodean. Ves una sola nube en el cielo y dices que el día está nublado.
5. *Saltar a conclusiones.* Antes de tener todos los datos, suponemos lo peor. Esto suele convertirse en profecía que lleva en sí su cumplimiento.
6. *Exagerar y restar importancia.* Esto consiste en exagerar las cosas malas y restar importancia a las buenas. Si eres el tipo de persona que nunca puede aceptar un elogio, podría deberse a que quitas importancia a tus buenas cualidades y exageras las malas.
7. *Razonamiento emocional.* Este estilo defectuoso de pensamiento consiste en confundir la reacción emotiva con la realidad objetiva. Por ejemplo, si alguien hiere tus sentimientos lo consideras una prueba de que esa persona es cruel. Dejas que tus emociones determinen la realidad, no tus procesos de pensamiento racional.
8. *Poner etiquetas.* Consiste en decidir que alguien o algo tiene cierta cualidad y luego negarse a cambiar de opinión. No querer comprender que las personas y la cosas cambian.
9. *Personalizar.* Pensar que todo ocurre debido a algo que se ha hecho con anterioridad.
10. *Fijación con la obligación.* Consiste en quedarse estancado en lo que se debería hacer, en lugar de en lo que realmente se quiere hacer. Así uno se siente presionado y resentido.

¡Dio resultado! Su estrés disminuyó drásticamente en cuestión de semanas, se veía mucho más tranquilo y parecía sentirse más seguro. Pronto sus dolores de cabeza disminuyeron en intensidad, frecuencia y duración; en menos de dos meses ya no eran un problema importante en su vida.

Dale acabó el guión y le dieron otro por aún más dinero. Adelgazó unos trece kilos, dejó de fumar y dedicó más tiempo a actividades físicas. Por primera vez en su vida adulta se sentía fabulosamente bien.

La última vez que lo vi fue el día que firmó otro contrato para un guión; irrumpió en mi consulta con tanto entusiasmo que le dije que me parecía que volvía a sentirse niño.

—Me siento mucho mejor que eso —me dijo sonriendo—. ¡Me siento como un niño rico!

La terapia cognitiva puede ser un potente instrumento para reducir el estrés y disminuir el daño causado por la personalidad dolorosa y el síndrome de dolor crónico.

Pero también puede hacer muchísimo más que eso. Aplicada bien, sirve para producir pensamientos que ponen fin directamente al dolor.

Con una buena práctica se aprende a generar pensamientos que tengan el mismo poder analgésico que los fármacos más eficaces.

Estos pensamientos alivian el dolor al activar la fuerza de uno de tus más valiosos aliados en la guerra contra el dolor: el efecto «poder mental».

«No duele cuando estás ganando»

Comentario del jugador de béisbol Pete Rose acerca de su pie roto

La mente sobre la materia: Aprovechar el efecto «poder mental»

Una vez una anciana que sufría de artritis se echó a llorar mientras me contaba la última visita a su médico de cabecera. Sus ojos, muy abiertos y con esa mirada fija de las personas que sufren un dolor intenso, estaban secos un minuto y al siguiente bañados en lágrimas.

—Le dije que tomaba esto —dijo, y sacó del bolso un frasquito de remedio homeopático—, y me dijo: «¡Está tirando su dinero! Esas sólo son pastillas placebo. No sirven para nada». Pero sí sirven, y se lo dije. Pero él se negó a escucharme, incluso después de verme apenada. Me dijo que si quería tomar remedios de curandero, debía buscarme otro médico.

A mí me pareció que aquellas pastillas no eran apropiadas para su problema; estaba de acuerdo con la opinión de su médico sobre la medicación, pero no con su método psicológico.

—¿De dónde sacó esas pastillas? —le pregunté.

—Me las dio mi hija.

—Sería tonto no tomarlas —le dije—. Creo que yo podría encontrarle medicamentos mejores aún, pero si estas van bien, van bien. Y usted sabe mucho mejor que su médico si le van bien.

—Oh, gracias.

Fue tanta su gratitud que se levantó y me dio un abrazo. Era muy dulce. Pero me apenó la actitud del médico. ¿Por qué esa frialdad?, ¿y cómo podía ser tan ignorante, después de cuatro años de estudios, sobre el valor de una creencia positiva en el tratamiento del dolor crónico?

Era evidente que esa mujer creía que las pastillas la aliviaban, posiblemente porque las relacionaba con el cariño y la preocupación de su hija. Su médico cometió un error al no servirse clínicamente del poder de su fe. Puesto que los remedios homeopáticos son inofensivos y baratos, hubiera resultado fácil recetarle otros medicamentos para que tomara junto con ese remedio homeopático. Pero lo que hizo fue socavar su fe y despedirla con su dolor.

Por desgracia, la actitud de ese médico es muy común. A muchos médicos no les interesa el papel que tiene la mente en la enfermedad y el malestar. Dado que ese papel suele ser misterioso, muchos lo consideran no científico y por lo tanto de poco valor.

Dado que los médicos somos científicos, nos encanta reducir los problemas médicos a relaciones causa-efecto claras, bioquímicas. Esta visión reduccionista es el cimiento del método científico. Sin embargo, como sabes, yo estoy convencido de que casi todas las enfermedades crónicas degenerativas tienen múltiples causas y requieren múltiples terapias. Una de las terapias más importantes es la psicológica. El tratamiento del dolor crónico suele fracasar cuando se hace caso omiso de la actitud mental del paciente. La mente, como hemos visto, puede intensificar y perpetuar el dolor, y también eliminar el dolor. Y lo hace mediante la activación de la fuerza que yo llamo efecto «poder mental». En realidad efecto poder mental es otra manera de referirse al efecto placebo. Pero yo suelo evitar la palabra placebo porque tiene connotaciones negativas entre la mayoría de los pacientes y entre los médicos. Por lo general, ni los médicos ni los pacientes saben qué significa esta palabra.

Muchas personas creen que placebo significa «falso». Pues no; es una palabra latina (futuro de *placere*) que significa «te complaceré, te agradaré»; por lo tanto, placebo hace alusión al efecto psíquico agradable, positivo que causa cualquier terapia. Por lo general, incluso las terapias que son biológicamente eficaces tienen un efecto placebo, como también las que son ineficaces.

El efecto placebo, o efecto poder mental, es más fuerte en los pacientes más sensibles al poder de la sugestión; también es mucho más pronunciado entre los pacientes que tienen un sistema de creencias positivo, puesto que es más probable que se digan que la terapia va bien.

Por regla general, los pacientes que responden bien a fármacos biológicamente eficaces también responden bien a los ineficaces. Por ejemplo, en un estudio se comprobó que la morfina tenía alrededor de un 95 por ciento de eficacia para aliviar el dolor de pacientes que habían respondido bien a fármacos ineficaces. En cambio, entre pacientes que no habían respondido bien a estos fármacos, sólo tuvo una eficacia del 50 por ciento.

Este es un potente recordatorio de que por muy biológicamente eficaz que sea cualquier terapia, de todos modos los pacientes necesitan creer en ella para obtener el mayor grado de curación.

Otro interesante estudio, que demuestra la importancia del efecto poder mental, fue uno en que se analizó la eficacia de diversas cirugías. Los investigadores comprobaron que durante los primeros años de operaciones quirúrgicas ineficaces, que después se desacreditaron, había un 70 por ciento de éxito. Pero cuando los médicos y los pacientes comenzaron a perder la fe en estas operaciones, el porcentaje de respuestas positivas cayó en picado.

En muchos sentidos, los efectos de los fármacos placebo, inactivos, imitan los efectos de los fármacos biológicamente activos; también tienen curvas de efecto en el tiempo, y efectos cumbre, acumulativos y continuados.

En las pruebas clínicas que se realizan con la mayoría de los medicamentos nuevos, los fármacos biológicamente inactivos producen alrededor de un 33 por ciento de respuestas positivas. Esto es impresionante, es un porcentaje igual al de algunos medicamentos muy eficaces. Pero en el tratamiento del dolor crónico, que tiene un componente mental importante, los fármacos inactivos son aún más eficaces. En estudios sobre el efecto poder mental, se ha comprobado hasta un 60 por ciento de respuestas positivas a fármacos inactivos.

Además, los investigadores descubrieron que el poder de los fármacos inactivos aumenta de forma drástica con una buena presentación. Daban mucho mejores resultados si el médico era atento y mostraba interés, si el ambiente era cómodo y agradable, y si el paciente confiaba en su recuperación.

Un motivo de que el efecto poder mental sea tan potente contra el dolor crónico es que la transmisión del dolor por el sistema nervioso es muy ineficiente. El dolor crónico viaja lento; transportado por nervios cuya membrana aislante es muy delgada, avanza a sólo a 5 km/h, mientras que otras señales nerviosas, como las táctiles, viajan a unos 320 km/h. Dada esta relativa falta de velocidad de las señales de dolor crónico, es posible frustrarlas si se llena el cerebro con estímulos rivales, entre otros, con pensamientos positivos.

Además de ofrecer una fuente de estímulos neurológicos rivales, los pensamientos positivos también eliminan el dolor al alterar la bioquímica del cuerpo. Como sabes, los pensamientos estresantes, agitados, producen la reacción de estrés, que intensifica el dolor. En cambio, los pensamientos tranquilizadores, apacibles, entre ellos los que generan los fármacos inactivos, tienen el efecto contrario, inducen al cuerpo a secretar sustancias químicas que inhiben el dolor.

Las sustancias químicas más importantes cuya producción estimula la reacción placebo, o reacción poder mental, son las endorfinas. No hace mucho los investigadores demostraron que los placebos estimulan la liberación de endorfinas; quedó patente en un estudio de personas a las que se les acababan de extraer muelas del juicio. Después de la extracción, a un grupo de personas les dieron morfina y a las del otro, placebos inactivos. Tal como se esperaba, alrededor de un tercio de las personas que recibieron placebo no sintieron ningún dolor; pero después, a estas mismas personas les dieron subrepticiamente un fármaco que inhibía la producción de endorfinas; cuando lo tomaron, todas, el cien por cien, comenzaron a sentir dolor.

Las otras sustancias químicas secretadas en reacción al afecto poder mental son los neurotransmisores calmantes serotonina y GABA (ácido gamma-aminobutírico). La serotonina, como ya he dicho, es tal vez el analgésico más potente que produce el cuerpo; GABA también calma los nervios. Además, cuando estos dos neurotransmisores están presentes simultáneamente en cantidad abundante, estimulan la liberación de endorfinas.

Es evidente que la mente es capaz de generar cambios físicos positivos en reacción a cualquier tratamiento; pero si el paciente cree que el tratamiento es perjudicial, esta reacción puede ser negativa. Esta reacción negativa, contraria a la del efecto placebo, se llama efecto «nocebo», que es la palabra latina que significa «te haré daño».

El efecto nocebo no sólo empeora el dolor ya existente, sino que además genera más dolor.

En una revisión de estudios sobre tratamientos para el dolor, publicada en *Journal of the American Medical Association*, un 19 por ciento de todos los pacientes de dolor crónico sufrían dolor debido al efecto nocebo. A la mayoría de esos pacientes se les había dado un fármaco inactivo e inofensivo; se les había dicho que probablemente el medicamento les iría bien. Pero, por desgracia, se negaron a aceptar esas palabras tranquilizadoras; después de tomarlo se convencieron de que les causaba más dolor. Algunos aseguraron que el dolor había empeorado permanentemente, incluso después de haberles reafirmado que sólo les habían dado una sustancia inactiva, inocua.

Las personas sanas también sufren el efecto nocebo. En un estudio realizado con un grupo de estudiantes sanos, el 70 por ciento experimentó dolor de cabeza después de que se les aplicara una corriente eléctrica simulada, falsa.

Uno de los más potentes generadores del efecto nocebo es una experiencia negativa con un médico. En un estudio, un médico observó las respuestas clínicas de dos grupos de pacientes que tenían dolencias leves similares que él pensaba que desaparecerían en una o dos semanas. A los pacientes de un grupo les dijo que sabía lo que tenían y que pronto mejorarían. A los del otro grupo les dijo que no sabía qué tenían y que no podía hacer nada por ellos. Dos semanas después, el 64 por ciento de los pacientes a los que les hizo el diagnóstico estaban mejor; de aquellos a quienes les dijo que no podía hacer nada, sólo el 39 por ciento mejoró; este bajo índice de recuperación lo atribuyó a su experiencia negativa con él y a la expectativa negativa que provocó.

Como ves, el efecto poder mental puede ser un arma potente en la batalla contra el dolor. Veamos, entonces, cómo se puede activar.

Una de las mejores formas es la terapia cognitiva. Debes decirte varias veces al día que crees en la eficacia de tu programa para el dolor. Repítete que le ha ido bien a cientos de personas que tenían un dolor similar al tuyo y que a ti también te irá bien.

Para fortalecer tu fe en el programa, te será útil repasar este libro de vez en cuando. Mira todos los estudios que presento, relee algunas de las historias de pacientes. Esto te servirá para formarte una base racional para creer en tu programa.

También deberías investigar el dolor crónico en otros libros. Cuanta más información tengas sobre el dolor crónico, menores serán las probabilidades de que pienses en él de modo erróneo, y te librarás de las distorsiones cognitivas que empeoran el dolor.

También es importante que disipes todo el escepticismo que albergues sobre el efecto poder mental. No lo consideres una forma de engañarte, sino una fuerza que realmente pone a la mente por encima de la materia. El efecto poder mental es muy real, y cuando lo utilices para eliminar tu dolor, también el alivio será real.

Cuando hagas esta tarea personal, sé sincero contigo mismo; no te digas algo que en realidad no crees. Eso no da resultados, porque eres demasiado inteligente para creer tus mentiras. Mentirte sólo minará tu fe en lo que realmente crees.

Tal vez te convendría consultar con un terapeuta cognitivo para que te ayude a crear varias frases para tu conversación contigo mismo que activen el efecto poder mental. Además de las técnicas de terapia cognitiva para producir el efecto poder mental, hay otra técnica muy eficaz para conseguir una respuesta positiva al poder mental.

Esta técnica es la visualización.

Realidades respecto al placebo
- Las cápsulas grandes son mejores placebos que las pequeñas.
- Los placebos amarillos son más eficaces como estimulantes, y los blancos como analgésicos. Los verdes son mejores para la ansiedad.
- Las inyecciones son mejores placebos que los comprimidos.
- Los placebos producen efectos más pronunciados en las personas a las que su trastorno les produce mucha ansiedad.
- Tomar dos pastillas de placebo va mejor que tomar una.

Ficciones sobre los placebos
- Tomar un placebo es lo mismo que no hacer nada.
- Los efectos placebo son de corta duración.
- Las personas que responden bien a los placebos no estaban realmente enfermas.

Visualización del alivio al dolor

Hasta aquí, las técnicas de control mental que he explicado consisten en presentar ideas a la mente. En la visualización, en la cual cierras los ojos y te imaginas el alivio, no sólo presentas ideas sino también imágenes. Estas imágenes tienen un efecto neurológico distinto al efecto de las ideas.

Las ideas, que se expresan en palabras, son procesadas sobre todo por el hemisferio cerebral izquierdo, mientras que las imágenes, que son visuales, son procesadas por el hemisferio derecho. Como probablemente sabes, el hemisferio izquierdo interviene más en el pensamiento lógico, razonado y detallado, que el hemisferio derecho, el cual interviene más en el pensamiento intuitivo, emotivo y del «cuadro general». Por lo tanto, cuando hacemos visualización y ponemos la atención en imágenes e ideas, hacemos participar los dos hemisferios en la lucha contra el dolor y obtenemos una dosis doble de control cognitivo.

Dado este efecto neurológico único, la visualización es en particular eficaz para alterar la percepción; literalmente reprograma la corteza cerebral.

Además, por lo general la visualización tiene un efecto sedante temporal potente y genera así cambios bioquímicos en el cuerpo; estimula la producción de endorfinas y neurotransmisores calmantes, serotonina entre otros. Así contribuye a romper el ciclo de dolor y puede tener efectos que duran hasta mucho después que ha acabado la sesión de visualización.

He observado que mis pacientes suelen responder a la visualización con mejorías espectaculares, y los estudios realizados en importantes clínicas del dolor confirman su eficacia. En un estudio realizado en la Facultad de Medicina de la UCLA, donde aprendí acupuntura médica, un 60 por ciento de pacientes de dolor de cabeza crónico aprendieron a aliviar el dolor con sólo una sesión de formación en visualización. En otra importante clínica del dolor, el 20 por ciento de los pacientes de dolor crónico grave consiguieron alivio total después de sólo cuatro semanas de practicar la visualización.

Dado que es tan eficaz en programar el cerebro, muchos atletas y deportistas la practican. Jack Nicklaus visualiza cada uno de sus golpes de golf antes de ejecutarlos. Arnold Schwarzenegger visualiza cada ejercicio de pesas antes de levantarlas.

Los artistas e inventores también la practican. Nikola Tesla, el ingeniero eléctrico que diseñó más de setecientos inventos, aprendió la técnica de imaginar y visualizaba al detalle sus inventos antes de construirlos. El escritor Thomas Wolfe visualizaba las escenas antes de escribirlas; decía que se imaginaba cada escena con tanta nitidez que «la veía tal como era».

Visualizar es muy fácil y requiere poco aprendizaje; cuando el paciente lo hace repetidamente es aún más potente.

Una sesión de visualización suele durar entre diez y veinte minutos. Para hacerlo, tiéndete en un lugar cómodo y apacible, sin distracciones. Cierra los ojos, respira profundamente y relájate todo lo posible. Después comienza a concentrarte en una imagen de alivio del dolor. Mientras ves esa imagen di en silencio lo que esa imagen significa para ti; trata de repetir una frase, por ejemplo: «Mi dolor se empequeñece».

Suele resultar mejor visualizar imágenes simbólicas, no literales; así, en lugar de visualizar la inflamación artrítica de la mano que se va reduciendo, inventa un símbolo para la mano hinchada, por ejemplo, un balón, e imagínate que el aire va saliendo de él lentamente. Las imágenes simbólicas retienen mejor la atención de la mente, porque por lo general son más claras que las imágenes literales, que, además, al ser trastornos dolorosos, suelen provocar estrés.

Son varias las categorías de imágenes que parecen ser las más útiles:

Imágenes de poder. Muchas personas se imaginan que son figuras poderosas, un guerrero por ejemplo, que dominan fácilmente al dolor, simbolizado por una persona débil.

Imágenes de placer. A algunas personas les gusta visualizar un lugar hermoso o una situación agradable, donde no puede entrar el dolor.

Imágenes de recuperación. Los pacientes suelen verse más fuertes y sanos. Se dicen a sí mismos: «Cada día que pasa me siento mejor».

Imágenes del pasado. A muchos pacientes los consuela ver imágenes concretas de acontecimientos felices que ocurrieron antes que les comenzara el dolor. Muchas de esas imágenes vienen de recuerdos de la infancia.

Imágenes del futuro. Los pacientes suelen disfrutar visualizando lo bien que se sentirán en el futuro, una vez curado su dolor. A veces les gusta visualizar acontecimientos inminentes concretos, por ejemplo, unas vacaciones.

Pero es importante que sea la propia persona la que cree sus imágenes, porque sólo cada cual sabe verdaderamente lo que necesita. Te sorprenderá lo real que resulta la imagen si centras la mayor atención posible en ella.

A veces los pacientes se benefician tan sólo con expresar cómo desean sentirse; a esto se le llama hacer afirmaciones. En realidad, una afirmación es una visualización verbal. Las afirmaciones se pueden combinar con visualización o recitarlas solas. Lo fabuloso de las afirmaciones es que se pueden hacer en cualquier momento y en cualquier lugar.

Estas son algunas de las afirmaciones que han hecho mis pacientes:

- Ya no tengo miedo. Ahora comprendo mi dolor.
- Yo estoy al mando, no mi dolor.
- Amo mi vida, incluso con dolor, y voy a vivirla.
- El dolor es un problema, pero no una amenaza; no me va a matar.
- Todo el mundo tiene dolores, no sólo yo.
- Este dolor no es culpa mía; sólo es mala suerte, y la suerte siempre cambia.
- Mi curación ya ha empezado.

La terapia cognitiva, las visualizaciones y las afirmaciones cambian el modo de pensar. Sin embargo, para controlar totalmente el dolor es necesario cambiar algo más que el modo de pensar; también hay que cambiar el modo de actuar.

Para conseguirlo tal vez es necesaria la terapia conductista.

Terapia conductista para pacientes de dolor

Muchos pacientes de dolor necesitan hacer cambios en su forma de vida, pues la mayoría suelen entregarse a comportamientos autodestructivos que empeoran su dolor. La terapia cognitiva les sirve para reconocer sus comportamientos insanos, pero no los cambia de manera automática. Muchas veces hay que enfrentarlos directamente. El tipo de terapia que enfrenta directamente el comportamiento negativo se llama terapia conductista.

Esta terapia consiste en tratar de acabar con un comportamiento autodestructivo sin ahondar en su causa profunda. Es apropiada en concreto para pacientes de dolor, porque muchos de ellos no tienen ninguna causa profunda neurótica tras su comportamiento negativo; con frecuencia comienzan a comportarse así sólo porque el dolor hace que adquieran algunos malos hábitos. En muchas ocasiones esos malos hábitos se adquieren porque se cree que van a ser útiles, no perjudiciales.

A veces el paciente ni siquiera se da cuenta de que son perjudiciales hasta que un especialista en dolor se lo explica.

Como sabes, no soy partidario de aplicar una sola terapia aislada, por lo que generalmente recomiendo terapia conductista como un aspecto más de un programa multidisciplinar. Normalmente es más eficaz cuando se combina con terapia cognitiva y otras formas de control mental. En un estudio con pacientes de dolor, el 65 por ciento de ellos experimentaron una notable reducción de la percepción del dolor con una combinación de terapia cognitiva y terapia conductista.

La terapia conductista es muy beneficiosa para pacientes que tienen un grave síndrome de dolor crónico. Como recordarás, el síndrome de dolor crónico se define a partir de un conjunto de comportamientos entre los cuales se cuentan llevar una vida sedentaria, reducir el trabajo y las aficiones, distanciarse de amigos y familiares, depender demasiado de medicamentos y comer mal.

Cada uno de estos comportamientos puede ser atractivo, pero aumentan de modo importante la percepción del dolor. La terapia conductista ayuda al paciente a moderar esos comportamientos y, por lo tanto, a disminuir el dolor. Si te cuesta mucho superar cualquier comportamiento negativo es probable que sea beneficioso para ti consultar a un terapeuta conductista.

Pero incluso sin terapeuta se pueden practicar muchas de las técnicas básicas de esta terapia. Son técnicas fáciles de entender; lo difícil es hacerlas.

En su mayor parte, estas técnicas consisten en adquirir habilidades compensatorias que acaban con el comportamiento negativo.

Las siguientes son algunas de las habilidades compensatorias que se recomiendan más comúnmente:

Distracción. Cuando sientas la tentación de entregarte a un comportamiento agradable perjudicial, invítate a un comportamiento agradable sano, por ejemplo, comer algo apetitoso, ir al cine a ver una película, darse un baño caliente o hacer algo que haga olvidar la tentación.

Eliminar los desencadenantes de comportamiento negativo. Muchos comportamientos negativos los desencadenan estímulos externos. Es necesario evitar las cosas que activen estos comportamientos. Por ejemplo, si sigues un régimen de adelgazamiento, no deberías tener en la nevera postres que hagan engordar.

Pedir ayuda. Un increíble número de personas sufren en silencio cuando quieren dominar el impulso de satisfacer deseos. ¡Habla! Comunica a los demás el comportamiento que tratas de eliminar, y verás que te serán de enorme utilidad. Casi a todo el mundo le gusta ayudar a las personas que desean mejorar.

Objetividad. Cuando sientas el deseo de entregarte a un comportamiento negativo, no des por supuesto que ese deseo representa tu verdadero yo. El deseo es tan sólo un impulso, y se pasa, como todos los impulsos. Aprende a observar tus deseos con mente objetiva. Así tus deseos perderán poder y tú lo ganarás.

Equilibrar. Es dificilísimo eliminar comportamientos autodestructivos si la vida en general está desequilibrada. Aprende a eliminar todos los elementos negativos de tu vida (estrés, sacrificio, trabajo penoso, etcétera) reemplazándolos con elementos positivos. Aprende a equilibrar el trabajo con diversión, y la tensión con relajación. Si no lo haces siempre estarás buscando vías de escape, y muchss de esas vías suelen ser perjudiciales.

Estas habilidades compensatorias son el fundamento de la terapia conductista. Sé que tienes la capacidad, el poder, de aprenderlas. Usa ese poder. Cuando lo hagas, tu poder sobre tu dolor será más fuerte todavía.

Ahora pasemos a uno de los aspectos más agradables del control mental: la reducción del estrés. Las técnicas destructoras del estrés tienen una importancia esencial, y son muy eficaces para superar el dolor.

Reducción del estrés = Reducción del dolor

En la mayoría de los pacientes, el dolor crónico es estrés crónico. Antes de que comiencen mi programa, a casi todos les resulta imposible experimentar dolor sin sentirse estresados por él. Cada sensación dolorosa que sienten desencadena en ellos una reacción de estrés. Por desgracia, esta reacción agrava el dolor y genera aún más. El estrés perpetúa el ciclo, al generar sin cesar una espiral descendente, negativa, de hormonas del estrés, neurotransmisores excitantes, mala circulación, tensión muscular, respiración dificultosa y menor capacidad o poder cognitivo.

Pero es posible poner fin a esta espiral descendente, es posible detener al estrés y en realidad es posible, con esfuerzo, invertir la espiral y convertirla en una espiral ascendente positiva. Esto sucede cuando se reemplaza la reacción de estrés por la relajación profunda.

Relajación profunda no es lo mismo que simple relajación. La relajación profunda sólo se consigue mediante una técnica sencilla llamada relajación voluntaria, que consiste en esforzarse por generar en el cuerpo las condiciones físicas exactamente contrarias a las generadas por la reacción de estrés. Justamente porque son lo contrario de la reacción de estrés, un profundo efecto biológico, un efecto de mucho mayor alcance que el efecto físico de la simple relajación.

Cuando se consigue la relajación profunda, se producen los siguientes cambios: disminuye la producción de hormonas del estrés, se producen neurotransmisores calmantes, aumenta la capacidad o poder cognitivo, se relajan los músculos, mejora la circulación, el ritmo cardiaco disminuye, la respiración se hace más pausada y profunda, aumenta la inmunidad, el sistema nervioso deja de estar dominado por su rama excitante simpática, baja la presión arterial y la mente deja de acelerarse con pensamientos. Cada una de estas acciones disminuye el dolor por los motivos que ya he explicado.

He aquí cómo se consigue la relajación profunda:

1. Busca un lugar tranquilo donde puedas estar sin ser molestado ni interrumpido.
2. Cierra los ojos y concéntrate en relajar todo el cuerpo, parte por parte.
3. Haz respiraciones profundas y adopta una actitud tranquila, pasiva.
4. Repite mentalmente una palabra o frase sencilla y tranquilizadora.
5. Cuando te surjan pensamientos, déjalos marchar y vuelve a tu palabra o frase.
6. Pasados diez a veinte minutos, abre los ojos y quédate algunos minutos más sentado en silencio.

La relajación voluntaria es una técnica valiosa, pero hay otro método de usar la mente para controlar el dolor más valioso aún: la meditación. Creo que esta es una de las cosas más importantes que puedes hacer para superar el dolor.

El lenguaje de la curación es el silencio

Muchas veces he visto los efectos de la meditación en pacientes que sufrían muchísimo dolor; se tranquilizan, se sienten fuertes y felices. Con frecuencia, al hacer el esfuerzo de meditar casi cada día, desarrollaban la capacidad de elevarse totalmente por encima del dolor, y pronto se consideraban curados del dolor crónico, aun cuando les quedara cierta molestia física.

La meditación es una modalidad médica maravillosamente poderosa. En un estudio realizado en la Universidad de Harvard, más del 60 por ciento de pacientes de dolor, a los que no les habían dado resultados las mejores terapias físicas ni los medicamentos, mejoraron de modo importante después de aprender a meditar. En otro estudio, el 72 por ciento de los pacientes de dolor experimentaron una espectacular disminución del dolor después de aprender a meditar.

Pero la meditación no es sólo una poderosa terapia física, es también una manera de entrar en nuestro interior y encontrar al verdadero yo, aquel al que el dolor ha deformado. Además, muchas personas creemos que la meditación es también un medio para llegar al espíritu divino, que, en mi opinión, vive dentro de todos nosotros.

Como sabes, creo que una de las mejores maneras de elevarse más allá del dolor es aumentar la energía mental. Al hacer esto, el cerebro tiene capacidad para contraatacar al dolor. Además, al fortalecer la energía mental, la persona está tan concentrada y resistente mentalmente que el dolor que queda sólo lo siente como una molestia sin importancia. La meditación es una fabulosa manera de aumentar la energía mental, porque enfrenta directamente la tendencia de la mente a vagar y dispersar su energía. Es un método práctico, viable, de captar y utilizar la misteriosa energía cósmica chi o kundalini que circula siempre por nosotros y a nuestro alrededor. Cuando se capta y utiliza esta energía cósmica se sabe; es una sensación parecida a la que se experimenta cuando se iza la vela de un barco y esta coge el viento.

Parte del poder de la meditación que yo enseño a mis pacientes de dolor nace del hecho de que no es sólo una actividad mental, sino mental y física al mismo tiempo. Es una actividad de la mente y el cuerpo, porque en el proceso meditativo se invierte la energía natural del cuerpo.

Cuando se hace bien la meditación, produce en los pacientes un estado mental, físico y espiritual extraordinario, al que yo llamo «espacio sagrado», un estado de conciencia pura y calma absoluta, desprovisto de pensamientos y palabras. A veces se le llama «espacio entre pensamientos». En ese espacio sagrado, el cuerpo tiene increíbles poderes de curación y regeneración. Los médicos occidentales que han observado una curación acelerada en pacientes que llegan a este estado atribuyen su poder sanador a un cambio en el funcionamiento del sistema endocrino. Los sanadores orientales lo atribuyen a la mejor circulación del chi o kundalini dentro del paciente.

En calidad de médico de medicina integradora, creo que estas dos perspectivas son válidas.

Ahora te explicaré exactamente cómo enseño a meditar a mis pacientes de dolor. Como observarás, la meditación que enseño no sólo emplea la energía mental, sino también la energía física del paciente. Esta forma de meditación es una adaptación de la antigua ciencia curativa de Sat Nam Rasayan, como la enseña el gurú Dev Singh Khalsa.

Los pacientes suelen combinar esta forma de meditación con ejercicios específicos de mente-cuerpo. Estas dos fuerzas sanadoras combinadas son increíblemente poderosas, y capaces de hacer verdaderos milagros. Lo he visto en muchas ocasiones.

Cómo meditar

Para empezar, busca un lugar tranquilo y cómodo donde no te interrumpan. Podrías sentarte en el suelo o en una silla, pero trata de sentarte con la espalda recta.

Cierra los ojos y entra en un estado meditativo, sin pensamientos ni palabras. Cuando surjan pensamientos, no les hagas caso, déjalos pasar y vuelve a tu estado meditativo. Respira profundamente.

Para ayudarte a centrarte en la energía física de tu cerebro, apoya el pulgar de la mano izquierda en la frente, entre las cejas. Ese lugar está cerca de la zona del cerebro llamada corteza prefrontal, donde ocurren los procesos de pensamiento más elevados; los sanadores orientales llaman «el tercer ojo» a ese punto. Después, sin quitar el pulgar de la frente, forma un puño, pero deja extendido el dedo meñique. Con la palma de la mano derecha empuña el dedo meñique de la izquierda y extiende también el dedo meñique de la derecha.

En esta posición, haz respiraciones profundas durante tres minutos; después haz una honda inspiración y baja las manos. Ya deberías sentirte un poco más sereno, centrado y consciente.

Comienza a repetir en silencio una frase sencilla espiritual, o mantra, por ejemplo, «Soy verdad». El mantra te servirá para mantener a raya los pensamientos y te recordará que vivimos en un universo sagrado, misterioso.

Continúa respirando lenta y profundamente y comienza a centrar la atención en tu entorno inmediato. Escucha todo lo que te rodea, presta atención a los sonidos que entran por cada oído; toma conciencia de todo: las sensaciones táctiles y de calor en tu piel, la sensación del sol o del aire, el sabor de tu boca, los olores que entran por la nariz.

No prestes más atención a una sensación que a otra; todas son en la misma medida importantes y no importantes. No rechaces ninguna como negativa, no te adhieras a ninguna como positiva. Adopta un estado mental neutro, sepárate de todo juicio.

Si sientes dolor, comienza a centrarte atentamente en él; observa cómo a veces cambia de lugar, y aumenta y disminuye. Si es demasiado molesto, alívialo con movimientos suaves, y trata de «respirar a través» del dolor.

Toma conciencia de la parte de tu mente que registra el dolor y duele. Concéntrate en ella. Comprende que no está sólo en tu cuerpo ni sólo en tu mente. Es un fenómeno de cuerpo-mente. Está también en tu espíritu. Centra la atención en la parte de tu espíritu que está dolorida. Comprende lo íntimamente conectados que están tu mente, tu cuerpo y tu espíritu.

Encuentra las partes de tu mente, de tu cuerpo y de tu espíritu que no están doloridas; concéntrate en la bondad y la salud de esas partes. Reconoce ese bondad como una sensación real, tan real como el dolor.

A medida que exploras tu cuerpo, tu mente y tu espíritu, sin palabras ni pensamientos, profundamente relajado y consciente, tal vez comiences a entrar en el espacio sagrado donde tendrá lugar tu curación. No te esfuerces por llegar a ese espacio, ni intentes ocuparlo. Deja que él te ocupe a ti.

Cuando te sientas más fuerte y sereno, inspira profundamente. Levanta los brazos y ponlos rectos hacia delante; separa cada pulgar del resto de la mano; después separa el dedo medio del anular de cada mano. Abre los ojos y centra la vista en la punta de la nariz. Respira profundamente por la nariz y sigue el ritmo de tu respiración durante unos diez minutos más. Centra la atención en la sacralidad de tu vida y de todos los seres vivos. Toma conciencia de tu capacidad para hacer sacrificios, por ti y por los demás.

Después comienza a explorar mentalmente tu cuerpo; busca cualquier rigidez o tensión que todavía quede: envía allí la paz de tu mente y tu espíritu para que elimine esa tensión.

Pasados unos diez minutos más, haz una inspiración profunda, baja los brazos y cierra los ojos.

Permítete existir en un estado que es conciencia pura, no negativa ni positiva, sino conciencia pura. En ese estado mental neutro toma conciencia de cómo te sientes, pero sin hacer ningún juicio. No te adhieras a la bondad ni rechaces el dolor; sólo acéptate, exactamente tal como eres.

Comienza a salir poco a poco de tu ensimismamiento. Abre los ojos; ve la belleza del mundo que te rodea.

Te sentirás maravillosamente relajado; también sentirás un nuevo poder sobre tu mente, tu cuerpo y tu espíritu. Comprenderás de forma más completa que la curación de tu dolor crónico depende en gran medida de dónde colocas tu atención y tu conciencia.

Mi maestro, el yogui Bhajan, me dijo una vez: «Ahora es el momento en que debes encararte a ti mismo, para sanarte encontrando al Dios interior».

Si logras hacerlo, tendrás una manera de sanar tu dolor.

Oirás el mensaje sanador que está destinado sólo a ti.

Lo oirás en un lenguaje nuevo, el lenguaje de la curación.

El lenguaje de la curación es el silencio.

Eliminar el dolor respirando

En el transcurso de un día ajetreado, cuando no se tiene la oportunidad de meditar ni de hacer la reacción de relajación, es posible ejercer control cognitivo sobre el dolor simplemente haciendo respiraciones profundas. La respiración profunda es más eficaz cuando se combina con la meditación o la relajación voluntaria, pero tiene un inmenso valor en sí misma.

Muchos pacientes de dolor desarrollan poco a poco el mal hábito de respirar rápido, a una velocidad alrededor de veinte respiraciones cortas y superficiales por minuto. Se hace como reacción al estrés que causa el dolor crónico. La respiración superficial es una reacción clásica al estrés.

Por desgracia, este tipo de respiración tiende a reforzar el estrés y a aumentar la ansiedad y, por lo general, aumenta la sensibilidad al dolor.

A todos mis pacientes de dolor les aconsejo hacer un ejercicio de respiración profunda varias veces al día. Este ejercicio muy sencillo interviene en los continuados ciclos de estrés y dolor.

También les aconsejo respirar hondo cada vez que empiece a pinchar el dolor.

La respiración profunda consiste en hacer sólo de cinco a diez respiraciones por minuto.

Cuando el paciente hace conscientemente más lento su ritmo de respiración, siempre siente un alivio al dolor; esto también le da una mayor sensación de control sobre su dolor.

Un motivo de que la respiración profunda reduzca el dolor es que produce un cambio en la emisión de ondas cerebrales, que pasan de la frecuencia beta (excitante) a la frecuencia alfa (calmante). Es interesante observar que todo dolor intenso se experimenta cuando el cerebro actúa en frecuencia de ondas beta. Un cambio a la frecuencia alfa, que también se produce durante la meditación y la reacción de relajación, reduce de modo importante la percepción del dolor por el cerebro.

Una sesión de respiración profunda es valiosísima, aunque sólo sea de un minuto; sus efectos calmantes suelen durar horas.

La respiración también produce otros cambios en el cuerpo. Además de aprovisionar de oxígeno y eliminar el anhídrido carbónico de las células, regula la acidez y la alcalinidad del cuerpo, e interviene en la eliminación de agua, hidrógeno y pequeñas cantidades de metano. Si no se ensanchan los pulmones en toda su capacidad, los pequeños sacos aéreos pulmonares (los alvéolos) no pueden limpiar bien el revestimiento mucoso, y entonces se acumulan en el cuerpo sustancias irritantes tóxicas. Esto contribuye a una exacerbación del proceso inflamatorio y sensibiliza los nervios.

Para hacer una respiración yóguica completa, comienza por relajar los músculos abdominales y luego, al inspirar, llena de aire el abdomen y después el pecho. Al espirar, deja salir primero el aire del pecho y después el del abdomen, entrando el vientre lo más posible.

Con respiraciones yóguicas profundas se ensanchan los alvéolos pulmonares hasta ocho veces su tamaño normal.

Si adquieres y estableces el hábito de respirar lento y profundo, mejorarás mucho la capacidad de tu sistema nervioso para combatir el dolor.

Estamos llegando al fin de mi programa básico para el dolor crónico. Al final de este capítulo te habré presentado todo el programa.

Los capítulos siguientes tratarán de las técnicas especiales para determinados trastornos: la migraña, la artritis, el dolor de espalda y la fibromialgia.

Hasta aquí has aprendido a armonizar el poder de tu cuerpo y el de tu mente para derrotar al dolor, pero posees también un recurso más poderoso del que aún no hemos hablado con más detalles: ese recurso es tu espíritu.

Cuando en ti trabajan juntos cuerpo, mente y espíritu, concentrados en el mismo enemigo, unidos en la misma lucha, tu fuerza será increíble.

Serás capaz de elevarte por encima de tu dolor.

En realidad, serás capaz de vivir una vida tan rica en poder y significado que algún día, cuando de nuevo estés en paz, agradecerás al enemigo que te obligó a unir tu ser.

Para conseguirlo debes usar totalmente la fuerza más poderosa que posees: tu espíritu interior.

Estar por encima del dolor con la espiritualidad

—¡Soy científica! —bramó Constantina, bióloga de cuarenta y ocho años aquejada de una discapacitadora fibromialgia—. No creo en la curación por la fe.

Yo acababa de decirle que necesitaba tratar los aspectos espirituales de su dolor, pero al oírlo se enfadó. Creía que la curación espiritual era curandería. Decidí apelar a la lógica.

—La ciencia y la espiritualidad tienen una cosa importante en común. Las dos tratan de encontrar respuestas a la misma pregunta: «¿Por qué?». Las personas científicas como tú intentan comprender por qué ocurren las cosas, en un sentido físico. Las espirituales también tratan de comprender por qué ocurren las cosas, pero en un sentido más amplio.

—¿Y si no existe ningún sentido más amplio? —rebatió, revolviéndose de dolor en el sillón—. ¿Y si las cosas... simplemente ocurren? Así es como yo creo que funciona el mundo.

—Es posible que las cosas simplemente ocurran. Pero apostaría a que no estás segura de eso. Como científica sabes que no hay ninguna respuesta definitiva. En realidad, es probable que hayas buscado muchas veces un sentido más amplio a tu dolor. Apuesto a que sé qué te has preguntado.
—¿Qué?
—«¿Por qué yo?»
Sonrió con los labios apretados.
—Bueno, claro que me he preguntado eso. Pero no he salido con ninguna respuesta religiosa.
—Siempre he pensado que la espiritualidad consiste más en preguntas que en respuestas —le dije—. Mi único consejo espiritual es este: continúa preguntándote «¿Por qué yo?».
—¿Eso es todo?
—Eso es muchísimo.
Pareció aliviada. Tal vez había creído que le pediría que usara turbante o se embarcara en una peregrinación.

Me pareció que la forma más práctica de llegar a su espíritu interior era pedirle que hiciera un poco de autoanálisis; era muy ensimismada, y supuse que le gustaría la oportunidad de centrarse aún más en sí misma.

Pensé que si se encontraba a sí misma, también encontraría su espiritualidad.

Pero esa búsqueda no sería fácil. Constantina tenía la clásica personalidad dolorosa. Estaba terriblemente asustada por la intensidad del dolor; siempre tenía las mandíbulas apretadas de tensión. Sin embargo, era demasiado pesimista en su intento de superar el dolor. En una revista médica había leído que el dolor muscular de la fibromialgia es esencialmente incurable, de modo que alimentó su negatividad con esa realidad científica. Aunque se habían desarrollado prometedores métodos experimentales para la fibromialgia, ella continuaba aferrada a su desesperanza.

Supuse que su renuencia a tratar de curarse nacía de su poca autoestima. Incluso de niña, me contó, se había sentido perdedora, aun cuando era muy inteligente. Durante la primera visita, de cuatro horas, me enteré de que ninguno de su padres le había dado el amor incondicional, sin críticas, que genera la estima propia, la seguridad en sí misma y el optimismo. Me dijo que sus padres no deseaban que ella se creyera un «personaje privilegiado».

De adulta se había convertido en perfeccionista intelectual. Pero noté cierta frialdad en ella. Lo supe cuando hice el comentario casual de que me había visto obligado a saltarme el almuerzo. Me miró francamente extrañada, como preguntando: «¿Y qué? ¿Cómo me afecta eso a mí?».

Pero estaba casada con un hombre cariñoso, que la apoyaba, un colega médico, que fue quien la envió a mí. Pensé que con su ayuda ella podría superar su sufrimiento, si lograba encontrar una manera de concentrar todo el poder de su ser en su recuperación.

Pero todo el poder de su ser significaba más que sólo la energía de su mente y su cuerpo; incluía su espíritu. En mi opinión, si no lograba conectar con su espíritu no sería capaz de recuperarse.

En realidad, creo que ningún paciente se recupera del todo del dolor crónico mientras no trate los elementos espirituales del dolor.

Cuando les digo esto a mis pacientes, algunos se sienten confundidos, me dicen que no saben muy bien qué es la espiritualidad y creen que debe de ser algo religioso o de la Nueva Era. Pero yo no pienso que sea nada de eso.

Para mí la espiritualidad es simplemente la búsqueda de sentido, de significado.

Creo que ese es el concepto más amplio de la espiritualidad, y también el más exacto.

Si de veras la espiritualidad es la búsqueda de sentido, entonces todos los pacientes de dolor deben tratar su dolor en un plano espiritual, porque el dolor exige un sentido.

El dolor exige un sentido por una razón esencial: es una de las experiencias humanas más intensas.

Todos los seres humanos tenemos una necesidad innata, inmutable, de comprender el sentido de las experiencias más intensas de la vida. Esta necesidad es tan fuerte, tan implacable, que a veces se siente como una maldición. Pero esta fuerte necesidad de comprender la experiencia es la bendición más inmensa de la condición humana. Es la fuerza que nos impulsa a buscar el conocimiento de nosotros mismos y del infinito.

Es la fuerza que une el alma y la mente.

Es también, en mi opinión, la fuerza que de vez en cuando nos permite vislumbrar la naturaleza de Dios.

Esta necesidad humana de comprensión es también la fuerza que nos permite finalmente elevarnos por encima del dolor. Con el cuerpo y la mente por lo general podemos superar la mayor parte del dolor que nos atormenta. Pero casi nunca lo superamos todo. La mayoría de los trastornos crónicos sencillamente no funcionan así.

Sin embargo, cuando comprendemos nuestro dolor, cuando logramos encontrarle un sentido, nos es posible transformar ese dolor residual en una entidad no dolorosa. Esta nueva entidad, que en otro tiempo fue dolor, podría ser sólo una sensación física, tal vez sólo una sensación moderadamente desagradable que más que nada es un recordatorio de lo mal que estaban las cosas antes. O podría ser un dolor bueno, como el cansancio y el dolor muscular que sentimos después de un día de esfuerzo.

Pero esta búsqueda del porqué del dolor sólo produce alivio cuando se le encuentra un sentido positivo. Una interpretación negativa sólo aumenta la reacción de estrés y disminuye el control cognitivo del dolor.

Sin embargo, con esto no quiero decir que consigas encontrar un sentido totalmente positivo a tu dolor. Eso no me parece realista.

De todos modos, así como el dolor nunca es todo bueno, tampoco nunca es todo malo. Es posible encontrar cosas buenas en el dolor, si se busca con suficiente atención.

Cuando encuentres esas cosas buenas tienes que concentrarte en ellas, tienes que aprovecharlas. Son tus aliadas, los componentes del dolor que te ayudarán a poner fin a tu sufrimiento.

Cuando uno se centra en los elementos positivos del dolor y se distancia de los negativos, nutre el sistema nervioso y disminuye la reacción de estrés. También se vigoriza la mente, porque entonces no está ocupada con pensamientos de peligro, castigo, mortalidad, pesar ni miedo.

También energizamos y capacitamos al espíritu al ser más expertos en percibir la tremenda fuerza que hay en nuestro interior. Ya sea esta fuerza el espíritu divino o el espíritu humano, es la que a veces nos capacita para hacer lo imposible. Cuanto más usamos esta fuerza más poderosa es.

En mi experiencia clínica, a los pacientes de dolor que han tratado los aspectos espirituales de su dolor, ciertamente, parecía irles mejor que a los que no lo habían hecho. Este fenómeno es frecuente, no sólo en tratamientos para el dolor, sino también en los de una amplia variedad de trastornos. De hecho, los investigadores han compilado más de doscientos cincuenta estudios médicos distintos que indican que la espiritualidad es un factor positivo en la recuperación de la enfermedad.

Hay debate y polémica, por supuesto, sobre si este mayor índice de recuperación se debe a factores psíquicos o teológicos, pero hay acuerdo general en que el mayor índice de recuperación es auténtico.

Un trastorno médico que al parecer es particularmente sensible a la espiritualidad es la enfermedad cardiaca, tal vez porque la mente tiene un papel importante en su desarrollo. Más de cincuenta y cinco estudios de fallos cardiacos, anginas de pecho y otros trastornos graves indican que las personas que tienen creencias espirituales sólidas y positivas sufren mucho menos de estas afecciones que las no espirituales. Esto es cierto al margen de la edad, el sexo o la afiliación religiosa. De hecho, el doctor Dean Ornish, creador del programa más popular del mundo para la enfermedad cardiaca, incorpora, como parte integral de su programa, el «abrir el corazón a un poder superior» y «abrir el corazón a los demás».

Desde el punto de vista terapéutico, una de las prácticas más valiosas de las personas espirituales es la oración. Más de ciento cincuenta estudios médicos indican que la oración, que es una forma de meditación, favorece la salud. Todos estos estudios se han realizado con personas elegidas al azar, con método controlado y de doble ciego, y con seguimiento.

En la mayoría de estos estudios se comprobó que la oración era beneficiosa cuando la persona oraba por sí misma. Lo interesante es que en un buen número de estudios se comprobó que, al parecer, la oración beneficiaba a los pacientes incluso cuando estos no sabían que alguien oraba por ellos. Por ejemplo, en un estudio de dieciocho niños enfermos de leucemia, en el que ni los pacientes ni sus padres ni sus médicos sabían que la oración era el tema del estudio, al parecer la oración produjo beneficios terapéuticos. Después de quince meses de oración, siete de los diez niños por los que se oraba continuaban vivos; en cambio, de los ocho niños por los que no se oró, sólo dos vivían. Resultados similares se han producido en otros estudios de pacientes que no sabían que se estaba orando por ellos.

Yo fui testigo de un incidente de estos en mi práctica médica. Tuve un paciente llamado Richard que empleó la oración para lograr una recuperación imposible. Cuando lo internaron en el hospital donde yo trabajaba, sufría de un terrible dolor abdominal causado por la inflamación del bazo. El diagnóstico médico fue trombocitopenia púrpura idiopática, enfermedad en la que el bazo destruye la capacidad de coagulación de la sangre y que puede ser fatal.

El médico de Richard deseaba que le extirparan el bazo de inmediato porque opinaba que no había ninguna posibilidad de que el órgano se normalizara. Pero Richard se resistió a la recomendación de su médico; postergó la operación mientras continuaba en el hospital en observación.

Todos los días venían amigos a su habitación y oraban fervientemente por su alivio del dolor y su recuperación. Cada una de estas intensas sesiones tenían en él un efecto casi electrizante. Yo lo iba a ver cada día después de la sesión de oración y veía que tenía los ojos muy abiertos de entusiasmo y esperanza. A veces estaba tan lleno de energía positiva que parecía como si tuviera los pelos de punta. En esos momentos el dolor era lo último en que pensaba. Yo podía reducirle drásticamente los analgésicos durante horas después de esas sesiones de oración.

A la semana, los análisis de sangre indicaron que el bazo había comenzado a sanar. Pronto estuvo completamente bien.

Volví a verlo cuando dejó el hospital. Me explicó que esa experiencia lo hacía sentirse renacido; varias veces se refirió a su suerte e incluso llegó a comentar que era «el tío más afortunado del mundo».

No quería decir que era una suerte haberse recuperado; quería decir que era una suerte haber estado enfermo.

La siguiente es una oración que me enseñó el yogui Bhajan para el alivio del sufrimiento. Como verás, en la oración hay instrucciones para respirar. Así pues, es una oración en que participa el cuerpo, la mente y el espíritu.

Inspira y retiene el aliento, por la paz del mundo,
por la salud de todos,
para que todos sean felices,
para que aquellos que están solos tengan compañía,
y Dios encuentre misericordia para todos,
para cada persona.
Di esta oración en esta respiración y, por favor, espira.
Esta es la caridad de la respiración.
Vuelve a inspirar.
Ora por todos los seres queridos, los familiares, los conocidos y los desconocidos, de todo el planeta, por los que están enfermos, por los que son desgraciados, no se encuentran bien o necesitan ánimos.
Envía este pensamiento, haciendo una oración en esta respiración.
Expulsa el aire.
Vuelve a inspirar profundo para acabar con todas las causas y efectos que afectan a todos los hombres y los hacen infelices o les causan dolor.
Por todo lo que causa guerra y destrucción.
Por todo lo que produce odio y envidia.
Di una oración en esta respiración y expulsa el aire.

Historia de Constantina

Nunca olvidaré la última vez que vi a Constantina. Era alguien muy distinto de la persona que entró en mi consulta la primera vez.

El programa de tratamiento le resultó tremendamente difícil.

Cuando lo comenzó, sufría de atroces e imprevisibles ramalazos de dolor que le afectaban hombros, brazos, abdomen y espalda. Llevaba tiempo en las garras de una depresión grave e incluso había pensado en el suicidio.

La traté agresivamente con antidepresivos, terapia nutricional, nutrientes específicos, acupuntura, hierbas medicinales chinas y masaje. Además, consultó con un psicólogo, que la ayudó a tratar su baja autoestima. También aprendió a meditar, y hacía con regularidad los ejercicios de mente-cuerpo.

Cada elemento de su programa potenciaba y reforzaba a los otros, y así poco a poco los dolores disminuyeron, en frecuencia y en intensidad. Cada mejoría a su vez favorecía otras mejorías, y así su ciclo de dolor empezó a desintegrarse poco a poco hasta que desapareció.

Antes que empezara a acelerarse su recuperación, en muchas ocasiones se sintió desesperada; pero cada vez se daba un impulso y salía de la desesperación más fuerte que antes. El apoyo y el cariño de su marido, mi amigo médico, fue esencial; era amable y cariñoso, y contrarrestaba su desesperación con optimismo, y su rigidez con buen humor.

Durante su última visita, en medio de la conversación, le comenté el papel que había tenido su marido en su curación. La sola mención de su nombre le iluminó la cara.

—Él fue lo principal —dijo—. De verdad creo que fue su amor lo que me curó. Sé que eso no es científico —se apresuró a añadir—, pero... —Se encogió de hombros.

»¿Sabes? —continuó—, en la primera entrevista me dijiste que debía pensar en aquello de "¿Por qué yo?". Bueno, creo que lo hice. Me explicaste que debía tratar de encontrar un sentido positivo al dolor. Al principio pensé qué demonios puede tener de positivo sentir los músculos como si se me estuvieran quemando. Me pareció estúpido; no lo tomes a mal. Pero después me puse a pensar en mi marido, en lo bueno que ha sido conmigo durante tanto tiempo, y en cómo eso me había cambiado. Y ahí fue cuando lo descubrí. Si sufres y no tienes amor, eso sólo te amarga; y si nunca sufres, creo que eso te hace superficial. Pero si sufres y tienes amor mientras estás sufriendo, aprendes la compasión. Aprendes a amar, incluso en medio del dolor, y ese es el amor más bello de todos. Yo necesitaba aprender compasión. Y el dolor por fin me lo enseñó.

—O sea que eso era el «¿Por qué yo?».

Constantina sonrió y su sonrisa iluminó la sala e iluminó y alegró mi corazón.

Tercera parte

Curación del dolor de trastornos concretos

6

Artritis

*En nuestro sueño, el dolor, que no se puede olvidar,
cae gota a gota sobre el corazón, hasta que, en nuestra
desesperación, y contra nuestra voluntad, llega la
sabiduría, por la pasmosa gracia de Dios.*

Esquilo

Ten presente, por favor, que si bien este capítulo contiene información específica sobre la artritis, esta no reemplaza la información anterior sobre mi programa para el dolor. Todos los pacientes deberán seguir el programa completo explicado en los capítulos 2 a 5. Los pacientes de artritis deberán seguir además las recomendaciones de este capítulo.

La mayoría de los médicos que practican la medicina ortodoxa piensan que la artritis es incurable. Yo no estoy de acuerdo.

Creo que con frecuencia es posible curar la artritis, sobre todo en sus primeras fases.

Sin embargo, creo que el dolor artrítico sólo se puede curar si se trata con un programa completo de medicina integradora. Cuando los médicos sólo aplican el método ortodoxo de supresión de síntomas, invariablemente fracasan en curar la enfermedad.

Como dije en el capítulo 1, una de las mejores maneras de eliminar el dolor es tratar el trastorno que lo causa. Pero, por desgracia, la medicina ortodoxa no suele ser demasiado eficaz en sanar enfermedades crónicas degenerativas como la artritis. Por el contrario, la medicina integradora suele ser muy eficaz.

La mayoría de las enfermedades degenerativas tienen su origen en errores de estilo de vida, como la mala nutrición, el tabaco, la vida sedentaria o un estrés desequilibrado y constante. La medicina integradora, que trata todos los aspectos del modo de vida, contrarresta los errores que causan, perpetúan y agravan la enfermedad degenerativa.

Por ejemplo, el dolor de la forma más común de artritis, causada por el deterioro de los cartílagos, se puede aliviar temporalmente mediante la terapia ortodoxa más popular: la aspirina; pero es posible que la aspirina destruya los cartílagos. Por lo tanto, muchos pacientes se quedan atrapados en un ciclo de dolor/aspirina/dolor y no se curan jamás.

Los médicos que tratan la artritis con medicina integradora, en cambio, se centran en fortalecer los cartílagos con terapia nutricional, medicamentos naturales y terapia de ejercicio. Esto también elimina el dolor al detener la enfermedad subyacente. Un método así puede aliviar el dolor de forma permanente.

He tratado a muchos pacientes de artritis que han respondido fabulosamente bien a la medicina integradora. La mayoría han experimentado una importante reducción de síntomas, entre ellos el dolor. Algunos continúan sin experimentar síntomas, después de años del tratamiento inicial.

Si tienes artritis deberás seguir con esmero las recomendaciones de este capítulo. Sin embargo, como digo en el párrafo introductorio, estas medidas deberás seguirlas junto con mi programa completo de cuatro aspectos. Las recomendaciones de este capítulo son el complemento de todo programa.

Qué es y qué no es la artritis

Se llama artritis a un conjunto de enfermedades que causan dolor en las articulaciones. El tipo más frecuente de artritis es la osteoartritis, también llamada artritis degenerativa o hipertrófica.

La osteoartritis está causada por la gradual degeneración del cartílago, que es la almohadilla que impide que los huesos se toquen y friccionen entre ellos.

El segundo tipo más común de artritis es la artritis reumatoidea, que es muy diferente de la osteoartritis. La única similitud importante entre estas dos enfermedades es que las dos afectan las articulaciones. La artritis reumatoidea parece ser un trastorno del sistema inmunitario, y se caracteriza por mucha más inflamación que la osteoartritis.

Los otros tipos de artritis son trastornos relativamente moderados y transitorios, como la tendinitis y la bursitis, o trastornos relativamente raros, como el lupus y el escleroderma.

La osteoartritis es tan frecuente que el 80 por ciento de todas las personas ya la tienen a los cincuenta años; a los sesenta y cinco años, casi todos sufrimos por lo menos una artritis leve. En todo el mundo más de un 10 por ciento de todas las personas tienen osteoartritis. Los restos de esqueletos indican que incluso los hombres de las cavernas la tenían.

A escala mundial, el tratamiento para la artritis genera 50.000 millones de dólares al año, de modo que hay una fuerte competencia entre las empresas que venden medicamentos para esta enfermedad. Esta competitividad a veces inspira conductas e información no éticas. En 1996, por ejemplo, el gobierno de Estados Unidos puso una multa de varios millones de dólares al laboratorio fabricante de uno de los analgésicos de venta sin receta más populares del mundo, por dar al público información errónea sobre la artritis.

La osteoartritis casi siempre se produce en las manos, la columna o las articulaciones que soportan peso (caderas, rodillas, pies). Por lo general, el dolor se limita a la zona inmediata, pero la artritis puede alterar el equilibrio estructural del cuerpo y causar dolor en otras zonas.

El dolor de la osteoartritis lo produce principalmente el contacto directo entre los huesos; también presenta inflamación. Los huesos se rozan cuando el cartílago que los separa se deteriora. El cartílago es una materia resistente, esponjosa y muy lisa y brillante. De hecho, es cinco veces más resbaladizo que el hielo; por eso los huesos se deslizan fácilmente por el cartílago.

Entre otras cosas, es tan resbaladizo porque está compuesto casi en un 80 por ciento por agua. Sólo contiene tres sustancias sólidas: 1) colágeno, tejido conjuntivo que se encuentra en todo el cuerpo; 2) proteoglucanos, que son las moléculas que retienen el agua y mantienen el cartílago húmedo y resbaladizo, y 3) condrocitos, que son las células cartilaginosas que fabrican colágeno y proteoglucanos.

A medida que envejecemos, el cartílago pierde poco a poco esponjosidad y consistencia resbaladiza; comienza a aplastarse y a ponerse rígido, y permite la formación de pequeñas excrecencias óseas, llamadas espolones, que producen fricción en el otro hueso. Esto produce dolor en las articulaciones, que crujen y se sienten rígidas.

Nadie sabe con absoluta certeza por qué se deteriora el cartílago. Con toda probabilidad, se deteriora por la misma razón básica que se deterioran otras partes del cuerpo: porque no tiene suficiente materia prima para continuar el constante proceso de regeneración. Hay otros factores que al parecer obstaculizan la regeneración, entre los que cabría citar un mal funcionamiento del hígado (que interviene en la producción de las sustancias que forman el cartílago), la mala circulación de la sangre en las articulaciones y otros trastornos del metabolismo causados por el estilo de vida.

Los médicos sí saben que la artritis se desencadena a partir de una lesión en la articulación o por un traumatismo físico de lenta curación. Los atletas suelen sufrir de osteoartritis; entre los trabajadores manuales hay un índice de artritis mayor en un 800 por ciento que en el resto de la población. Las personas obesas son particularmente vulnerables a la artritis en las articulaciones que soportan peso.

La sabiduría tradicional dice que la osteoartritis es una enfermedad de «uso y desgaste natural», pero yo no estoy del todo de acuerdo. Está claro que la artritis es una enfermedad degenerativa, porque los traumatismos y las lesiones físicas contribuyen a ella; pero el uso normal, en mi opinión, probablemente no contribuye de forma tan importante. De hecho, el ejercicio moderado es muy beneficioso para las articulaciones y va bien para prevenir la artritis.

Creo que los trastornos metabólicos, causados por el estilo de vida, son la causa principal de la artritis. Por lo tanto, considero la osteoartritis una enfermedad esencialmente de «error y desgaste».

Así, las terapias que recomiendo tienen por finalidad corregir los errores y sanar el desgaste.

Las modalidades que empleo con más frecuencia, combinadas, son la terapia nutricional, la de ejercicios de mente-cuerpo, la de calor y frío, la digitopresión, remedios homeopáticos, preparados de hierbas, terapia hormonal sustitutiva, toma prudente de antiinflamatorios y analgésicos, y técnicas apropiadas para el control mental y espiritual del dolor artrítico.

En su mayor parte, estas terapias son similares a las que empleo en mi programa para el dolor estándar. Sin embargo, hay ciertos nutrientes, ejercicios de mente-cuerpo, medicamentos y puntos de acupuntura específicos, especialmente valiosos para los pacientes de artritis. Los explico en este capítulo y en el apéndice 1, «Ejercicio y meditación de mente-cuerpo».

Mi programa para el dolor, adaptado a la medida para satisfacer las necesidades concretas de los pacientes de artritis, ha servido a muchas personas para vencer su afección. En muchos casos ha quedado cierto grado de artritis moderada, no tan grave que cause dolor importante.

El tratamiento ortodoxo para la artritis es mucho más limitado y mucho menos agresivo. La principal terapia consiste en analgésicos de venta sin receta, entre ellos la aspirina, el acetominofén y el ibuprofén. También se recomienda reposo, ejercicio moderado y terapia de calor y frío.

Como ves, el tratamiento ortodoxo para esta enfermedad se centra sobre todo en eliminar el dolor en lugar de mejorar los trastornos subyacentes que causan la artritis. Pero este tratamiento también se queda corto incluso como programa de control del dolor. Es muy limitado y no combate el dolor en todos los aspectos; por lo tanto, no cura el dolor.

Dadas sus limitaciones, a la mayoría de las personas artríticas no le es muy beneficiosa la terapia ortodoxa. Es gente que sufre en silencio, que asume que su situación es inevitable. Este sufrimiento es una tragedia innecesaria.

Por desgracia, muchos médicos creen que puesto que la artritis está tan extendida, el sufrimiento que produce es normal. Detesto esa actitud; no creo que haya nada normal en el sufrimiento. Todos nos merecemos, y podemos, estar sanos y ser felices toda la vida, aun cuando la vida nos depare una limitada cantidad de dolor. Como he dicho muchas veces, la vida no tiene por qué ser una lucha dolorosa.

La terapia ortodoxa para la artritis reumatoidea también es bastante limitada y en general tiene poco efecto terapéutico.

Como he dicho, la artritis reumatoidea es una enfermedad inflamatoria, causada al parecer por un mal funcionamiento del sistema inmunitario.

Cuando el sistema inmunitario funciona bien, identifica correctamente a los invasores extraños, todos, desde virus a alérgenos, y los ataca. Parte de este ataque consiste en inflamación, que procura sangre a la parte afectada. Pero cuando el sistema inmunitario funciona mal, se equivoca en esta identificación: toma sustancias inofensivas por invasores extraños y trata de librarse de ellas con inflamación. Este tipo de mal funcionamiento es lo que, al parecer, provoca la artritis reumatoidea.

Algunos investigadores, no obstante, creen que la reacción inflamatoria de la artritis reumatoidea no se debe a un mal funcionammiento del sistema inmunitario, sino a una reacción correcta a un verdadero invasor extraño, a un «virus lento», por ejemplo.

Independientemente de cuál sea la causa, la artritis reumatoidea se caracteriza por una reacción inmunitaria activa, que entre otras cosas produce fiebre, cansancio y malestar emocional.

La inflamación de la artritis reumatoidea ataca a las articulaciones, instalándose en las membranas que las rodean, y muy pronto daña el cartílago y el hueso.

Aunque muchas personas sólo sufren artritis reumatoidea leve, la enfermedad suele ser horrorosa. Cuando es grave puede convertir las manos en garras y llevar a la silla de ruedas; el dolor que produce suele ser torturante.

La artritis reumatoidea es tres veces más común en mujeres que en hombres, y suele comenzar entre los veinticinco y los cincuenta años.

El tratamiento ortodoxo se centra ante todo en la administración de antiinflamatorios, esteroideos y no esteroideos. Su objetivo es disminuir el dolor, pero no curar el trastorno. No existe ninguna cura conocida.

Sin embargo, muchos pacientes de artritis reumatoidea han respondido espectacularmente bien a un programa de medicina integradora. En general, este programa incluye muchas de las mismas modalidades que empleo contra la osteoartritis, pero da especial importancia a mejorar el funcionamiento del sistema inmunitario y a purificar el cuerpo, para liberarlo de cualquier posible invasor extraño o de cualquier sustancia que se identifique erróneamente como invasor extraño.

Ahora vamos a pasar a los detalles del tratamiento. Veremos mi programa para el dolor aspecto por aspecto, y te explicaré las modalidades especiales que son particularmente beneficiosas para la artritis.

Ten presente, por supuesto, que estos tratamientos se deben aplicar como parte de mi programa antidolor estándar. Si sólo aplicas los tratamientos de que hablo en este capítulo, probablemente no lograrás controlar la artritis.

Primer aspecto: Terapia nutricional

Comencemos por un rápido repaso a las recomendaciones que ya te he dado sobre terapia nutricional, que compone el primer aspecto de mi programa antidolor estándar.

En el capítulo 2 te recomendaba: 1) comer nutrientes que combatan la inflamación; 2) comer nutrientes que aumenten el nivel de serotonina; 3) comer nutrientes que estimulen y mejoren el funcionamiento del cerebro, y 4) evitar los cuatro escollos dietéticos clásicos:

comer demasiado poco, comer en exceso, comer alimentos que causen alergias y comer alimentos que alteren el equilibrio hormonal.

Estas son excelentes recomendaciones para todos los pacientes de artritis.

Pero si tienes artritis, también deberás hacer lo siguiente:

Tomar nutrientes que ayuden a la formación del cartílago. Este es el elemento más importante de la terapia nutricional para la osteoartritis.

Los cuatro principales nutrientes para formar cartílago son: la glucosamina, la condroitina, el S-adenosil-metionina (SAMe) y un nutriente descubierto recientemente, el cetilmiristoleato. Ninguno de estos nutrientes se encuentra en cantidad apreciable en ningún alimento, por lo que deben tomarse en forma de suplementos.

La glucosamina es el nutriente necesario para fabricar las moléculas de proteoglucano que al retener el agua mantienen resbaladizo y fuerte el cartílago. Si se tiene artritis, el peor error que se puede cometer es no disponer de buena provisión de glucosamina en el organismo; es muy posible que su insuficiencia sea la causa de la artritis. El nutriente glucosamina, compuesto por glucosa más el aminoácido glutamina es un remedio milagroso para la osteoartritis. Algunos médicos han comenzado a llamar «nutracéuticos» a los nutrientes potentes como la glucosamina.

Numerosos estudios indican que los pacientes de osteoartritis grave se pueden recuperar por completo si toman suplementos de glucosamina. En un estudio sobre la glucosamina de un mes de duración, el 73 por ciento de los pacientes de artritis grave experimentaron una respuesta de buena a excelente, y a un 20 por ciento le desaparecieron todos los síntomas.

En un estudio de los efectos de la glucosamina en el dolor, los pacientes de artritis que la tomaron experimentaron una importante reducción del dolor después de sólo seis semanas de tomarla; en este estudio se comprobó que el efecto analgésico de la glucosamina es superior al del ibuprofén.

El efecto típico de la glucosamina no sólo es rápido, sino también

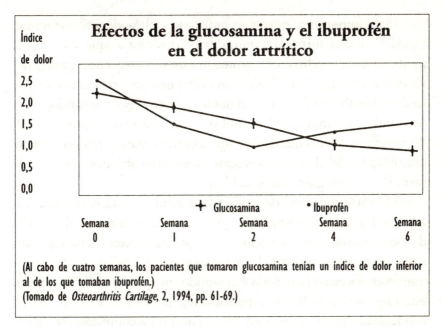

(Al cabo de cuatro semanas, los pacientes que tomaron glucosamina tenían un índice de dolor inferior al de los que tomaban ibuprofén.)
(Tomado de *Osteoarthritis Cartilage*, 2, 1994, pp. 61-69.)

de larga duración. Aunque se deje de tomar, los efectos positivos suelen durar entre seis y doce semanas. Cuando se toma indefinidamente, la respuesta positiva por lo general continúa también.

La condroitina es una sustancia que atrae y retiene el agua. Por lo tanto, como la glucosamina, es muy beneficiosa para los «estanques acuosos» de proteoglucanos que mantienen fuerte y flexible el cartílago.

La condroitina se encuentra en muchos tejidos animales, pero es más abundante en el cartílago.

Igual que con la glucosamina, se han hecho estudios exhaustivos de la condroitina y se ha comprobado que mejora la salud del cartílago y reduce el dolor artrítico. En un estudio, por ejemplo, 13 de los 17 pacientes que tomaron un suplemento de condroitina experimentaron una importante disminución del dolor.

Las personas que sólo tienen una artritis leve también se pueden beneficiar muchísimo de la condroitina. Un paciente mío muy atlético, que sufría de una artritis moderada en la rodilla, sólo necesitó tomarla unas pocas semanas para mejorar el trastorno. Durante ese tiempo ni siquiera tuvo que alterar su programa de ejercicios.

Otro importante nutriente antiartritis, el S-adenosil-metionina (SAMe), es una forma de aminoácido (metionina) que estimula la producción de condrocitos y proteoglucanos; es muy eficaz para generar nuevo cartílago. También se han hecho muchas pruebas con él, y se ha descubierto que disminuye el dolor artrítico al generar cartílago. En un estudio con más de veinte mil pacientes de artritis, alrededor del 80 por ciento de los que lo tomaron experimentaron una importante disminución del dolor, con efectos secundarios mínimos (principalmente, trastorno gastrointestinal leve).

El cuarto nutriente de importancia fundamental, el cetilmiristoleato, se ha descubierto hace poco, pero podría resultar ser el más útil de todos. Es una forma de ácido graso que tiene extraordinarias cualidades lubricantes; aumenta la lubricación natural de las articulaciones que proporcionan el cartílago y el líquido sinovial. El cetilmiristoleato está presente en todas las articulaciones, pero suele agotarse. Se ha comprobado que la toma oral de este nutriente compensa ese agotamiento y mejora el funcionamiento de las articulaciones. En un estudio de esta sustancia, el 63 por ciento de los pacientes que lo tomaron solo experimentaron un importante alivio del dolor articular. Se ha descubierto que es aún más eficaz si se toma junto con condroitina, glucosamina y SAMe. Pero, a diferencia de estas sustancias, no es necesario tomar constantemente cetilmiristoleato; sus efectos tienden a durar. Es interesante observar que también se ha comprobado que disminuye los síntomas de la artritis reumatoidea, tal vez porque tiene propiedades antiinflamatorias.

Esta nueva sustancia está adquiriendo popularidad, pero es posible que todavía sea difícil encontrarla al por menor en el mercado.

En el momento de escribir esto ha aparecido una nueva sustancia nutritiva natural para la artritis: el MSM o dimetilsulfona, un metabolito normal, o subproducto del compuesto nutritivo DMSO. Hace unos años el DMSO atrajo muchísimo la atención como agente penetrante natural, muy útil para algunas personas que sufrían de dolor articular; pero no adquirió mucha popularidad debido a que producía un desagradable olor a pescado. El MSM no produce ningún mal olor y al parecer es beneficioso para el dolor y la rigidez de la artritis, sin efectos secundarios importantes. En estudios se ha comprobado que una dosis aproximada de 2 gramos diarios previene la descomposición del cartílago y reduce la inflamación. Puede ser eficaz en toma oral o en aplicación tópica. Existe por lo menos un producto en el comercio que contiene cetilmiristoleato y MSM.

Una dosis razonable de glucosamina es de 500 miligramos tres veces al día. Esta dosis rara vez causa efectos secundarios, aparte de algún ocasional trastorno gastrointestinal leve que, por lo general, remite rápido.

Una dosis razonable de condroitina puede variar entre 1,5 y 10 gramos diarios. Los efectos secundarios son muy excepcionales y no se le conoce ningún grado de toxicidad.

Una dosis razonable de S-adenosil-metionina (SAMe) es de 1.200 miligramos diarios. Si causa algún trastorno gastrointestinal, se debe reducir la dosis hasta que no lo cause.

La dosis razonable de cetilmiristoleato es de 500-1.000 miligramos diarios.

Tomar los nutrientes que forman el líquido sinovial. El líquido sinovial es el que lubrica la membrana sinovial que rodea las articulaciones. En esta membrana es donde comienza su ataque a la articulación la artritis reumatoidea. Si la membrana no está bañada por suficiente líquido es más vulnerable al comienzo de la artritis.

El líquido sinovial también entra y sale del cartílago, lubricándolo y nutriéndolo.

Los nutrientes más importantes en la fabricación de líquido sinovial son las vitaminas A, el complejo B, C, D y E, y los minerales calcio, magnesio y zinc. Una insuficiencia de cualquiera de estos nutrientes puede provocar una insuficiencia de líquido sinovial y agravar la osteoartritis y la artritis reumatoidea.

Como he dicho antes, el estrés emocional causado por el dolor crónico puede agotar la provisión de nutrientes del cuerpo. Por lo tanto, sería prudente que los pacientes de artritis consuman una abundante cantidad de los nutrientes principales y que tomen regularmente suplementos vitamínicos y minerales.

En el capítulo 2 explico las dosis adecuadas de las vitaminas y los minerales más importantes. Las dosis que recomiendo en ese capítulo son las apropiadas para los pacientes de artritis.

Tomar nutrientes que alimenten los músculos, los huesos y el tejido conjuntivo. En los pacientes de artritis, el cartílago y el líquido sinovial no son las únicas partes del cuerpo que necesitan un aporte nutritivo extra. La artritis inicia una reacción en cadena de deterioro estructural y bioquímico que muy pronto daña la articulación y todo lo que la rodea, incluidos huesos, músculos, tendones y ligamentos.

Para reparar el daño causado por la artritis, y para resistir mejor al daño ulterior, conviene tomar vitaminas C, A y E, niacina, ácido pantoténico y los minerales magnesio, calcio, manganeso, boro, zinc y selenio.

De estos nutrientes, al parecer las vitaminas C y D son las más importantes para nutrir los huesos y el tejido conjuntivo. El conocido «Estudio Framingham del Corazón» demostró que las personas que toman estas vitaminas en dosis mayores que las normales suelen ser resistentes al avance de la artritis una vez que ha comenzado. Los investigadores creen que esto se debe a que la vitamina D interviene en la reparación de la masa ósea y la vitamina C en la regeneración del tejido conjuntivo.

Al parecer, los nutrientes antioxidantes (vitaminas C, A y E, y el selenio) detienen la descomposición, u oxidación, del líquido sinovial. Los minerales calcio, manganeso, boro y zinc fortalecen los huesos. Cuando los huesos empiezan a desmineralizarse, son especialmente vulnerables a la artritis. El magnesio es fundamental para mantener los músculos flexibles y relajados. Esto alivia muchísimo el trabajo de las articulaciones.

Para protegerte de la artritis te recomiendo encarecidamente que tomes todos estos nutrientes vitamínicos y minerales. Una insuficiencia de cualquiera de ellos podría favorecer la artritis.

Evitar los alimentos que puedan causar alergias. Esto es particularmente importante para los pacientes de artritis reumatoidea, porque este tipo de artritis se agrava con, y al parecer está causada por, la reacción inmunitaria, que es muy similar a la reacción alérgica. Ambas reacciones producen inflamación, ya que el cuerpo trata de librarse de invasores extraños.

Los pacientes de artritis reumatoidea suelen sentirse mucho mejor cuando limitan su dieta a una estrecha gama de alimentos puros, integrales y sanos. De hecho, algunas de las mejorías más gratificantes en estos pacientes se ha producido cuando han hecho un ayuno a base de zumos. Este tipo de ayuno de limpieza interna elimina prácticamente todos los alergenos comunes, como la carne, la leche y el trigo.

Si tienes artritis reumatoidea, tal vez te benericiaría hacer un ayuno de siete días a base de zumos. Durante ese tiempo puedes beber una cantidad ilimitada de zumo de piña, fresco o enlatado, mezclado con agua y clorofila, pero sin ingerir nada más. Puede parecer difícil, pero a muchos pacientes les encanta. A medida que pasan los días de ayuno, por lo general recuperan energía y rara vez pasan hambre o se sienten mal. También encuentran delicioso el zumo. Al acabar el ayuno, comienza a añadir alimentos poco a poco, de uno en uno, y observa con atención cómo reaccionas a cada alimento. Si alguno te produce síntomas alérgicos, elimínalo para siempre. Para empezar a añadir alimentos, comienza por los más sencillos, enteros, como frutas y verduras frescas.

Es posible, entonces, que notes una reacción negativa a las verduras de la familia de las solanáceas, como los tomates, la patatas, los pimientos y las berenjenas. Alrededor del 20 por ciento de todos los pacientes de artritis reaccionan negativamente a estos alimentos, como también los pacientes de migraña. Las solanáceas contienen una sustancia llamada solanina que obstaculiza la actividad de las enzimas de los músculos y puede agravar el dolor; también son muy ácidas, y los alimentos ácidos tienden a agravar la artritis.

Es importante que los pacientes de artritis reumatoidea mantengan en un mínimo absoluto el consumo de grasas y aceites. Como explico en el capítulo 2, la mayoría de los aceites comunes y todas las grasas de origen animal aumentan la inflamación.

Un estudio reciente demostró lo valiosas que son las restricciones dietéticas para los pacientes de artritis reumatoidea. En este estudio, veintisiete pacientes de esta enfermedad hicieron ayuno durante una semana y después comenzaron a comer sólo frutas y verduras. Al cabo de cuatro semanas, y comparados con los de un grupo de control que hacía la dieta estándar, estos pacientes sentían muchísimo menos dolor, tenían más fuerza y articulaciones menos inflamadas.

Todos los pacientes de artritis reumatoidea deberían consumir con regularidad una abundante provisión de los nutrientes antiinflamatorios como la cúrcuma, el jengibre, la boswellina y EPA. Para más información sobre estos nutrientes, véase capítulo 2.

Segundo aspecto: Fisioterapias

Muchas de las fisioterapias que explico en el capítulo 3 son muy beneficiosas para la artritis. Todos estos métodos alivian el dolor y algunos contribuyen a curar las causas subyacentes.

Los ejercicios son probablemente la fisioterapia más importante para los pacientes de artritis, porque no sólo eliminan el dolor sino que también frenan la artritis.

Numerosos estudios han demostrado que los ejercicios adecuados son directamente terapéuticos para la artritis; el ejercicio va bien incluso en los casos graves. En un estudio realizado en Harvard, por ejemplo, con pacientes nonagenarios con artritis avanzada, todos recuperaron un importante grado de movilidad después de un programa de ejercicios con pesas.

Los siguientes son los beneficios del ejercicio para los pacientes de artritis:

Mejora la circulación del líquido sinovial. El ejercicio obliga al líquido sinovial a entrar y salir del cartílago. El efecto del ejercicio en el cartílago es similar al de apretar y soltar repetidamente una esponja dentro de un cubo de agua. Como he dicho, el líquido sinovial nutre y moja el cartílago, y contribuye a impedir que se deteriore.

Fortalece los huesos. Los pacientes de artritis a veces olvidan que los huesos son estructuras vivas, que crecen y cambian, y necesitan el ejercicio tanto como los músculos. El ejercicio aumenta la densidad de la masa ósea y favorece la asimilación de minerales. Esto los hace más resistentes a la artritis.

Fortalece los músculos, tendones y ligamentos. De este modo se mantienen las articulaciones en su posición correcta. Tener fuertes y flexibles los músculos, tendones y ligamentos es especialmente importante en la parte inferior del cuerpo, donde el esfuerzo físico de las articulaciones es casi constante.

Va bien para controlar el peso. Estar obeso es muy perjudicial para las articulaciones que soportan peso, y para la columna vertebral.

Mejora la circulación sanguínea. La buena circulación es fundamental para la salud de las articulaciones. La sangre les aporta nutrientes y oxígeno, y se lleva las toxinas y los desechos.

Como ves, el ejercicio ataca muchas de las causas de la artritis. Además, como vimos en el capítulo 3, alivia el dolor aumentando la producción de tres potentes sustancias analgésicas: las endorfinas, la serotonina y la noradrenalina. Cuando estos analgésicos naturales circulan por el cuerpo y el cerebro, no sólo se siente menos dolor sino también es mayor la capacidad de hacer las cosas necesarias para superar la artritis.

A mis pacientes de artritis les recomiendo hacer cualquier tipo de ejercicio que no imponga mucho esfuerzo a las articulaciones. Si un ejercicio les provoca dolor en las articulaciones les recomiendo modificarlo hasta que pase el dolor.

A algunos pacientes les gusta nadar o hacer ejercicios aeróbicos en el agua, porque el agua soporta su peso e impone mucho menos esfuerzo a las articulaciones. A muchos les agrada en especial nadar en una piscina con agua templada, porque por lo general el agua tibia alivia el dolor articular.

Creo que los mejores ejercicios para casi todos los pacientes de dolor, entre ellos los pacientes de artritis, son los de mente-cuerpo del yoga kundalini. Estos ejercicios son particularmente eficaces cuando se combinan con meditación y se realizan como parte de una rutina «Despertar a la salud». En el apéndice 1 explico ejercicios de mente-cuerpo especialmente pensados para la artritis.

La acupuntura y la digitopresión son otras fisioterapias que no sólo alivian el dolor, también contribuyen a la recuperación de la salud de zonas dolorosas. La digitopresión podría ser menos eficaz que la acupuntura, pero es más fácil de aplicar.

Una ventaja de la acupuntura y la digitopresión es que se pueden dirigir a partes muy concretas del cuerpo. Por ejemplo, si tienes artritis en la muñeca, hay determinados puntos de acupuntura relacionados directamente con la muñeca.

Otra ventaja de estas dos terapias es que sus efectos son inmediatos. A veces, el paciente, cuando está atrapado en la espiral descendente negativa del dolor crónico, necesita mucho un alivio inmediato. Por lo general esta espiral entraña un dolor intenso que lleva a la inactividad y a la depresión, que a su vez provoca más dolor. La acupuntura interviene en esta espiral negativa y da al paciente la oportunidad de generar su propia espiral ascendente positiva. La acupuntura suele mejorar de inmediato la actitud, la conducta dolorosa y la motivación del paciente.

Una vez tuve una paciente de artritis que estaba inmersa en una peligrosa espiral descendente. Rose Ann, de sesenta y ocho años, tenía una discapacitadora artritis en las muñecas y las manos. Llevaba varios años aquejada de mucho dolor, y por ello se sentía deprimida, impotente y pesimista. Cuando comenzó su programa antidolor, no quería cambiar su dieta y le fastidiaba la sola idea de hacer ejercicios. Le hice una serie de seis tratamientos de acupuntura, que le aliviaron bastante el dolor y le devolvieron algo de movimiento a las manos. Esto la animó, de modo que aproveché la oportunidad para intensificar el programa. Al poco tiempo ya tomaba abundantes suplementos, hacía ejercicios de mente-cuerpo, meditaba y recibía tratamientos regulares de masaje terapéutico.

La artritis le remitió muchísimo, y nunca ha vuelto a ser tan grave como antes. Lo interesante es que después de todo lo que había hecho por sí misma, atribuía a la acupuntura todo el mérito de «salvarme la vida», como decía ella.

Si tienes artritis, te recomiendo que veas a un acupuntor titulado. Personalmente, prefiero el estilo llamado acupuntura médica, que se enseña en la Facultad de Medicina de la UCLA, pero puede ir bien cualquiera de las formas más comunes, que explico en el capítulo 3.

Si decides hacer digitopresión en lugar de acupuntura, también debes ir a un profesional, por ejemplo un terapeuta formado en masaje o shiatsu. Este profesional no sólo te tratará, sino que probablemente también te enseñará los puntos más importantes para tu trastorno de modo que puedas hacerlo tú mismo. A continuación señalo los puntos de digitopresión que podrían ir bien para aliviar el dolor artrítico. (La información sobre cómo realizar la digitopresión está en el capítulo 3.)

- Punto IG-4: Está sobre la zona carnosa blanda que separa el pulgar del índice; este punto es para la artritis de muñecas y manos.
- Punto IG-5: Situado en la parte anterior de la muñeca, en la depresión que se forma entre los dos tendones largos; para la artritis de la muñeca.
- Punto Es-35: Situado en la depresión bajo la rótula; para la artritis de la rodilla.
- Punto TC-4: Situado en el hueco lateral del dorso de la muñeca, en línea con el dedo índice; para la artritis de dedos y muñecas.
- Punto Hi-11: Situado en la parte interior del codo, del lado del pulgar; para la artritis del hombro.
- Punto Es-36: Situado en el hueco bajo la rótula; para la artritis de la rodilla.
- Punto Ba-6: Situado cuatro dedos más arriba de la parte superior del hueso interior del tobillo; para el insomnio causado por el dolor.

Otra fisioterapia que alivia el dolor artrítico es la de calor y frío.

La terapia de frío, o crioterapia, es uno de los remedios caseros más antiguos para la artritis, y también se acepta en la corriente principal de la medicina. El frío reduce y alivia la inflamación, y también actúa contra el dolor temporalmente. Los pacientes suelen aplicarse bolsas de hielo o compresas frías, o sumergir la zona en agua fría. El tratamiento se puede continuar hasta que la zona esté moderadamente adormecida, pero hay que tener cuidado con la aplicación directa de bolsas de hielo, no vayan a producir congelación.

Una forma de crioterapia bastante más eficaz es la aplicación de geles refrescantes penetrantes. Estos geles o ungüentos producen una agradable sensación de frescor por debajo de la piel. Son más fáciles de aplicar que las bolsas de hielo o las compresas frías, y se pueden usar prácticamente en cualquier momento o lugar.

La terapia del calor, o termoterapia, también es eficaz. Igual que las de frío, las señales de calor viajan más rápido que las de dolor, y por lo tanto llegan antes que estas al cerebro. Además, el calor relaja los músculos, mejora la circulación de la sangre y reduce la rigidez. A los pacientes de artritis les recomiendo darse frecuentes baños o duchas calientes, porque el calor húmedo parece ser más eficaz que el calor seco. La eficacia suele aumentar si se añaden aceites esenciales aromaterápicos al agua de baño. La aromaterapia tiende a aumentar la relajación y mejora el estado de ánimo.

Los baños terapéuticos en aguas termales también alivian el dolor artrítico y aumentan la movilidad.

Hace poco, en un congreso médico internacional al que asistí en calidad de ponente, conocí a un profesional de la salud europeo que había empleado la hidroterapia combinada con aromaterapia para curar de dolor articular grave a un paciente de ochenta y tres años que no había mejorado con terapias ortodoxas.

Algunos pacientes de artritis encuentran particularmente calmante un baño caliente después de hacer ejercicio. Esto favorece una recuperación más rápida de los músculos y previene el dolor muscular provocado por el ejercicio.

A algunos pacientes también les recomiendo la aplicación de

compresas calientes directamente en las articulaciones. Una reciente innovación que suelo recomendar es una compresa caliente que consiste en una bolsa de plástico rellena con gel, que se puede calentar en el horno de microondas o en agua hirviendo retirada del fuego. Las venden en las farmacias.

Dos formas relativamente nuevas de termoterapia son las de ultrasonidos y la diatermia. Estos dos métodos, que deben realizarse en una clínica u hospital, son excelentes para lograr la penetración profunda del calor.

Otra fisioterapia útil para la artritis es el uso de una unidad TENS. La información sobre este aparato está en el capítulo 3.

La magnetoterapia también suele ser útil para aliviar el dolor artrítico. Los aparatos magnetoterapéuticos se pueden colocar directamente en las articulaciones dolorosas. En el capítulo 3 encontrarás los detalles.

Un último método fisioterapéutico de muchísimo valor para la artritis es la terapia de manipulación, de la que hablamos en el capítulo 3. Esta terapia no sana la artritis, pero corrige los problemas estructurales que genera, y también estimula y favorece la salud general.

Como ves, la clave para curar el dolor artrítico, y todos los demás tipos de dolor crónico, es ser proactivo, es decir, favorecer la actividad y el movimiento.

Tercer aspecto: Medicación

El peor error que cometen muchos pacientes de artritis es tomar un exceso de aspirina, ibuprofén y acetaminofén.

Claro que los analgésicos de venta sin receta tienen su lugar en el tratamiento de la artritis. Son excelentes si se toman de vez en cuando y durante un tiempo breve, pero los fabricantes de estos fármacos los promocionan como los únicos medicamentos prácticos y viables para la artritis. Esto no es cierto; hay otros medicamentos suaves que alivian el dolor. Además, al parecer, las dosis elevadas de antiinflamatorios no esteroideos, como la aspirina y el Advil, en realidad empeoran la artritis. Muchos investigadores creen que estos antiinflamatorios inhiben la acción de los proteoglucanos, esos estanques de agua que mantienen sano el cartílago. Esto no se ha demostrado definitivamente, pero cada vez son más las pruebas. Mi opinión personal es que sí deterioran el cartílago. Por lo tanto, si tienes artritis ten mucho cuidado y no tomes demasiados de estos medicamentos. Además de la aspirina y el Advil, otros antiinflamatorios no esteroideos de venta sin receta son Aleve, Excedrin-IB y Motrin. También hay un buen número de antiinflamatorios no esteroideos de venta con receta, muchos de los cuales están en la lista del capítulo 4.

Además de deteriorar el cartílago, los antiinflamatorios no esteroideos tienen efectos secundarios horrorosos. También los tiene el acetominofén si se toma en dosis elevadas durante un periodo prolongado. Los efectos secundarios son, entre otros: deterioro renal y hepático, úlceras, depresión, sarpullidos e insomnio.

Las úlceras son un efecto secundario especialmente grave, que ataca hasta a un 4 por ciento de todas las personas que toman gran cantidad de estos medicamentos. Cada año mueren personas de hemorragia interna causada por el abuso de antiinflamatorios no esteroideos.

En los pacientes de artritis, el daño causado al hígado puede exacerbar la enfermedad, porque el hígado interviene en la fabricación de las sustancias que forman el cartílago.

Otro problema del abuso de estos analgésicos es que enmascaran los síntomas de la enfermedad sin detener su avance. Entonces el paciente se ve obligado a continuar buscando tratamientos más eficaces que detengan el avance de la artritis.

Un último problema de la excesiva toma de estos antiinflamatorios es que disminuyen la absorción de la vitamina C, que es esencial en la fabricación de colágeno. El colágeno, como ya dije, es un componente básico del cartílago. Tomar unas diez aspirinas diarias será causa de que absorbas menos vitamina C y excretes más.

Así, como ves, los analgésicos de venta sin receta no son un panacea para la artritis, independientemente de lo que diga la publicidad de los laboratorios.

Ciertamente puede ser útil la toma ocasional, limitada, de antiinflamatorios no esteroideos y de acetaminofén. Hay que tener presente, no obstante, que se toma acetominofén para la osteoartritis, y antiinflamatorios no esteroideos para la artritis reumatoidea. Como explico en el capítulo 4, el acetominofén no es un fármaco antiinflamatorio. Por lo tanto, dado que la osteoartritis no es una enfermedad inflamatoria, estos medicamentos no son apropiados para ella. La artritis reumatoidea sí es una enfermedad inflamatoria y necesita medicamentos antiinflamatorios como los no esteroideos.

Algunos médicos ortodoxos recetan hasta 4.000 miligramos de acetominofén diarios para la artritis. Por lo general, yo receto mucho menos, y también animo a los pacientes a saltarse días, siempre que sea posible. Receto menos acetominofén que muchos médicos por dos motivos: el primero es que siempre soy muy cauteloso cuando receto medicamentos, sobre todo si tienen numerosos efectos secundarios, y el segundo es que mis pacientes sencillamente no necesitan mucho acetominofén porque consiguen aliviar el dolor con muchos medicamentos no tóxicos y otras técnicas. Con frecuencia mis pacientes sólo necesitan unos 325-650 miligramos de acetominofén diarios; cuando el dolor aumenta, suelen tomar dosis mayores.

Muchos médicos recetan unos 2.500 miligramos de aspirina o ibuprofén diarios para la osteoartritis; también yo receto mucho menos de estos medicamentos. Mis pacientes suelen controlar el dolor con sólo 200-400 miligramos diarios. Si de tanto en tanto experimentan una crisis de dolor, toman dosis mayores por un tiempo.

Una manera de usar la aspirina sin sufrir sus efectos secundarios es aplicarla localmente, como crema. A algunos pacientes les es útil una crema llamada metil salicilato que contiene aspirina. Otro medicamento de uso tópico, que se aplica directamente en las articulaciones, es la crema capsicina, derivada de la pimienta de cayena. Esta crema alivia el dolor con calor.

Otro método común que por lo general yo no empleo es la administración de las hormonas esteroideas llamadas corticosteroides. Estos fármacos, de uso muy extendido, son formas sintéticas de las hormonas producidas por las glándulas suprarrenales. La que se usa con más frecuencia para la artritis y otras enfermedades inflamatorias es la prednisona. Los corticosteroides son muy eficaces para aliviar la inflamación, pero tienen efectos secundarios terribles, entre ellos inmunosupresión y agitación emocional. También provocan debilidad y pérdida de masa ósea.

Muchos médicos evitan recetar corticosteroides en toma oral, pero sí los inyectan en las articulaciones cuando los síntomas se exacerban. Así se alivia el dolor temporalmente, pero también se acelera la enfermedad articular. Por lo tanto, generalmente sólo se hace dos o tres veces al año.

Como alternativa a los medicamentos cuyos efectos secundarios podrían ser devastadores, suelo recetar remedios homeopáticos y herbolarios. Estos remedios contienen sustancias que no sólo alivian el dolor, también curan la artritis.

Los remedios homeopáticos pueden ser valiosísimos para los pacientes de artritis, porque procuran alivio inmediato, son baratos, muy fáciles de tomar y no producen efectos secundarios importantes.

Para encontrar los mejores remedios homeopáticos para tu trastorno artrítico deberás consultar con un homeópata acreditado, un naturópata o un médico formado en homeopatía. Un profesional sabrá dar con el remedio más indicado para ti. Las respuestas a estos remedios suelen ser muy individuales; es posible que lo que va bien a un paciente no le vaya bien a otro.

Una alternativa, que tal vez no sea tan eficaz como consultar a un profesional, es tomar algunos de los siguientes remedios homeopáticos, que están entre los que toman con más frecuencia los pacientes de artritis:

- *Dulcamara.* Eficaz cuando las articulaciones están enrojecidas e hinchadas, y el dolor empeora con el tiempo húmedo.
- *Cimifuga* 30x. Suele tomarse cuando la artritis se exacerba durante el frío invierno o empeora por las mañanas.
- *Bryonia* 6x. Eficaz para el dolor que aumenta con el calor y se alivia con el frío.
- *Calcarea phos.* 6x. Podría beneficiar a los pacientes cuyo dolor empeora con los cambios de tiempo.

- *Ledum* 6x. Alivia la artritis de las articulaciones pequeñas, por ejemplo, las de los dedos de las manos y de los pies.
- *Apis* 12x. Eficaz agente antiinflamatorio.
- *Pulsatilla* 6x. Para los pacientes cuyo dolor se exacerba con el calor.

Hay también otros remedios homeopáticos que suelen ser beneficiosos para aliviar el dolor. Estos remedios, de los que hablo en el capítulo 4, son *Árnica* 6x, *Aconitum* 12x, *Chamomilla* 3x y *Rhus tox* 6x. A algunos pacientes les van bien fórmulas que contienen varios remedios antiartritis; se encuentran en las tiendas de alimentos dietéticos.

Varios remedios de hierbas también son eficaces para muchos pacientes. En su mayor parte, estas hierbas son analgésicas, no remedios destinados a detener la artritis. Una excepción es la capsicina, un derivado de la pimienta cayena que a veces se aplica localmente. En toma oral, la capsicina contribuye al fortalecimiento del cartílago, mediante la inhibición de la acción de la sustancia D, que influye en el deterioro del cartílago y es una de las sustancia que el cuerpo secreta en reacción al dolor. Uno de los crueles ciclos de la artritis es el de dolor → sustancia D → deterioro del cartílago → dolor. La capsicina rompe ese ciclo; se encuentra en la mayoría de las tiendas de alimentos dietéticos.

Otras hierbas que pueden aliviar la artritis son: valeriana, yuca, consuelda mayor y larrea *(Larrea divaricata)*.

Una última forma de medicación que puede ser útil para la artritis es la terapia hormonal sustitutiva. Alrededor de los cincuenta años, la mayoría de las personas comienzan a experimentar una disminución acelerada en la producción de hormonas sexuales esteroideas. Algunos investigadores creen que esta disminución podría contribuir de forma indirecta a la artritis.

Aun en el caso de que este descenso hormonal no contribuya indirectamente a la artritis, parece ser que las hormonas sexuales esteroideas alivian el dolor artrítico. Como he dicho, rara vez receto esteroides, debido a sus efectos secundarios, pero sí receto precursores esteroideos, sustancias que el cuerpo utiliza para fabricar las hormonas sexuales esteroideas. Entre las más beneficiosas para los pacientes de artritis de estas hormonas precursoras está la pregnenolona.

En los años cuarenta, muchos médicos trataban la osteoartritis y la artritis reumatoidea con pregnenolona, que en ese tiempo se consideraba uno de los mejores tratamientos. Pero poco después del descubrimiento de la pregnenolona se introdujeron los corticosteroides, que rápidamente adquirieron popularidad como tratamiento de la artritis porque sus efectos eran rápidos y espectaculares. En consecuencia, la pregnenolona fue cayendo en el olvido.

Sin embargo, en los últimos años los corticosteroides han perdido popularidad debido a sus efectos secundarios, mientras que la pregnenolona la ha recuperado. Como sabrás si leíste *Rejuvenece tu cerebro*, suelo recetar pregnenolona para el deterioro cognitivo, y estoy muy contento con los resultados. Ahora creo que también puede ser útil para muchos pacientes de artritis. El único inconveniente es que de vez en cuando produce nerviosismo. Una dosis diaria razonable es de 50 miligramos.

Además de la pregnenolona, también suelo recetar un precursor hormonal similar, la DHEA (deshidroepiandrosterona). He descubierto que combinando pregnenolona y DHEA, es posible obtener resultados positivos con dosis menores de cada una. Por ejemplo, a muchos pacientes les va muy bien con sólo 10 miligramos de pregnenolona diarios, combinados con 50 miligramos de DHEA.

Al parecer, ni la pregnenolona ni la DHEA tienen efectos secundarios importantes, pero, como con todos los medicamentos, te recomiendo tomarlas bajo la supervisión de un médico. Los pacientes de cáncer de próstata deben evitar estas hormonas.

Cuarto aspecto: Control mental y espiritual del dolor

Al parecer, el sufrimiento emocional no es un factor causal importante en la artritis, pero la artritis sí causa sufrimiento emocional.

Se ha estimado que alrededor del 20 por ciento de todos los pacientes de artritis sufren de depresión clínica. Esta depresión podría comenzar como una simple reacción psíquica al dolor y a la discapacidad, pero al continuar desencadena las características biológicas de la depresión clínica. Se producen cambios en los niveles de diversos neurotransmisores y hormonas, y esos cambios generan los conocidos signos físicos de la depresión clínica: insomnio, alteraciones en el apetito, letargo y disminución del impulso sexual.

Al intensificarse la depresión clínica, puede bajar el umbral del dolor y disminuir la capacidad del cerebro para lanzar un contraataque eficaz al dolor. Además, muchos pacientes de artritis sufren de intensa ansiedad, que también aumenta el dolor. Por lo tanto, es importantísimo que el paciente de artritis busque de forma activa la paz mental en los aspectos emocional y espiritual.

Recomiendo encarecidamente a todos los pacientes de artritis que repasen la información del capítulo 5 sobre el control mental y espiritual del dolor. A muchos ese capítulo les ofrecerá el punto esencial de recuperación.

7

Dolor de cabeza

Dulce es el placer después del dolor.

JOHN DRYDEN

Ten presente, por favor, que si bien este capítulo contiene información específica sobre el dolor de cabeza (o cefalea), esta no reemplaza la información anterior sobre mi programa para el dolor. Todos los pacientes deberán seguir el programa completo explicado en los capítulos 2 a 5, además de las recomendaciones para trastornos concretos.

Durante muchos años, los dolores de cabeza como la migraña se han considerado en gran parte misteriosos. Muchas personas que los sufren no saben por qué los tienen ni qué hacer para acabar con ellos.

Pero yo creo que he resuelto clínicamente el misterio de las migrañas o jaquecas, por lo menos en buena medida.

Creo que esto se debe a los resultados clínicos que he obtenido. Muchos de mis pacientes de migraña han respondido fabulosamente bien a mi programa para el dolor y ya no sufren ninguna molestia importante.

La razón de que les haya ido tan bien es que mi programa es muy completo. A diferencia de los médicos ortodoxos que tratan migrañas, yo no espero a que el dolor comience para intentar eliminar los síntomas con fármacos. Ni, como muchos médicos holistas, no me limito sencillamente a recomendar a los pacientes que eviten ciertos alimentos y sustancias medioambientales que desencadenan las migrañas.

Lo que hago es ayudar a los pacientes a mejorar la bioquímica fundamental de sus cerebros. Esto trata la causa de las migrañas y suele curarlas por completo.

Ahora estoy convencido de que la causa principal de las migrañas es la alteración del nivel de serotonina. Cuando se logra normalizar ese nivel, las migrañas por lo general desaparecen.

¿De qué forma causan migraña los niveles bajos de serotonina?

Como tal vez sepas, el dolor de migraña comienza cuando se dilatan los vasos sanguíneos del cerebro y rezuman sangre que irrita los nervios. Por lo tanto, en cierto sentido, la migraña es una forma de inflamación.

Sin embargo, justo antes de que comiencen a dilatarse los vasos sanguíneos, generalmente se han estrechado, constreñido; la dilatación dolorosa, entonces, es una reacción a esa constricción.

Son muchas las cosas que causan el estrechamiento de los vasos sanguíneos. La más frecuente es comer algún alimento abundante en el aminoácido llamado tiramina, que es vasoconstrictor. Entre los alimentos ricos en tiramina están el vino tinto y el queso seco, maduro. Otro vasoconstrictor común es la cafeína. El estrés también produce vasoconstricción. Incluso sustancias como los perfumes y el monóxido de carbono pueden causar vasoconstricción.

Sin embargo, muchas personas que están expuestas a estas sustancias vasoconstrictoras no sufren de migrañas. Esto se debe a que la mayoría de las personas tienen cantidad suficiente de la sustancia química que regula la elasticidad de los vasos sanguíneos. Esta sustancia no sólo impide la vasoconstricción, también permite que los vasos se estrechen temporalmente sin la dilatación posterior.

Esta sustancia química es la serotonina.

Como sabes, la serotonina es el neurotransmisor que combate el dolor, pero también tiene muchas actividades fuera del cerebro. Una de esas actividades es procurar que los vasos sanguíneos se mantengan flexibles y no se queden estancados ni en un estado de constricción ni en uno de dilatación.

Las siguientes son algunas pruebas claras del papel que tiene la serotonina en las migrañas:

- El fármaco más eficaz para las migrañas, el sumatriptán, actúa imitando los efectos de la serotonina.
- Casi todos los pacientes de migraña tienen una capacidad limitada para retener la serotonina en las plaquetas.
- Las migrañas casi siempre están precedidas por un bajón en el nivel de serotonina.
- Por regla general, el nivel bajo de serotonina en la sangre predice correctamente la propensión a las migrañas.
- La alteración en los niveles de estrógeno, que disminuye notablemente el de serotonina, es un desencadenante básico de migraña.

No pretendo haber descubierto estas evidencias. Las descubrieron investigadores de laboratorio y yo me limité a interpretarlas y a aplicarlas en mi práctica clínica. Pero los resultados clínicos obtenidos me han convencido de que mi interpretación es correcta. Cuando mis pacientes recuperan el nivel normal y estable de serotonina, normalmente desaparecen sus dolores de cabeza.

Normalizar el nivel de serotonina cura los dolores de cabeza haciendo algo más que mejorar la elasticidad de los vasos sanguíneos. La serotonina, como he dicho antes, hace cuatro cosas importantes que contribuyen a acabar con el dolor: 1) sube el umbral del dolor; 2) favorece las pautas sanas de sueño; 3) reduce la ansiedad, que incrementa el dolor, y 4) disminuye la depresión, que también aumenta el dolor.

Por lo tanto, si sufres de migrañas, lo más importante que debes hacer es tratar de normalizar tu nivel de serotonina. He explicado la forma de hacerlo en los cuatro capítulos en que describo mi programa completo. Se puede hacer con terapia nutricional, con diversas fisioterapias, con medicación, con ejercicios de mente-cuerpo y con relajación. Te aconsejo repasar toda esa información, aunque me referiré brevemente a ella en este capítulo.

Las migrañas son una tortura pura; el dolor es mayor que el que se imaginan la mayoría de las personas. Cuando las superes, que lo harás, habrás realizado uno de los más grandes logros de tu vida.

Las personas que nunca han tenido una migraña suelen suponer que sólo es otro tipo de dolor de cabeza, pero si has sufrido de alguna, sabes que no es un simple dolor de cabeza. En realidad, es una grave disfunción del cerebro y del cuerpo. Los síntomas más frecuentes son los siguientes:

- Dolor intenso, pulsátil, generalmente en un lado de la cabeza.
- Náuseas, vómitos y pérdida del apetito.
- Depresión, ansiedad y disminución de la capacidad cognitiva.
- Trastornos del tubo digestivo, entre ellos diarrea y estreñimiento.
- Reacción dolorosa a la luz y al ruido.
- Excesiva frecuencia urinaria, o excesiva retención de líquido.
- Congestión de las cavidades nasales, con mucosidad acuosa, a veces acompañada por lagrimeo.
- Incapacidad para distinguir colores.

Los pacientes de migrañas me han dicho que son muy distintas a las cefaleas por tensión, tan comunes. La principal diferencia es la tremendamente mayor intensidad del dolor; los pacientes lo comparan a repetidos golpes en la cabeza con un objeto afilado pesado. La otra diferencia importante es la cantidad de síntomas que se sienten por todo el cuerpo.

Las migraña es tan discapacitadora que, en Estados Unidos, cada año provoca 157 millones de días de absentismo laboral. El coste de esta pérdida en productividad se estima en alrededor de 50.000 millones de dólares al año. Solamente en Estados Unidos se gastan 4.000 millones anuales en medicamentos sin receta para la cefalea o dolor de cabeza. Las cefaleas son discapacitadoras para alrededor de 11 millones de personas en Estados Unidos, y cuestan un promedio de casi 5.000 dólares al año en pérdida de ingresos y gastos de tratamiento.

Las migrañas, como muchas otras formas de dolor crónico, son más comunes entre las mujeres.

Las mujeres tienden a sufrir más de todos los tipos de dolor crónico porque, como he explicado antes, las fluctuaciones en los niveles de hormonas sexuales femeninas desestabilizan el nivel de serotonina.

Alrededor del 17 por ciento de todas las mujeres sufren por lo menos migrañas ocasionales; el porcentaje es sólo del 5 por ciento entre los hombres. Sin embargo, antes de la pubertad, las mujeres no son más vulnerables a las migrañas que los hombres, aunque cuando empieza la menstruación sí lo son. Alrededor del 65 por ciento de todas las migrañas están directamente relacionadas con las fluctuaciones hormonales del ciclo menstrual. De modo similar, después de la menopausia suelen desaparecer las migrañas. Pero cuando las mujeres hacen terapia hormonal sustitutiva, suelen continuar los dolores de cabeza.

Las píldoras anticonceptivas también aumentan mucho la propensión a las migrañas. En un estudio realizado con mujeres pacientes de migrañas, el 70 por ciento dejaron de tenerlas cuando ya no tomaban píldoras anticonceptivas.

Se cree que la actividad hormonal femenina que contribuye a las migrañas es una elevación de los niveles de estrógenos, seguida por un repentino bajón. Este parece ser el factor que desestabiliza el nivel de serotonina en la sangre. Cuando está bajo el nivel de serotonina, las pacientes de migrañas son especialmente sensibles a los desencadenantes que producen la vasoconstricción, seguida por una dolorosa dilatación de rebote. Los desencadenantes más comunes son los siguientes:

- *Alimentos.* Los peores responsables son los alimentos ricos en tiramina, los aditivos, la cafeína y las frutas cítricas. En la siguiente sección, sobre la terapia nutricional, te diré qué alimentos evitar
- *Factores medioambientales.* Entre estos figuran el monóxido de

carbono de los tubos de escape de los coches o del humo de cigarrillos; los perfumes y otros olores fuertes; los cambios de tiempo (sobre todo las bajadas de presión atmosférica o la menor ionización del aire causada por vientos fuertes); las luces incandescentes muy brillantes; las luces fluorescentes; los alimentos o bebidas fríos; la exposición prolongada a pantallas de ordenador; la irritación visual causada por lentes incorrectas o lentes de contacto; los cambios de altitud, y el ejercicio vigoroso repentino.

- *El estrés*. El estrés grave suele provocar vasoconstricción, sobre todo si coincide con una exposición a un desencadenante alimentario o medioambiental.

Como casi todas las otras formas de dolor crónico, las migrañas empeoran en accesos sucesivos. Cada vez que se produce una migraña, el cerebro y los nervios aprenden la reacción de la migraña. Después de varios accesos, este proceso de sensibilización provoca que muchos pacientes se vuelvan terriblemente propensos a nuevos dolores de cabeza.

Otro factor que aumenta la vulnerabilidad es la predisposición genética. Si un progenitor sufre de migraña, los hijos tienen un 50 por ciento de posibilidades de sufrirla también. Si ambos padres la padecen, el porcentaje aumenta al 75 por ciento. Esto respalda la teoría de que las migrañas son sobre todo un fenómeno físico, no psíquico. Creo que el principal factor genético que se transmite es la inestabilidad de los niveles de serotonina.

Además de las migrañas, hay otros tres tipos de cefaleas o dolores de cabeza: 1) dolores de cabeza por «tensión», 2) dolores de cabeza «racimo» y 3) dolores de cabeza «orgánicos» (causados por enfermedades como el cáncer o infecciones de los senos paranasales).

Los dolores de cabeza por tensión son más comunes que las migrañas. Representan el 90 por ciento de todos los dolores de cabeza. Se producen cuando se contraen los músculos tensos del cuello. Esto constriñe los vasos sanguíneos y provoca dolor. Gran parte de este dolor pasa o se desvía neurológicamente al cerebro. Este dolor desviado se siente como un malestar sordo que abarca toda la cabeza.

Las cefaleas por tensión son más o menos tan frecuentes entre los hombres como entre las mujeres, y por lo general están causadas por el estrés. A veces el dolor de cabeza por tensión se da al mismo tiempo que la migraña, y se exacerban entre sí. Algunos médicos creen que estos dolores de cabeza sólo son migrañas moderadas, pero yo no estoy de acuerdo, sencillamente porque hay demasiadas diferencias básicas entre estos dos tipos de dolor.

Los dolores de cabeza por tensión suelen durar unas pocas horas, pero hay personas en las que este tipo de dolor es crónico, que los tienen casi cada día con diversos grados de intensidad.

Los dolores de cabeza racimo son similares a las migrañas, porque están causados por la vasoconstricción seguida por una dilatación de rebote y atacan sólo un lado de la cabeza; sin embargo, tienden a producirse en grupos o racimos. El dolor es muy intenso, comienza repentinamente y suele durar alrededor de media hora, pero después vuelve. Hasta cuatro por día pueden producirse durante un periodo racimo.

Es interesante observar que los dolores de cabeza racimo son un 900 por ciento más frecuentes entre hombres que entre mujeres; por eso a veces pienso que son «migrañas masculinas». Creo que estos dolores de cabeza desaparecen rápidamente porque los hombres tienen un sistema de reacción bioquímica, o mecanismo de corrección autónoma, que permite el mejor control de la flexibilidad de los vasos sanguíneos una vez que surgen los síntomas. Es probable que en este mecanismo de corrección intervenga la serotonina, cuyo nivel por lo general es más estable en los hombres.

Sin embargo, otra pista sobre la causa de estas cefaleas racimo es que son estacionales. Son mucho más comunes en los periodos de solsticio, de verano y de invierno, cuando la duración del día cambia con rapidez. Es posible, por lo tanto, que estén relacionados en parte con el nivel de la hormona melatonina, que rige los ritmos circadianos y los ciclos de sueño. Otra prueba que implica a la melatonina es el hecho de que los dolores de cabeza racimo suelen comenzar más o menos noventa minutos antes del comienzo del sueño, cuando el nivel de melatonina es elevado.

Los dolores de cabeza orgánicos, causado por enfermedad o infección, son mucho menos comunes que los otros tipos. Los dolores de cabeza debidos a la infección de los senos paranasales son relativamente frecuentes, pero por lo general se pasan pronto cuando se controla la infección.

Algunas personas que sufren de dolores de cabeza intensos temen que sean orgánicos, causados por un tumor cerebral, porque el dolor es terrible. Sin embargo, eso es muy excepcional. Sólo el 2 por ciento de todos los dolores de cabeza son orgánicos, fruto de una enfermedad, y en estos casos la enfermedad es de poca importancia. Además, sólo el 15 por ciento de todos los tumores cerebrales causan dolor.

Por lo tanto, la posibilidad de que tus dolores de cabeza los provoque un tumor cerebral es casi infinitamente pequeña.

Ahora pasemos a los cuatro aspectos de mi programa antidolor, y te explicaré técnicas especialmente ideadas para curar los dolores de cabeza. Pero ten presente que estas técnicas han de aplicarse como una parte del programa completo.

Tratamientos especiales para el dolor de cabeza

Las tres estrategias básicas

En mi programa aplico tres estrategias básicas para el tratamiento del dolor de cabeza.

Preventiva. Poner remedio antes de que comience.

Abortiva. Detener el dolor de cabeza tan pronto comienza, de preferencia antes de que se dilaten los vasos sanguíneos.

Analgésica. Poner fin al dolor cuando ya está instalado en la cabeza en toda su intensidad.

Breve historia del tratamiento para el dolor de cabeza

Entre los primeros tratamientos que se conocen para el dolor de cabeza están los ideados por los antiguos egipcios; en el *Papiro Ebers*, el libro de medicina más antiguo que se conserva, se explican muchos remedios de hierbas para la migraña, a la que llamaban «mal de la mitad de la cabeza»; un remedio recomendado es la corteza de sauce, que es rica en salicilatos, el ingrediente activo de la aspirina.

Una de las primeras operaciones quirúrgicas de que se tiene noticia se hacía para curar el dolor de cabeza; esta operación, llamada trepanación, consistía en hacer perforaciones en el cráneo, para que por los agujeros salieran «los malos espíritus»; esta operación se practicaba en muchas regiones, entre ellas lo que hoy son Perú, Rusia y Argelia.

En el ejército de Nerón, un médico llamado Peandus Dioscórides ataba peces electróforos, como la anguila, a la cabeza de los soldados que sufrían de fuertes dolores de migraña; este extraño método era en realidad muy eficaz. Incluso ahora los médicos que tratan migrañas a veces emplean una versión modificada de la estimulación eléctrica, el aparato de estimulación nerviosa eléctrica transdérmica, o TENS.

En la Edad Media, los médicos usaban sanguijuelas para extraer sangre a las víctimas de dolor de cabeza; también recetaban sustancias que consideraban medicinales, como testículos de castor, menta y sesos de vaca.

En el siglo XIX, los médicos recetaban opio, mercurio y amoniaco.

En el siglo XX, Sigmund Freud y sus seguidores trataban las migrañas psicoanalizando a los pacientes. Durante muchos años se pensó que los dolores de cabeza tenían un origen sobre todo psíquico.

Muy pocos de estos tratamientos continúan en uso en la actualidad, aunque muchos han sido modificados y adaptados con éxito por los médicos modernos.

Estas estrategias se aplican con elementos de los cuatro aspectos de mi programa para el dolor. Los objetivos que se consiguen aplicándolas son los siguientes:

Objetivos preventivos:
- Aumentar el nivel de serotonina.
- Estabilizar los niveles de las hormonas femeninas.
- Evitar los desencadenantes (alimentarios, medioambientales, estrés).
- Mejorar la flexibilidad de los vasos sanguíneos, no sólo con serotonina sino también con otros nutrientes.

Objetivos abortivos:
- Corregir la constricción y dilatación de los vasos sanguíneos tan pronto se producen, con nutrientes, fisioterapias, medicación y técnicas de control mental.

Objetivos analgésicos:
- Eliminar la inflamación con nutrientes y remedios antiinflamatorios.
- Eliminar el dolor con medicación, fisioterapias, técnicas de control mental y terapia nutricional.

Ahora veremos cada uno de los cuatro aspectos de mi programa, y te explicaré los detalles sobre cómo conseguir estos objetivos.

Primer aspecto: Terapia nutricional

Vamos a comenzar por las estrategias preventivas. La mejor es comer nutrientes que aumenten el nivel de serotonina. La forma de hacerlo la explico en el capítulo 2. Como recordarás, se puede aumentar la producción de serotonina modificando la dieta y con comprimidos de triptófano. Para los detalles exactos, repasa las secciones pertinentes de ese capítulo.

La segunda estrategia nutricional más importante es evitar los alimentos que desencadenan las migrañas, es decir, aquellos que contraen los vasos sanguíneos y provocan una dilatación de rebote. Sin embargo, hay algunos alimentos, por ejemplo, los nitritos, que dilatan directamente los vasos sanguíneos.

Como he dicho, el aminoácido tiramina es el peor constrictor de vasos sanguíneos. Pero hay otro aminoácido, la fenilalanina, que también es vasoconstrictor; la fenilalanina es el ingrediente activo del edulcorante artificial llamado aspartame, de modo que tendrás que eliminarlo de tu dieta. Tal vez también tendrías que dejar de comer carnes procesadas o curadas, como las salchichas tipo frankfurt o el beicon, porque contienen los aditivos vasoconstrictores nitrito y nitrado de sodio.

Otro aditivo que suele desencadenar migrañas es el glutamato monosódico, que en ocasiones está presente en las comidas chinas y en muchos alimentos envasados procesados. Por desgracia, el glutamato monosódico no siempre aparece con ese nombre en las etiquetas; suele venir con los nombres «proteína vegetal hidrogenada», «conservantes naturales» o «condimentos».

La cafeína también es un potente vasoconstrictor. Muchos analgésicos de venta sin receta la contienen, así que lee las etiquetas de tus analgésicos. El chocolate también contiene cierta cantidad de cafeína, además de las sustancias químicas llamadas teobrominas, que a veces desencadenan migrañas.

Sería conveniente que controlaras cuidadosamente el consumo de todos los alimentos ricos en proteínas, que podrían contener abundante cantidad de tiramina y fenilalanina. La carne, los productos lácteos y los huevos causan migraña a muchos pacientes.

Las frutas cítricas contienen sustancias químicas que suelen desencadenar migrañas.

Alguna persona podría ser reactiva a todos estos alimentos, pero lo más normal es que sólo algunos desencadenen migrañas. Para determinar a qué alimentos reaccionas, elimina todos los alimentos que podrían causarte migraña y luego ve añadiéndolos a tu dieta, uno a uno. Si uno te causa migraña, elimínalo para siempre. Ten presente, sin embargo, que la sensibilidad a la migraña puede cambiar de tanto en tanto, debido a las fluctuaciones de los niveles hormonales, el nivel de serotonina y el grado de estrés. Un alimento que no te cause migraña una vez podría causártela en otra ocasión, por lo cual, probablemente tendrás que continuar experimentando y perfeccionando tu dieta.

Otro posible desencadenante de migraña es cualquier alimento al que se es alérgico. No todos los médicos están de acuerdo en que los alimentos alergenos causan migraña, pero yo creo que es muy posible, porque un aspecto de la reacción alérgica es la constricción de los vasos sanguíneos. Varios de mis pacientes han sufrido de migraña después de comer un alimento que les causaba alergia.

Una manera de evitar las alergias por alimentos y reducir la sensibilidad a otros desencadenantes de migraña es mejorar la salud general del aparato digestivo. Procura aumentar la cantidad de bacterias sanas del intestino delgado con alimentos como yogur con acidófilos y reduciendo el consumo de condimentos picantes y alimentos ácidos y azucarados.

Si eliminas por completo los alimentos desencadenantes de migraña, probablemente experimentarás muchos menos dolores de cabeza. En un estudio de jóvenes pacientes de migraña, el 93 por ciento se libró por completo de los dolores de cabeza al eliminar de sus dietas todos los productos alimenticios que los desencadenan.

Otra sabia estrategia preventiva, sobre todo para las mujeres, es seguir una dieta que favorezca el buen funcionamiento del hígado. Este órgano interviene en la regulación de la producción de hormonas, por lo tanto podría controlar la estabilidad de los niveles de estrógenos. Para favorecer este buen funcionamiento, come una cantidad mínima de grasas (especialmente de las de origen animal) y muy poco azúcar. Estas dos sustancias, que suelen componer más o menos los dos tercios de la dieta estadounidense corriente, imponen mucho trabajo al hígado. Limita también el consumo de alimentos muy refinados, de aditivos alimentarios y de bebidas alcohólicas. Toma diariamente un mínimo de 100 miligramos de todas las vitaminas del complejo B. Para restablecer el funcionamiento hepático óptimo,

Alimentos que pueden desencadenar migraña

- vino tinto
- bebidas con cafeína
- salchichas
- frutas cítricas
- mantequilla de cacahuete
- edulcorante aspartame
- glutamato monosódico (MSG)
- chocolate
- alimentos encurtidos o marinados
- jamón
- levadura y pan rico en levadura
- salsa de soja
- bratwurst
- patatas fritas
- gelatina
- salami
- carne de vacuno enlatada
- hígados de pollo
- higos
- uvas pasas
- plátanos
- queso cheddar (o manchego semiseco)
- queso suizo
- queso provolone
- cerveza
- huevos
- crema agria
- beicon
- productos de maíz
- sardinas
- arenques
- carne roja
- carnes ahumadas
- salsa boloñesa
- alimentos preparados y congelados (incluidas las pizzas)
- condimentos
- aderezo de ensaladas
- salchichas de hígado

toma el potente extracto de cardo mariano (llamado silymarin en Estados Unidos). Este suplemento se encuentra en prácticamente todas las tiendas de alimentos dietéticos; no se conocen efectos secundarios de esta hierba. Una dosis razonable diaria es de 500 miligramos.

Otra estrategia que va muy bien a muchas personas es tomar dosis generosas de magnesio. El magnesio tiene dos acciones beneficiosas en la prevención de la migraña: mejora la elasticidad de los vasos sanguíneos y favorece el buen funcionamiento de los receptores de serotonina.

Varios estudios respaldan el valor del magnesio para los pacientes de migraña. En un estudio realizado en la Case Western University con mujeres pacientes de migraña, el 80 por ciento eliminó por completo los dolores de cabeza después de tomar 200 miligramos de magnesio diarios durante tres semanas. Una de ellas, que se curó del todo, había sufrido prácticamente una migraña semanal durante diez años.

En un estudio similar, los investigadores encontraron insuficiencia de magnesio en el 40 por ciento de los pacientes de migraña; también había insuficiencia de este mineral en los pacientes de dolor de cabeza por tensión.

Para asegurarte un buen consumo de magnesio, toma un suplemento; es casi imposible obtener 200 miligramos de magnesio diarios sólo de los alimentos.

Otro nutriente preventivo es la vitamina B_2, o riboflavina. Se cree que la riboflavina previene los dolores de cabeza al favorecer la función de las mitocondrias, productoras de energía. En un estudio se comprobó que la intensidad del dolor de migraña disminuía en un 70 por ciento cuando los pacientes tomaban 400 miligramos de riboflavina diarios.

Una última técnica preventiva nutricional es sencillamente estabilizar el nivel de azúcar en la sangre. Un nivel bajo de azúcar en la sangre, o hipoglucemia, desencadena la migraña en algunas personas. Si notas que sientes hambre o cansancio, come algo.

Ahora pasaremos a las estrategias nutricionales para abortar los dolores de cabeza.

Estas estrategias deben aplicarse al primer signo de dolor de cabeza, preferiblemente antes de que se empiecen a dilatar los vasos sanguíneos.

Alrededor de un 15 por ciento de quienes sufren migrañas experimentan un «aura» justo antes de que comience el dolor de cabeza; para estas personas, ese es el momento de intentar abortarlo. El aura consiste en perturbaciones visuales, por ejemplo ver relampagueos de luz o líneas en zigzag.

Pero la mayoría de estas personas no captan este aviso y por lo tanto tienen menos oportunidad de abortar el dolor de cabeza.

Una de las técnicas abortivas nutricionales es tomar la vitamina B niacina, si es posible muy al inicio del dolor de cabeza, cuando los vasos sanguíneos todavía están bastane cerrados. Unos 500 miligramos de niacina provocarán una ligera vasodilatación y evitarán, por lo tanto, la dilatación de rebote exagerada de una migraña.

Otra estrategia es tomar una forma de magnesio de acción rápida, que se absorbe rápidamente, por ejemplo sales Epsom disueltas en agua.

Algunos de mis pacientes han logrado abortar dolores de cabeza tomando abundante cantidad de nutrientes antiinflamatorios al primer signo de dolor. Por ejemplo, algunos lo han logrado con 500 miligramos de jengibre o bebiendo una infusión de jengibre bien cargada. (La yogi Tea Company y otros fabricantes producen jengibre para infusión en bolsitas; también se puede preparar en casa, con jengibre fresco o seco.)

En cuanto a las estrategias nutricionales analgésicas, para cuando ya se tiene el dolor, la principal es tomar nutrientes que controlen la inflamación.

En el capítulo 2 explico la forma de detener la inflamación con nutrientes, de modo que, por favor, repasa esa información. La mejor manera de detener la inflamación con terapia nutricional es seguir una dieta pobre en las grasas comunes, pero muy rica en los ácidos grasos eicosapentaenoico (EPA), gammalinolénico (GLA) y alfalinolénico (ALA). También deberás comer otros nutrientes antiinflamatorios, como la cúrcuma, la boswellina, el jengibre y enzimas digestivas de las proteínas. De todos estos nutrientes hablo en el capítulo 2.

Es importante también otra recomendación que doy en el capítulo 2: comer nutrientes que estimulen la salud del cerebro y del sistema nervioso; evitar los cuatro escollos dietéticos clásicos, y, lógicamente, comer nutrientes que aumenten el nivel de serotonina.

Desde 1983, la incidencia de migrañas ha aumentado en un 60 por ciento. Muchos investigadores atribuyen este rápido aumento al continuado deterioro de la dieta estadounidense. Más o menos en este mismo tiempo la obesidad ha aumentado en alrededor de un 30 por ciento. Los estadounidenses sencillamente abusan de la grasa de origen animal, del azúcar, de los alimentos procesados y de la comida basura. En mi opinión, este desenfreno en la comida provoca mucho sufrimiento.

Si en la actualidad sufres de migrañas, te recomiendo encarecidamente que mejores tu dieta para poner fin a tu sufrimiento.

Segundo aspecto: Fisioterapias

Las mejores fisioterapias preventivas de migrañas son los ejercicios de cuerpo-mente y el ejercicio aeróbico.

Muchos de mis pacientes de migraña han respondido fabulosamente bien a los ejercicios de mente-cuerpo. Son beneficiosos en particular para los pacientes de migraña porque no sólo se consiguen muchos de los efectos del ejercicio aeróbico, sino que además estimulan poderosamente la producción de serotonina. También reducen en buena medida el estrés, que suele ser un importante factor causante de las migrañas.

Algunos pacientes han descubierto que cuando hacen ejercicios de mente-cuerpo con regularidad, o bien se les acaban los dolores de cabeza o si los tienen son muchísimo menos intensos.

En el apéndice 1 encontrarás los ejercicios específicos para los pacientes de migraña.

El ejercicio aeróbico es también muy útil porque mantiene flexibles los vasos sanguíneos y, por lo tanto, previene la reacción de la dilatación de rebote. Además, disminuye la ansiedad y la depresión, sobre todo al estimular la producción del neurotransmisor noradrenalina. Cuando disminuyen la ansiedad y la depresión, el estrés es menos capaz de desencadenar migrañas. Además, aunque se produzca el dolor de cabeza, la disminución de la depresión y la ansiedad reduce de modo importante la percepción del dolor.

El ejercicio también estira y relaja los músculos, y esto disminuye la tensión y previene el dolor de cabeza. Los dolores de cabeza por tensión, en particular, se suelen prevenir con un programa regular de ejercicios que estire y alivie los músculos de cuello, cabeza, cara, hombros y espalda.

También es muy importante hacer ejercicios de estiramiento después de una cefalea por tensión, para prevenir las siguientes. Estos dolores de cabeza, causados por tensión muscular, producen aún más tensión muscular. Cuando comienza a doler la cabeza, los músculos del cuello se tensan aún más, ya que el cuerpo trata de inmovilizar la cabeza para protegerla del dolor que el movimiento provoca. Pero este aumento de tensión provoca la liberación de ácido láctico en los tejidos musculares. Si el ácido láctico permanece en los músculos cuando ha remitido el dolor de cabeza, continúa irritándolos y puede desencadenar más dolores de cabeza. El ejercicio lo expulsa de los músculos.

Varios estudios demuestran que el ejercicio sirve para prevenir los dolores de cabeza. En uno, once pacientes de migraña experimentaron una importante disminución en la intensidad del dolor después de comenzar un programa de seis semanas de ejercicio cardiovascular. En otro estudio, la frecuencia de los dolores de cabeza les disminuyó en un 50 por ciento después de que los pacientes participaran en un programa de ejercicio aeróbico.

Pero si sufres de migrañas es muy importante que vayas calentándote poco a poco antes de comenzar el ejercicio; si comienzas repentinamente el ejercicio vigoroso, podrías dejar estancados los vasos sanguíneos en un estado de dilatación; este tipo de migraña, llamada «migraña por ejercicio», ha motivado que muchos pacientes eviten el ejercicio. Una vez tuve una paciente que se negaba en redondo a hacer ejercicios porque había sufrido varias migrañas de este tipo. Pero cuando la convencí de que la falta de ejercicio contribuía a sus dolores de cabeza, comenzó un cuidadoso programa y respondió exctraordinariamente bien.

Otra fisioterapia especialmente útil para los dolores de cabeza por tensión es la terapia de manipulación. Estas cefaleas suelen exacerbarse a causa del esfuerzo muscular que imponen las malas posturas, y los ajustes osteopáticos y quiroprácticos son excelentes para corregirlas.

Hay también pruebas anecdóticas de que la terapia de manipulación puede prevenir las migrañas.

El masaje también es muy eficaz para aliviar la tensión muscular y por lo tanto prevenir esos dolores de cabeza. Algunos de mis pacientes han respondido bien al masaje, tal vez porque la tensión muscular influye en la constricción de los vasos sanguíneos del cerebro.

Otro importante factor de prevención de migrañas es exponerse a una cantidad adecuada de luz. Como he dicho, la luz es muy importante en la producción de serotonina. Se ha comprobado que una insuficiente o inadecuada exposición a la luz baja el nivel de serotonina. Cuando ocurre eso, la persona es más vulnerable a las migrañas.

Las mujeres, en particular, necesitan cantidades adecuadas de luz durante la segunda mitad del ciclo menstrual, cuando el nivel de serotonina ya podría estar bajo. Repasa, por favor, la información sobre fototerapia del capítulo 3 sobre el síndrome premenstrual; encontrarás más en el capítulo 10.

El ejercicio (incluido el de mente-cuerpo) es también valioso para abortar la migraña. Sin embargo, la mayoría de los pacientes lo evitan cuando empieza el dolor; suelen retirarse de inmediato a una habitación oscura, silenciosa y acostarse. Creo que para la mayoría de los pacientes esa es una mala estrategia; muchos de mis pacientes han conseguido evitar la migraña con ejercicio. El más beneficioso es el que se hace en la primera fase de la migraña, cuando los vasos sanguíneos todavía están constreñidos. El ejercicio obliga a los vasos a dilatarse suavemente, previniendo así la dilatación exagerada de rebote.

Para abortar la migraña con ejercicio aeróbico, al primer signo de dolor comienza a hacer ejercicio poco a poco. El ejercicio tiene que ser aeróbico, para que provoque y mantenga un ritmo cardiaco elevado y estable. Al principio tal vez resulte doloroso, pero sé fuerte y persevera. Podría ser útil hacer el ejercicio en una habitación oscura y silenciosa, con una bicicleta estática o un aparato de peldaños (Steps).

El ejercicio también es eficaz para abortar la cefalea por tensión. En este caso, el ejercicio deberá concentrarse en estirar los músculos tensos de cuello, cabeza, hombros y espalda. Pero el ejercicio aeróbico también es útil, porque dilata los vasos sanguíneos del cuello que contribuyen al dolor enviado al cerebro.

Además del ejercicio hay varias otras fisioterapias que logran abortar el dolor de cabeza. La mayoría se pueden aplicar también como técnicas analgésicas cuando el dolor ya se ha instalado. Sin embargo, procuran más alivio como técnicas abortivas, simplemente porque el dolor de cabeza es más fácil de tratar en sus primeras fases.

Ya sea como medida abortiva o medida analgésica, las técnicas se aplican de modo similar. A continuación explico las fisioterapias que recomiendo como modalidades para ambos casos.

Una terapia abortiva y analgésica para las migrañas y las cefaleas por tensión es pasarse un peine de madera por el pelo y el cuero cabelludo. Algunos pacientes se resisten a probarlo porque tienen sensible el cuero cabelludo, pero esta técnica es sorprendentemente eficaz. El cepillado da al cerebro un estímulo neurológico competitivo; las señales táctiles producidas por el peine «ganan la carrera» a las señales de dolor. El alivio temporal que esto causa puede romper el ciclo de dolor e inducir a los músculos, vasos sanguíneos y nervios a recuperar el estado de normalidad. Pásate el peine por todo el cuero cabelludo durante varios minutos; es posible que no sientas alivio de inmediato y tengas que repetir el procedimiento cada dos horas. Si el dolor de cabeza es por tensión, también deberás cepillarte suavemente la nuca y darle un masaje.

Las compresas frías también alivian la migraña y el dolor de cabeza por tensión. En un importante estudio realizado en la Diamond Headache Clinic, de la que se podría decir que es el mejor centro de tratamiento del dolor de cabeza, las compresas frías aliviaron la migraña a un 80 por ciento de pacientes.

Para la migraña, la compresa fría ha de aplicarse en el lado doloroso de la cara y la cabeza, en la frente, ojo y sien. Manténla ahí unos quince minutos y repite la operación cada dos horas para evitar que recurra. Para un dolor de cabeza por tensión, aplica la compresa no sólo en la cabeza, sino también en el cuello, donde está el origen del dolor.

Otra buena forma de terapia de frío es aplicar un ungüento o gel refrescante; la ventaja de este tipo de terapia es que se puede hacer en cualquier lugar.

La termoterapia también puede ser útil; si el dolor de cabeza es por tensión, una compresa o toalla caliente relajará los músculos del cuello y los hombros aliviando así la constricción de los vasos sanguíneos.

Para la migraña, la termoterapia puede aliviar la vasoconstricción en la primera fase y aliviar la dilatación en la fase posterior. En la primera fase, cuando los vasos sanguíneos todavía están constreñidos, aplícate calor en las manos y los pies; eso atraerá la sangre hacia las extremidades y la alejará de la cabeza. Una forma fácil de aplicar calor a las manos y los pies es sumergirlos en agua caliente.

Otra terapia abortiva y analgésica eficaz es la digitopresión. La acupuntura también sirve, pero es menos cómoda que la digitopresión, que se puede hacer de inmediato, en cualquier momento y lugar. Para hacerlo, tan sólo presiona con la yema del dedo en el punto de digitopresión y fricciónalo suavemente. Sentir dolor en el punto indica un bloqueo de energía, que se resolverá con la presión del dedo. Pero, en general, esta terapia es más efectiva si la realiza otra persona y no el propio paciente.

Los siguientes son los principales puntos de digitopresión para el dolor de cabeza:

- El punto donde se encuentran los huesos del dedo gordo y el segundo dedo del pie, por el lado de la planta. Este punto es sobre todo para migrañas.
- El punto medio de la parte carnosa entre el pulgar y el índice, donde comienza el músculo. Este punto es muy sensible durante un dolor de cabeza por tensión o una migraña.
- En el dorso del antebrazo, a unos cuatro centímetros de la muñeca, entre los dos huesos. Este punto es eficaz para el dolor en las sienes.
- El hueco bajo la base del cráneo, en la nuca. Para friccionar este punto, echa la cabeza hacia atrás. Este punto es especialmente eficaz para las migrañas.

- El punto medio sobre la clavícula, donde hay una pequeña hendidura. Este punto alivia los dolores de cabeza por tensión.
- Detrás de la oreja, a medio camino hacia la columna vertebral. Este es un buen punto para el dolor de cabeza por tensión que afecta detrás de los ojos.
- Justo encima y ligeramente delante de la oreja, cerca de la línea del pelo. Si sólo te duele un lado de la cabeza, presiona el punto de ese lado.
- A medio camino entre el ojo y la oreja. Esto alivia el dolor de las sienes.
- A ambos lados del puente de la nariz. Presiona con el pulgar y el índice, para el dolor en los senos paranasales.
- Justo encima del músculo trapecio, a medio camino entre el hombro y el cuello. Este punto alivia el dolor en la parte posterior de la cabeza.

Una última fisioterapia que puede servir como técnica abortiva o analgésica es la aplicación del estímulo eléctrico de una unidad TENS (Estimulación nerviosa eléctrica transdérmica). Los electrodos de este aparato envían suaves impulsos eléctricos al cerebro, que compiten con las señales de dolor. Los impulsos eléctricos rompen el ciclo de dolor y permiten que los músculos, nervios y vasos sanguíneos recuperen su funcionamiento normal.

El doctor C. Norman Shealy, director del famoso Instituto Shealy, ha conseguido impresionantes resultados con unidades TENS. En un estudio las utilizó en el tratamiento de migrañas; este tratamiento alivió notablemente la intensidad del dolor y sirvió para prevenir futuras migrañas. En otro estudio de la terapia TENS, observó un 76 por ciento de disminución en la frecuencia de las migrañas.

Como ves, hay muchas fisioterapias que van bien para el tratamiento preventivo, abortivo y analgésico de los dolores de cabeza. Deberás aplicar todas estas técnicas más de una vez para determinar cuál te va mejor.

Mi recomendación principal es: no te quedes sentado sufriendo, haz algo. Los dolores de cabeza son curables. No tienes ningún mal espíritu en la cabeza ni son castigo de Dios estos dolores. Tienes un problema físico que puedes resolver.

Pacientes de migraña famosos

Kareem Abdul-Jabbar
Julio César
John Calvin
Lewis Carroll
Miguel de Cervantes
Frederic Chopin
Charles Darwin
Chris Evert

Sigmund Freud
Ulysses S. Grant
Thomas Jefferson
Karl Marx
Edgar Allan Poe
George Bernard Shaw
Peter Tchaikovsky
Virginia Woolf

Tercer aspecto: Medicación

La mejor manera de prevenir los dolores de cabeza con medicación es tomar remedios naturales de venta sin receta. Se ha demostrado que los medicamentos con receta previenen los dolores de cabeza en alrededor del 10 por ciento de todas las personas, pero tienden a tener muchos efectos secundarios graves.

Entre los mejores agentes preventivos están los remedios homeopáticos. En un estudio sobre la migraña, los remedios homeopáticos redujeron la frecuencia, la intensidad y la duración al 79 por ciento de los pacientes que los tomaron. Los remedios usados en este estudio fueron *Belladona, Ignatia amara, Lachesis, Silicea, Gelsemium, Cyclamen, Natrum muriaticum* y *Sulphur*. Se administraron cuatro veces durante un periodo de dos semanas. Cada paciente fue tratado con sólo uno o dos de estos remedios, después de que los médicos determinaron lo bien que cada paciente respondía a cada una de estas sustancias, pues comprobaron que los pacientes respondían de modo diferente a los diversos remedios. Así pues, para beneficiarte plenamente de la homeopatía, deberás consultar con un médico formado en esta modalidad, para que te ayude a encontrar el mejor remedio posible para tu bioquímica particular.

Más adelante, en este mismo apartado, te diré los analgésicos homeopáticos que se usan para tratar los dolores de cabeza ya instalados. Estos analgésicos también son apropiados para prevenir y abortar dolores de cabeza.

Ciertas hierbas también son eficaces como remedios preventivos, abortivos y analgésicos. La más popular es la matricaria, hierba antiinflamatoria que también tiene propiedades analgésicas. Esta planta además mejora la producción y la utilización de la serotonina, y posiblemente por eso sea más eficaz que otras sustancias antiinflamatorias en la prevención de dolores de cabeza. Varios estudios han demostrado que la matricaria disminuye notablemente la frecuencia y la intensidad de las migrañas. En un estudio de la matricaria participaron trescientos pacientes de migraña que no habían encontrado alivio con diversos medicamentos con y sin receta; de estos pacientes, el 70 por ciento experimentaron una disminución en frecuencia e intensidad de los dolores de cabeza después de tomar pequeñas dosis diarias de esta planta. En un estudio similar, publicado por la *British Medical Journal*, el 30 por ciento de pacientes dejaron de tener migrañas cuando comenzaron a tomar matricaria cada día. Una dosis razonable de matricaria es de 150 miligramos; no se conocen efectos secundarios.

Un paciente me dijo que sólo dos sustancias le habían aliviado los dolores de cabeza: una era un potente fármaco con muchos efectos secundarios; la otra era la matricaria. Este hombre prefería con mucho la matricaria, porque le daba tan buenos resultados como el fármaco, y sin efectos secundarios.

Otro medicamento antiinflamatorio, la aspirina, al parecer también previene las migrañas. En un extenso estudio realizado en la Universidad de Harvard, los pacientes que tomaban una aspirina a días alternos experimentaron una disminución del 20 por ciento en la frecuencia de las migrañas.

Dado que las fluctuaciones en los niveles de estrógenos están estrechamente ligadas al inicio de las migrañas, las mujeres que las sufren deberán tratar de estabilizar los niveles hormonales con preparados de hierbas. Las tiendas de alimentos dietéticos venden diversas fórmulas herbolarias que van bien para esto. Particularmente eficaz es la hierba china dong quai (*Angelica sinensis*).

Aunque yo prefiero los remedios naturales para prevenir los dolores de cabeza, también suelen ser útiles fármacos suaves. Algunos de mis pacientes han experimentado menos dolores de cabeza después de comenzar a tomar antidepresivos tricíclicos, como la amitriptilina. Los antidepresivos mejoran la resistencia al estrés y estabilizan el nivel de serotonina. Los investigadores han comenzado a estudiar los efectos de los nuevos antidepresivos tipo Prozac; muy pronto podría demostrarse que son valiosos contra las migrañas. Mi limitada experiencia clínica indica que los fármacos como Prozac son preventivos eficaces para algunos pacientes. Algunos también responden bien a los llamados betainhibidores, que reducen la producción de adrenalina, que es vasoconstrictora. Otros pacientes se han beneficiado de tomar calcioantagonistas, que también reducen la vasoconstricción.

Otro fármaco, de venta con receta, que disminuye la tendencia de los vasos sanguíneos a cerrarse es la clonidina. Parece ser que este fármaco es particularmente útil a los pacientes que tienen una fuerte reacción a la tiramina, el aminoácido desencadenante de migrañas; pero podría causar somnolencia y otros efectos secundarios, de modo que te recomiendo probar con otros.

De modo similar, el fármaco llamado metisergida es un potente agente preventivo, pero sus efectos secundarios pueden ser muy negativos. Si se toma durante seis meses consecutivos, hay que pasar dos meses sin tomarlo. Aunque otros médicos lo recetan con frecuencia, yo prefiero no hacerlo, porque considero que generalmente sus riesgos superan sus beneficios.

Si tomas medicamentos para los dolores de cabeza, es importante que no te excedas, porque podrías sufrir dolores de cabeza de rebote. Cuando se toman estos medicamentos cada día, el cuerpo y el cerebro se hacen dependientes y entonces, cuando se agota el efecto del medicamento, vuelve el dolor. Los dolores de cabeza de rebote los pueden desencadenar unas cuantas aspirinas al día o una dosis diaria de un medicamento con receta. Hasta el 2 por ciento de la población sufre al menos un dolor de cabeza suave cada día a consecuencia de la toma diaria de analgésicos. Este fenómeno es particularmente predominante entre las personas que sufren de dolores de cabeza por tensión. Si en la actualidad sufres de cefaleas de rebote, ve dejando poco a poco los analgésicos.

También se puede lograr abortar los dolores de cabeza con ciertos medicamentos. Yo prefiero los remedios naturales, como los herbolarios o los homeopáticos, porque por lo general tienen menos efectos secundarios. Es posible abortar el dolor de cabeza con matricaria y otras hierbas antiinflamatorias de las que hablamos en el capítulo 5, y con remedios homeopáticos analgésicos.

A veces es posible abortar el dolor con antiinflamatorios no esteroideos, de venta con y sin receta. En ocasiones, una dosis relativamente elevada de aspirina o ibuprofén aborta una migraña, si aún no ha llegado a la fase de vasodilatación. Podría ir bien tomar el medicamento con cafeína; la cafeína aumenta el efecto analgésico y también contribuye a frenar la vasodilatación. De los antiinflamatorios de venta con receta, el mejor para abortar las migrañas es el naproxeno.

Pero, por desgracia, las náuseas y el vómito que acompañan a las migrañas suelen hacer difícil a los pacientes tomar estos antiinflamatorios. Una solución es usar uno inyectable, con receta, como el ketorolac.

Otro medicamento de venta con receta que algunos médicos usan para abortar las migrañas es el mucato isometepteno; se ha comprobado que una dosis de dos cápsulas cada hora aborta la migraña en algunos pacientes, sobre todo si se toma al primer signo. Este es un fármaco potente, de modo que la dosis no debería ser superior a cinco cápsulas cada veinticuatro horas. Dados sus posibles efectos secundarios, yo soy muy cauteloso en recetarlo.

Otros fármacos potentes para abortar migrañas son alcaloides del cornezuelo de centeno, como la ergotamina. Son fármacos que constriñen los vasos sanguíneos craneales dilatados, pero también constriñen los vasos sanguíneos de todo el cuerpo, lo que puede ser peligroso si se tiene algún problema cardiovascular. Además, los alcaloides del centeno podrían causar dependencia en algunos pacientes, al igual que los opiáceos.

Una terapia abortiva mucho menos peligrosa es la inhalación de oxígeno, y se puede hacer en casa si lo receta un médico. En las empresas de artículos médicos se pueden alquilar bombonas y máscaras de oxígeno. Esta técnica abortiva puede ser muy eficaz, y prácticamente no tiene efectos secundarios ni riesgos si se realiza bien.

La terapia de inhalación de oxígeno puede abortar dolores de cabeza racimo, que se producen con mucha rapidez. Dada la rapidez con que se manifiestan, son el tipo de dolor de cabeza más difícil de abortar.

Un último método abortivo para la migraña es bloquear un nervio de la cabeza, el ganglio pterigopalatino, con una inyección de lidocaína. Por lo general cuando se bloquea este nervio desaparece el dolor de cabeza en formación; este tratamiento sólo se aplica cuando el paciente ya está en el hospital.

El tratamiento analgésico para una migraña recién declarada se ha hecho más práctico con la introducción de un fármaco llamado sumatriptán. Este medicamento imita los efectos de la serotonina, y controla la dilatación de los vasos sanguíneos craneales. Es el medicamento con receta más eficaz para las migrañas totalmente declaradas. Alrededor de un 90 por ciento de los pacientes experimentan un importante alivio del dolor con una dosis aproximada de 6 miligramos. Existe en forma de comprimido para toma oral, y también se presenta en inyectables; se lo puede inyectar la propia persona.

El sumatriptán tiene varios inconvenientes graves. Puede ser peligroso para pacientes de enfermedad coronaria y para las personas que tienen poca irrigación sanguínea en la cabeza. Sus efectos no duran mucho, de modo que suele ser necesaria otra dosis el mismo día, y es muy caro.

El sumatriptán sólo se puede usar dos veces a la semana, siendo la dosis máxima dos inyecciones por dolor de cabeza. Cuando se toma en forma de comprimido, por lo general se toman 25-100 miligramos, pero no se pueden tomar más de 300 miligramos en veinticuatro horas. Por desgracia, alrededor de un 40 por ciento de los pacientes que se inyectan este fármaco tienen un nuevo dolor de cabeza en un plazo de veinticuatro horas. Los que lo toman en forma de comprimido no suelen experimentarlo.

Antes de que se introdujera el sumatriptán, el principal medicamento para las migrañas era la ergotamina, que no sólo constriñe los vasos sanguíneos dilatados sino que además estimula a los receptores de serotonina. La ergotamina suele ser eficaz, sobre todo cuando comienza la migraña. Sin embargo, yo la receto muy de tarde en tarde debido a sus efectos secundarios. Puede producir náuseas, vómitos y calambres musculares, y crear hábito, además de limitar seriamente la circulación sanguínea hacia las extremidades. Tal vez la ergotamina más eficaz sea la DHE-45, que tiene un efecto particularmente fuerte en los receptores de serotonina y no produce tanta constricción de los vasos sanguíneos como los otros tipos de ergotamina. Alrededor de un 70 por ciento de pacientes de migraña responden favorablemente a la DHE-45.

Hay otros medicamentos potentes, de venta con receta, que por lo general alivian el dolor de la migraña, pero yo no los receto casi nunca debido a sus efectos secundarios. Entre ellos están los analgésicos narcóticos como la meperidina (o demerol), la morfina y la codeína, y los fármacos «antidopaminérgicos» como la toracina y la compacina.

Los medicamentos suaves son más prácticos porque no tienen efectos secundarios tan peligrosos. Entre ellos están las antihistaminas, que a veces alivian las náuseas y también aumentan la potencia de los analgésicos. Los relajantes musculares, como el Flexeril, también son útiles para los dolores de cabeza por tensión.

Muchos antiinflamatorios no esteroideos también alivian algo las migrañas y muchísimo las cefaleas por tensión. Estos antiinflamatorios suelen eliminar por completo el dolor de la cefalea por tensión y alivian la migraña al reducir la inflamación. En ambos tipos de dolor de cabeza los medicamentos dan mejor resultado cuando se toman en sus primeras fases.

Un tratamiento que precisa receta y que tiene cierta eficacia es la administración por la nariz de fármacos que contienen lidocaína. La lidocaína adormece los nervios y se ha usado mucho tiempo, en forma de inyección intravenosa, para las migrañas. En 1997, el doctor Lee Kudrow, especialista en cefaleas, demostró que la lidocaína se puede administrar en gotas nasales. Esta forma de administración es barata y de acción rápida; de hecho, es tan rápido ponérselas que incluso sirve para abortar dolores de cabeza en racimo. En un estudio sobre las gotas nasales de lidocaína, alrededor del 60 por ciento de los pacientes de migraña experimentaron por lo menos un 50 por ciento de disminución del dolor; pero el 42 por ciento de esos pacientes tuvieron otro dolor de cabeza después, más o menos a la hora. También hay ciertas pruebas de que se desarrolla tolerancia a las gotas, la que disminuye la eficacia de este fármaco. No se le conocen efectos secundarios graves.

Los estudios indican que la duración y la intensidad de las migrañas se reducen de modo importante con remedios homeopáticos. En un estudio, estos remedios disminuyeron en un promedio del 70 por ciento la intensidad del dolor y en un 50 por ciento la duración de las migrañas.

Para obtener el máximo beneficio de la homeopatía, te recomiendo que consultes con un médico formado en esta modalidad, pero tal vez encuentres alivio con los siguientes remedios, que están entre los que se administran con más frecuencia para dolores de cabeza. Sin embargo, es posible que sin la orientación de un médico no aciertes con la dosis apropiada, lo cual los haría ineficaces.

- *Bryonia*. El remedio tomado con más frecuencia para la migraña, es especialmente valioso para los pacientes que experimentan síntomas similares al mareo por movimiento.
- *Nux vomica*. Usado sobre todo para las cefaleas por tensión, también alivia dolores de cabeza causados por las resacas de alcohol.
- *Aconitum napellus*. Se prescribe principalmente para cefaleas por tensión, sobre todo cuando el paciente siente como si una faja le apretara la cabeza.
- *Árnica montana*. Es probablemente el analgésico más apropia-

do para dolores de cabeza por tensión o para los causados por alguna lesión leve. Pero si en este último caso el dolor continúa es necesario consultar con un médico.
- *Belladona.* Este remedio se puede tomar tanto para cefaleas por tensión como para migrañas. Es eficaz en especial para el dolor pulsátil producido por la vibración de los vasos sanguíneos contra los nervios.
- *Gelsemium.* Este es más apropiado para el dolor de cabeza por tensión; alivia el dolor y disminuye la rigidez de los músculos del cuello.
- *Iris versicolor.* Se adminstra con más frecuencia cuando la migraña es precedida por un aura.
- *Kali bichromicum.* Para el dolor de cabeza centralizado en los senos paranasales, y también cuando el dolor se localiza detrás de los ojos.
- *Sanguinaria canadensis.* Normalmente se usa para migrañas, sobre todo cuando las náuseas son considerables.

Cuarto aspecto: Control mental y espiritual

Los pacientes de dolor de cabeza han de comprender que la mente y el espíritu tienen un importante papel en el comienzo del dolor, y que pueden tenerlo en su supresión.

Muchas personas que sufren de cefaleas tienen una personalidad dolorosa, caracterizada por ansiedad, depresión, rabia, rigidez e impulsividad. Este tipo de personalidad contribuye al comienzo de muchos problemas de dolor crónico, entre ellos los dolores de cabeza. Como digo en el capítulo 5, el 58 por ciento de los pacientes de migraña sufren de un elevado grado de ansiedad, y el 19 por ciento sufre de depresión clínica.

Para dificultar aún más las cosas, la personalidad dolorosa no sólo influye en los trastornos de dolor crónico, sino que también aumenta en buena medida la percepción del dolor. Además, el propio dolor puede hacer desarrollar una personalidad dolorosa a una persona optimista y despreocupada, y así es posible que genere una espiral descendente y destructiva.

Es frecuente que los pacientes de migraña tengan muy arraigadas las características de la personalidad dolorosa. En un extenso estudio se descubrió que el 23 por ciento de los pacientes de migraña habían sido maltratados en su infancia; los investigadores llegaron a la conclusión de que ese trauma los hacía más vulnerables a las migrañas.

La bioquímica podría tener un papel importante en los problemas de personalidad de estas personas. Es bien sabido que una insuficiencia de serotonina, que afecta a muchas de ellas, contribuye a la ansiedad, la depresión y el comportamiento compulsivo. Por lo tanto, creo que es muy posible que la insuficiencia de serotonina contribuya al desarrollo de la personalidad dolorosa.

Sin embargo, muchos pacientes de dolor de cabeza no tienen ansiedad, depresión ni trastornos compulsivos diagnosticables, pero sí una personalidad tipo A. Estas personas, muy ambiciosas y emprendedoras, tienden a llevar un estilo de vida de mucho estrés que las predispone a los dolores de cabeza. Los dolores de cabeza por tensión, en particular, son más comunes entre las personas de personalidad tipo A.

Tener una personalidad tipo A es muy gratificante y agradable para mucha gente, pero por lo general predispone a sufrir de estrés. Y, por desgracia, el estrés es un desencadenante común de migrañas y dolores de cabeza en racimo y por tensión. La reacción biológica de estrés, de la que hablamos en el capítulo 5, contribuye al dolor de cabeza por tensión principalmente al poner en tensión los músculos del cuello, y contribuye a la migraña y al dolor de cabeza en racimo estrechando los vasos sanguíneos. Además, la reacción de estrés provoca la liberación de diversos neurotransmisores y hormonas que contribuyen al dolor de cabeza.

Por lo general, mis pacientes de dolor de cabeza responden muy bien a las técnicas de control mental y espiritual del dolor que explico en el capítulo 5. Estas técnicas les han servido para enfrentar más situaciones sin la reacción de estrés. También, para controlar mejor la tendencia a la depresión, la ansiedad y el comportamiento compulsivo.

Mis pacientes han respondido especialmente bien a los ejercicios de mente-cuerpo, sobre todo cuando los realizan a primera hora de la mañana, como parte del programa «Despertar a la salud». Seguir este programa es casi como ponerse un escudo contra el estrés.

Además, la búsqueda espiritual que han hecho muchos de mis pacientes de dolor de cabeza, los ha ayudado a poner en perspectiva su sufrimiento y a comprender que cierto grado de dolor enriquece la vida, si la persona que lo siente está dispuesta a trabajar por ese enriquecimiento.

Te insto a repasar el capítulo 5. En él encontrarás las maneras de eliminar el dolor y de poner en marcha la mejor parte de tu vida.

8

Dolor de espalda

El dolor es más profundo que todo pensamiento; la risa es superior a todo dolor.

Elbert Hubbard

Ten presente, por favor, que si bien este capítulo contiene información específica sobre el dolor de espalda, esta no reemplaza la información anterior sobre mi programa para el dolor. Los pacientes de dolor de espalda deberán seguir el programa completo explicado en los capítulos 2 a 5, y además las recomendaciones de este capítulo.

El dolor de espalda exige un programa completo de medicina integradora, porque los métodos que sólo se centran en eliminar los síntomas y con una modalidad única no suelen ser eficaces. De hecho, en la actualidad, incluso los médicos más ortodoxos que tratan el dolor emplean una amplia variedad de técnicas holistas, no se limitan a recurrir a la cirugía y los medicamentos, como hacía la mayoría en el pasado.

Pero, por desgracia, muchos pacientes todavía insisten en una solución rápida para sus problemas de espalda, y muchos médicos todavía intentan contentarlos, con intervenciones quirúrgicas y medicamentos potentes. Normalmente las soluciones rápidas no dan resultados y el dolor muchas veces empeora. En Estados Unidos se practican más operaciones quirúrgicas y se toman más medicamentos que en cualquier otro país industrializado, y las estadísticas demuestran que este método es notablemente ineficaz para el dolor de espalda.

Considera las siguientes realidades:

- Según el Departamento de Salud y Servicios Humanos de Estados Unidos, la cirugía sólo es útil en el uno por ciento de los casos de dolor de espalda.
- La operación de la espalda genera dolor con tanta frecuencia que existe un trastorno médico común llamado «síndrome de operación fallida de espalda».
- La principal causa de la operación en la espalda, el desplazamiento discal, casi siempre se trata mejor sin operación quirúrgica.
- Es casi imposible curar el dolor de espalda con cirugía sin tener primero un diagnóstico claro, pero en el 80 por ciento de todos los casos de dolor de espalda es imposible diagnosticar la causa.
- La gran mayoría de los pacientes necesitan más tratamiento a los cinco años de la operación. Pero una segunda operación es menos eficaz aún y más peligrosa que la primera.
- El tratamiento ortodoxo común de reposo prolongado en cama es muy perjudicial, pues causa una importante pérdida de masa muscular y ósea, y mayor dolor.
- Los analgésicos farmacológicos que se recetan con frecuencia para el dolor de espalda en realidad suelen prolongar la duración de los síntomas y debilitar más al paciente.

Veamos por qué normalmente la cirugía de espalda no da resultado:

La cirugía más frecuente para el dolor de espalda consiste en la reparación o extirpación de los discos intervertebrales que se han desplazado o salido de su lugar. Este desplazamiento discal suele irritar los nervios. Cada año se practican alrededor de 350.000 operaciones de disco. Pero su eficacia es muy limitada, porque una vez que un disco se ha desplazado no se puede devolver a su posición correcta. Sólo es posible recortar o extirpar, para impedir que toque los nervios espinales.

Los discos intervertebrales sirven de cojín amortiguador entre las vértebras, de modo que si se quita un disco, es necesario soldar parcialmente las vértebras, para inmovilizar el lugar que ocupaba el disco. Pero esta fusión suele generar inestabilidad en la columna, que sólo se aliviará con la inserción de placas y tornillos.

En el caso de que sólo se recorte la parte desplazada del disco, alrededor de la columna se forma tejido cicatricial, que también irrita los nervios. Con frecuencia los irrita mucho más que el disco desplazado.

Debido a estas complicaciones comunes, en la mayoría de los casos la cirugía de espalda no soluciona el problema. En un importante estudio publicado hace poco en *Journal of Neurosurgery*, sólo el 30 por ciento de los pacientes dijeron haber mejorado con la operación, frente al 53 por ciento que afirmó no haber mejorado nada y el 17 por ciento que dijo que su problema estaba peor o mucho peor.

Según la mayoría de los especialistas en dolor de espalda, la operación sólo está indicada cuando el paciente experimenta una creciente debilidad y adormecimiento causado por una irritación claramente identificable de un nervio. Por lo general, el paciente siente esta debilidad y adormecimiento en las piernas; esto se debe a que hay pinzamiento en el grueso nervio ciático, que va a las piernas.

Sin embargo, si sólo hay dolor, sin debilidad ni adormecimiento, casi siempre la cirugía es una mala opción. Lo más probable es que no dé tan buen resultado como otras técnicas más sencillas no agresivas (el ejercicio y la terapia de manipulación, por ejemplo), y es posible que empeore mucho el dolor.

Hay muchas personas que aun teniendo un desplazamiento discal evidente no necesitan intervención quirúrgica. En un importante estudio realizado en 1994 y publicado en *New England Journal of Medicine*, los investigadores comprobaron que dos tercios de todas las personas afectadas por trastornos estructurales graves, como el desplazamiento discal, no experimentaban dolor de espalda.

Durante muchos años los médicos creyeron sinceramente que la principal causa de dolor de espalda era el desplazamiento de un disco intervertebral, y que el mejor tratamiento era la cirugía. Pero con el advenimiento de nuevas técnicas de diagnóstico por imagen esta idea ha perdido aceptación. Estas técnicas demuestran que muchas personas que sufren un desplazamiento discal no experimentan dolor, y que muchas personas que sienten dolor no tienen ningún desplazamiento discal. Sin embargo, bastantes médicos y pacientes continúan aferrados a la idea de que reparar los discos es la solución para aliviar el dolor.

Ahora te explicaré cuáles son normalmente las verdaderas causas del dolor de espalda y qué se puede hacer al respecto.

Índice de satisfacción de los pacientes con terapeutas de la espalda

Porcentaje de pacientes satisfechos	*Tipo de terapeuta*
1) 96 %	Instructores de yoga
2) 86 %	Fisiatras
3) 65 %	Fisioterapeutas
4) 36 %	Acupuntores
5) 28 %	Quiroprácticos
6) 26 %	Ortopedas
7) 23 %	Neurocirujanos
8) 20 %	Médicos internistas y de cabecera
9) 4 %	Neurólogos

Encuesta de Arthur C. Klein.

Las verdaderas causas de la mayoría de los dolores de espalda

Para entender por qué te duele la espalda, primero has de comprender cómo está construida.

Muchas personas creen que el cuerpo humano se mantiene erecto y estable porque lo sostiene el fuerte y resistente armazón formado por la columna vertebral, pero no es así. La columna es de suyo débil y frágil; si se la despojara de los músculos, tendones y ligamentos que la sostienen, sólo sería capaz de soportar poco más de unos dos kilos. Sin sus estructuras de sostén, incluso el peso de la cabeza la desmoronaría. Pero gracias a esas estructuras de sostén, la columna es capaz de cargar muchísimo peso.

Esta importante realidad anatómica nos revela la clave para curar el dolor de espalda: para tener la espalda sana es necesario asegurar la salud de toda la estructura de la espalda, y no sólo la de la columna.

Para mejorar la salud de toda la estructura de la espalda es necesario un programa completo de ejercicio, fisioterapias, buena nutrición, unos pocos remedios naturales y el alivio del estrés. Normalmente no se puede conseguir una espalda sin dolor con sólo medicamentos y cirugía.

La espalda, columna vertebral incluida, es una absoluta maravilla de estructuras relacionadas entre sí, en que cada una sostiene y protege a las demás. Sin embargo, estas estructuras que trabajan unidas deben realizar dos funciones muy diferentes: una es llevar los mensajes del cerebro a todo el cuerpo, a través de una delicada y vulnerable red de nervios; la otra es sostener el cuerpo y darle la fuerza para realizar tareas difíciles, arduas, deslomadoras.

Estas dos funciones tan diferentes tienden a entrar en conflicto. La primera función hace necesario un complicado sistema de nervios y rutas nerviosas, y la segunda necesita de un fuerte sistema de músculos y huesos robustos. Debido a este conflicto fundamental, la espalda se daña con mucha facilidad. Las delicadas estructuras que protegen los nervios sencillamente no resisten bien las tareas físicas pesadas.

El frágil sistema destinado a dar salida a los nervios espinales desde la médula consiste en unos agujeros situados a cada lado de la columna, entre vértebra y vértebra; entre una vértebra y otra hay un espacio ocupado por el disco intervertebral, formado por un anillo fibroso y resistente, más o menos en forma de rosquilla, que rodea una materia gelatinosa compuesta en un 85 por ciento por agua. El disco es un cojín amortiguador que impide que los huesos se rocen, y deja espacio para que los nervios salgan de la médula.

A veces estos discos se desplazan hacia fuera y presionan los nervios. En ocasiones se rompe la capa exterior resistente y el disco se hernia, es decir sale la materia gelatinosa del centro, y se pierde todo el líquido.

Por desgracia, el líquido del centro de los discos empieza a disminuir paulatinamente entre los veinte y los treinta años. A los cuarenta, la mayoría hemos perdido alrededor de un 15 por ciento del líquido discal, y esta disminución continúa a medida que envejecemos. Esto explica la tendencia a disminuir un poco de estatura con la edad. Esta disminución de altura del disco reduce también el espacio para la salida de los nervios espinales. A esto se debe en parte que el dolor de espalda sea más común entre las personas mayores.

Incluso la presión producida por la posición erguida durante el día reduce temporalmente la cantidad de líquido discal. Pero por la noche, cuando estamos acostados, durmiendo, esta agua se reabsorbe en el disco. Por lo tanto, al despertar por la mañana es posible que seamos más altos que al acabar el día. Algo así les ocurre a los astronautas: cuando están libres de la gravedad en la nave espacial suelen aumentar hasta cinco centímetros de estatura; cuando vuelven a la Tierra pierden rápidamente esa altura añadida.

Debido a la enorme presión de la gravedad, casi siempre el dolor ataca la parte inferior de la espalda, la zona lumbar; el esfuerzo es menor en la parte superior, que soporta un peso más liviano.

Como ya debes saber, la columna no es totalmente recta, sino que forma una curva en S bellamente equilibrada. Esta curva natural le da mayor flexibilidad, pero también la hace algo inestable y más propensa a alteraciones estructurales, con la aparición de dolor.

La columna se puede doblar debido a que las vértebras que la forman son huesos cortos y están separados. Cada vértebra está conectada con la de arriba y la de abajo por articulaciones situadas cerca de la parte posterior. Como todas las demás articulaciones, estas «facetas o carillas» articulares son vulnerables a la artritis. Llegada cierta edad, todo el mundo sufre algún grado de artritis. Si tienes cuarenta o más años y sientes rigidez en la espalda al despertar por la mañana, es posible que ya tengas una artritis leve en la columna.

Dado que todas las estructuras de la espalda son muy dependientes entre sí, un problema en una puede influir en todas las demás. Por ejemplo, la artritis en las articulaciones vertebrales puede causar distensión muscular, y a la inversa, la distensión muscular crónica puede contribuir a la artritis de estas articulaciones. Los discos desplazados también causan distensión muscular, y viceversa.

Así pues, para conservar la espalda sana y sin dolor, es necesario mantener la salud de cada uno de los tres componentes básicos de la espalda: 1) los músculos, 2) los nervios y 3) las articulaciones. Cada uno de estos tres componentes es fundamental y puede provocar dolor.

Veamos qué puede dañar y causar dolor en cada uno de estos tres componentes.

Dolor muscular
Con mucha frecuencia el dolor de espalda no es más que una distensión muscular, que se puede aliviar simplemente cuidando de esos músculos dolorosos.

Muchos investigadores del dolor de espalda creen que hasta un 80 por ciento del dolor crónico en la parte inferior de la espalda se debe a distensión y cansancio muscular, y con frecuencia esos músculos se agotan porque no están lo suficientemente fuertes para soportar las tareas diarias. Si se los estira con ejercicios, sobre todo con los de mente-cuerpo, por lo general son capaces de satisfacer las necesidades diarias.

Dado que la columna vertebral tiene capacidad para soportar solamente unos dos kilos de peso, la mayor parte del trabajo lo realizan los músculos de la espalda. Pero esos músculos reciben mucha ayuda de los tendones, que unen un músculo con otro, y de los ligamentos, que unen los músculos a los huesos. Por desgracia, los tendones y los ligamentos también pueden sufrir de distensión.

Cuando se distiende un músculo, un ligamento o un tendón, se produce un desgarro microscópico, que sangra y produce una inflamación dolorosa. Si la distensión es grave, se puede inflamar tanto que al tacto se nota hinchado y esponjoso.

Cuando hay distensión de un músculo, los demás se contraen y quedan en un estado de espasmo y rigidez, ya que tratan de proteger al músculo lesionado impidiéndole que se mueva y se dañe más. Las contracciones o contracturas de los músculos de la espalda son muy frecuentes, dolorosas y suelen inmovilizar totalmente. A veces se produce una contracción crónica por una mala postura o por un traumatismo continuado. Por ejemplo, si la silla de la oficina es demasiado alta y obliga a la persona a estar encorvada muchas horas al día, puede provocar un espasmo o una contracción crónica. El estrés emocional también puede provocarlo.

Otra consecuencia de pequeños desgarros musculares es la formación de tejido cicatricial. Si el desgarro se repite varias veces, la acumulación de tejido cicatricial puede debilitar al músculo e irritar los nervios.

La debilidad de los músculos de la espalda también puede causar un desplazamiento de los discos intervertebrales. Los músculos sostienen la columna en la posición correcta, pero si están débiles y permiten que la columna pierda la posición correcta, cualquier torcedura o traumatismo repentino puede provocar que un disco se salga de su lugar. Si el traumatismo repentino es grave, el disco llega a romperse y a perder su centro gelatinoso.

De modo similar, cuando los músculos débiles permiten que la espalda pierda su posición correcta también estresan a las articulaciones y contribuyen al comienzo de la artritis.

Un problema muy frecuente entre muchos pacientes de dolor de espalda es la inactividad. Debido al dolor, la persona deja de usar los músculos de la espalda y esto sencillamente los debilita más y empeora el dolor. Este fenómeno, llamado atrofia por desuso o inactividad, puede originar un círculo vicioso de degeneración.

Otro problema común causado por la falta de ejercicio es la rigidez de los músculos, que aumenta gradualmente. Cuando los músculos están rígidos tiran de los huesos, tendones y ligamentos, y desequilibran la espalda. Para mantener los músculos elásticos y flexibles hay que estirarlos con regularidad mediante ejercicios. Es especialmente importante mantener la elasticidad y flexibilidad de los músculos isquiotibiales (semimembranoso, semitendinoso, bíceps femoral), situados en la parte posterior del muslo y la pierna, que tienen una acción combinada sobre la cadera y la rodilla; cuando estos músculos están rígidos limitan la movilidad de la pelvis y esto puede producir una distensión en la parte inferior de la espalda. Si no eres capaz de tocarte los dedos de los pies sin flexionar las rodillas, quiere decir que tienes estos músculos rígidos y que esa podría ser la causa de tu dolor de espalda.

También es necesario estirar los ligamentos y tendones. Es particularmente importante hacer ejercicios de estiramiento en la edad madura y después, porque los ligamentos tienden a acortarse a medida que envejecemos; si no se estiran regularmente con ejercicio, al final alteran el equilibrio de la espalda.

Otra causa de dolor muscular en la espalda es la enfermedad llamada fibromialgia, de la que hablaremos en el próximo capítulo. La fibromialgia, que es un tipo de dolor muscular crónico, puede atacar cualquier músculo, también los de la espalda.

Durante muchos años se ha creído que la debilidad de los músculos abdominales suele ser causa de dolor de espalda; en la actualidad esta idea ha perdido aceptación entre algunos médicos, pero yo sigo de acuerdo con ella. Tres de los músculos abdominales (por cada lado) tienen tres cuartos de su extensión en la espalda, por lo que en cierto sentido son músculos de la espalda. Por lo tanto, en mi programa de ejercicios para pacientes de dolor de espalda yo incluyo flexiones y estiramientos de los abdominales.

Dolor nervioso

Como muchos otros médicos, he dejado de creer que la irritación de los nervios pinzados por discos intervertebrales dañados sea la principal causa del dolor de espalda. Sin embargo, los nervios irritados sí son un problema importante. Se calcula que entre un 5 y un 10 por ciento de todos los dolores de espalda es nervioso, causado por discos herniados, es decir, que han perdido su centro gelatinoso. Normalmente los desplazamientos discales causan menos dolor nervioso que las hernias discales, pero ocurren con más frecuencia.

Son varios los factores causales del desplazamiento y la hernia discales: mala postura continuada, distensión de ligamentos, debilidad de los músculos de la parte inferior de la espalda, degeneración de las vértebras, lesiones y embarazo (que impone una pesada carga a la espalda). A partir de la edad madura se es en especial vulnerable a estos factores, debido a la pérdida de agua de los discos intervertebrales. A los cincuenta años la mayoría de las personas ya sufren de cierta degeneración en alrededor del 90 por ciento de sus discos.

Sin embargo, muchos casos de hernia discal se producen antes de los cincuenta años. El periodo de mayor vulnerabilidad es el comprendido entre los treinta y cinco y los cincuenta años; a estas edades ya se ha producido cierta degeneración, pero generalmente hay actividad, y es más probable que la persona intente hacer tareas difíciles, pesadas.

Otro problema que afecta a los nervios es el estrechamiento gradual del canal raquídeo, que es el tubo óseo central de la columna que alberga la médula espinal. Alrededor de los cincuenta años de edad muchas personas comienzan a sufrir de este trastorno, conocido como estenosis vertebral. Lo causa la degeneración de las vértebras y los depósitos artríticos llamados «espolones óseos». La intervención quirúrgica en la espalda también puede contribuir a esta estenosis. Por lo general, las personas que sufren de ella sienten adormecimiento o ardor en ambas piernas, aunque un 20 por ciento no experimentan ningún síntoma.

La artritis también suele provocar la irritación de los nervios, pues los espolones óseos artríticos tocan los nervios. Los afectados con más frecuencia por un disco herniado son los ciáticos, que van desde la columna a cada pierna; dado que estos son los nervios más gruesos del cuerpo, son los más vulnerables a pinzamientos.

Pero el dolor ciático no es tan común como se suele creer. Muchas personas que sienten dolor en la parte inferior de la espalda, en las nalgas o los muslos, creen que tienen ciática, pero no es así. La ciática no sólo se caracteriza por la presencia de dolor, también por un adormecimiento y una debilidad que van en aumento.

Para determinar si hay ciática, suelo pedir al paciente que se tienda de espaldas y levante una pierna; si comienza a sentir un dolor agudo en la pierna al levantarla en un ángulo de 30 a 60 grados, esto puede ser indicación de que tiene ciática. En este caso, pida que le hagan una exploración por resonancia magnética nuclear, que es la mejor prueba diagnóstica para determinar si hay un disco herniado.

Dolor articular

La tercera causa más común de dolor de espalda es el dolor articular. Igual que las demás articulaciones del cuerpo, las facetas o carillas articulares que unen las veintiséis vértebras son vulnerables a la artritis, la degeneración y las lesiones. Cualquiera de estos trastornos puede provocar dolor.

La artritis es la causa más común de dolor en las articulaciones vertebrales. A los sesenta y cinco años de edad casi todo el mundo tiene cierto grado de artritis en la columna, incluso en la edad madura esta artritis es relativamente común. Como he dicho, si estás en la edad madura y sientes rígida la espalda cada mañana antes de desperezarte o darte una ducha caliente, es posible que tengas artritis prematura.

Si tienes síntomas de artritis en la columna, lee el capítulo 6; la información de ese capítulo es aplicable a todos los tipos de artritis. Incluso en el caso de que en estos momentos no tengas ningún síntoma de artritis en la columna, deberías leer ese capítulo para saber cómo prevenirla o retrasar su aparición.

Una táctica preventiva que no menciono en el capítulo 6, porque sólo tiene relación con la artritis de la columna, es la corrección de las vértebras dislocadas mediante terapia de manipulación, que la practican quiroprácticos y osteópatas. Cuando las vértebras se salen de su posición correcta, las facetas articulares sufren un estrés físico extra, y este estrés podría causar la artritis. La terapia de manipulación suele recolocar las vértebras en su posición correcta.

Además de la artritis, otro factor causal de dolor articular es el deterioro general de las facetas articulares de las vértebras durante el proceso de envejecimiento. Con la edad, todos los huesos y las articulaciones tienden a debilitarse, a perder masa y hacerse más frágiles. Pero es posible hacer bastante más lenta esta degeneración mediante un programa completo, con ejercicios de mente-cuerpo, buena nutrición, meditación y un estilo de vida sano.

La articulación al parecer más vulnerable a la degeneración, porque soporta la carga más pesada, es la llamada sacroilíaca, que pone en contacto las carillas articulares del hueso ilíaco y del sacro. La articulación sacroilíaca une la pelvis a la columna, y transfiere el peso de la parte superior del cuerpo a las piernas. Durante muchos años los médicos creyeron que el principal dolor en la parte inferior de la espalda procedía de las sacroilíacas, pero poco a poco esa creencia fue perdiendo popularidad. Sin embargo, en 1995 un importante artículo aparecido en la influyente revista *Spine* apoyaba enérgicamente esa idea anticuada. El artículo explicaba el éxito de un médico en el tratamiento del dolor de la parte inferior de la espalda inyectando un antiinflamatorio en las articulaciones sacroilíacas. Según estimaciones de ese médico, entre el 9 y el 30 por ciento de todos los pacientes de dolor en la parte inferior de la espalda sufrían de inflamación en esas articulaciones.

Así pues, es prudente que los pacientes de dolor de espalda traten de reducir la inflamación. Además del sacroilíaco, otros tipos de dolor de espalda, como el de la distensión muscular y el de la artritis, causan inflamación. En los capítulos sobre mi programa completo explico muchas técnicas para reducir la inflamación. Si sufres de dolor de espalda deberás repasar esa información y seguir las recomendaciones.

Otra causa frecuente de dolor articular es un traumatismo físico, o bien causado por un accidente o por un esfuerzo excesivo (llamado síndrome de demasiado uso). Un ejemplo de lesión articular traumática es el latigazo en las cervicales, causado generalmente cuando un automóvil es golpeado por detrás por otro. A veces levantar objetos pesados también causa lesiones en las articulaciones de la columna.

Una última causa de dolor articular es un trastorno genético llamado escoliosis, que es la desviación lateral, o curvatura hacia un lado, de la columna. Este trastorno es mucho más frecuente de lo que cree la mayoría. Se estima que está presente en un 12 por ciento de la población, pero rara vez requiere tratamiento. Sólo alrededor de un 2 por ciento de todas las personas que tienen escoliosis necesitan tratamiento.

La capacidad de la espalda para adaptarse a la escoliosis subraya la pasmosa adaptabilidad de las estructuras interrelacionadas de la espalda. En realidad, alrededor del 20 por ciento de todas las personas tienen alguna forma de anormalidad estructural en la espalda. A muchas personas les faltan vértebras; otras tienen aberturas en la parte posterior de la columna. Sin embargo, en la mayoría de los casos estas anormalidades no causan ningún dolor porque las estructuras que las rodean las compensan. Por desgracia, a veces algunos cirujanos demasiado entusiastas por su profesión encuentran en estas anormalidades un pretexto para operar.

Cómo prevenir y detener la osteoporosis

Si estás en la edad madura probablemente ya tienes algún grado de osteoporosis, que puede causar dolor de espalda.

Osteo es la palabra latina que significa «hueso», y *porosis* significa «poroso»; por lo tanto, *osteoporosis* significa «huesos porosos». A la edad de cuarenta años o más es probable que los huesos sean más porosos de lo que solían ser. En casi todas las personas, los huesos se debilitan durante el proceso de envejecimiento, al igual que los ojos y los músculos.

Tienes el poder para retrasar drásticamente la degeneración de tus huesos y para impedir que tu osteoporosis te dé en el futuro más problemas que los que te da ahora.

Por desgracia, alrededor de 25 millones de estadounidenses ya han descuidado la salud de sus huesos durante tanto tiempo que ahora sufren de osteoporosis diagnosticable clínicamente. De estas personas, un millón y medio sufrirán la fractura de algún hueso este año. Muchas de ellas tendrán dolor crónico y/o deformación por degeneración ósea.

Es frecuente descuidar la salud de los huesos por la creencia de que son estructuras muertas, fosilizadas; ese es un error peligroso. Los huesos son organismos vivos, dinámicos, que crecen y cambian, tanto como el corazón, la piel y los músculos.

Prevenir la osteoporosis debería ser una de las principales estrategias antidolor, porque todo lo que se haga para prevenirla servirá también para mantener sanos, fuertes y jóvenes los huesos de la columna. Al prevenir la osteoporosis también se previene la artritis y la degeneración de la columna.

La osteoporosis se produce cuando los huesos pierden los minerales que los componen. Los huesos están compuestos básicamente de calcio. Al margen de lo que den a entender ciertos anuncios, los huesos no se mantienen sanos tan sólo con suplementos de calcio. En la sección siguiente, que trata de la nutrición, hablaré de los diversos nutrientes que necesitan los huesos para desarrollarse bien y no sufrir de osteoporosis.

Además de los nutrientes, los huesos también precisan un programa regular de ejercicio físico. Los ejercicios que van mejor para los huesos son los que los preparan para resistir peso, no los cardiovasculares. El más popular para la parte superior del cuerpo es el levantamiento de pesas, y para la parte inferior del cuerpo son caminar, trotar o correr y los que ponen peso en la parte inferior.

El ejercicio para los huesos se puede comenzar prácticamente a cualquier edad, y es muy beneficioso aunque sólo sea en sesiones suaves. En un estudio reciente se hizo un seguimiento a dos grupos de mujeres de una edad promedio de ochenta y cinco años; un grupo hacía sólo media hora de ejercicio de resistencia de peso a la semana, y el otro grupo no hacía ningún tipo de ejercicio. Al cabo de tres años, las mujeres del grupo que hacía ejercicio retenían alrededor de un 50 por ciento más de minerales en los huesos que las del otro grupo.

Una forma de ejercicio que puede ser particularmente beneficioso para el dolor de espalda es el tai chi. Los movimientos del tai chi son casi perfectos para la prevención de la osteoporosis: ponen peso y al mismo tiempo son suaves y apacibles; además, acumulan y mueven la energía. Dado que uno de sus principios es la buena alineación de las vértebras, es también muy terapéutico para muchos problemas de la columna.

Otro factor que favorece la retención de minerales en los huesos es la luz del sol, que el cuerpo convierte en vitamina D. El cuerpo necesita esta vitamina para la absorción del calcio y también para el metabolismo del calcio dentro de los huesos. Es interesante observar que en las regiones donde hay poca luz solar, por ejemplo, el norte de Escocia, tiende a haber un índice más alto de osteoporosis. Incluso en el soleado Oriente Medio, entre las mujeres que usan las ropas tradicionales que las cubren enteras hay un índice elevado de osteoporosis.

Para prevenir la osteoporosis, es necesario que el cuerpo esté expuesto al sol alrededor de 15 minutos cada día. Cuando es difícil estar expuesto al sol durante ese tiempo, se puede reemplazar por luces de espectro completo, aunque en este caso podría ser necesaria una exposición de una hora diaria. Otra alternativa es tomar entre 500 y 800 miligramos diarios de vitamina D en forma de suplemento.

En las mujeres también es fundamental mantener un nivel adecuado de hormonas femeninas. Alrededor de un 80 por ciento de todas las víctimas de la osteoporosis son mujeres, y la mayoría de los investigadores creen que esto se debe a insuficiencias hormonales. Muchos médicos recomiendan que las mujeres posmenopáusicas tomen estrógeno, para prevenir la osteoporosis; sin embargo, los últimos estudios indican que la hormona progesterona podría ser más eficaz que el estrógeno. Además, la progesterona presenta menos riesgos que el estrógeno, el cual ha sido relacionado con el comienzo de algunas formas de cáncer.

Los siguientes son los principales factores de riesgo de osteoporosis:

- Bajo consumo de calcio.
- Bajo consumo de nutrientes esenciales.

- Insuficiencias hormonales.
- Fumar.
- El consumo regular de medicamentos esteroideos.
- El estrés constante.
- Excesivo consumo de alcohol o café.
- Estilo de vida sedentario, especialmente guardar cama.

Ya he explicado por qué la mayoría de estos factores de riesgo contribuyen a la osteoporosis; ahora veamos los que no he explicado: el tabaco estrecha los vasos sanguíneos y obstaculiza la llegada de oxígeno y nutrientes a los huesos; los medicamentos esteroideos aumentan la desmineralización; el estrés tensa los músculos y altera el equilibrio hormonal; el alcohol elimina el magnesio y el calcio del cuerpo, y tres o más tazas diarias de café (no descafeinado) aumentan la desmineralización.

Si varios de estos factores son aplicables a ti, deberás estar alerta a los primeros signos de osteoporosis. Entre ellos, una ligera reducción de los maxilares, que están entre los primeros huesos que sufren la pérdida de minerales; una gradual reducción de estos huesos podría provocar que los dientes se aflojen y que las encías se encojan, dejando a la vista más superficie dental. De hecho, la frase «tener los dientes largos» se originó al advertir una mayor superficie expuesta de dientes en personas mayores pacientes de osteoporosis.

Los otros dos signos de aviso precoz son la mayor transparencia de la piel del dorso de las manos, y las canas prematuras. El dolor en la zona inferior de la espalda también es una señal frecuente de osteoporosis, así como la aparición de dolores articulares.

Si estás en la edad madura y sufres de cualquiera de estos síntomas, ve a ver a tu médico; tal vez te recomiende un escáner o una exploración por resonancia magnética nuclear para determinar la densidad de tus huesos. Otro examen útil es un análisis de sangre para comprobar la concentración de calcio en la sangre, por si hay demasiada cantidad. Tu médico también podría pedirte una radiografía, pero por lo general la osteoporosis sólo es visible a los rayos X cuando la enfermedad está avanzada y ya se ha perdido el 30 por ciento de masa ósea. Si eres prudente, tratarás de prevenir la osteoporosis antes de que aparezca cualquiera de estos síntomas de aviso.

En las cuatro secciones siguientes explicaré los detalles específicos de los cuatro aspectos de mi programa antidolor para prevenir la osteoporosis y los demás trastornos que provocan el dolor de espalda. También te diré cuáles son los mejores tratamientos para el dolor de espalda cuando ya ha aparecido.

El terrible problema del dolor de espalda

- Un tercio de todas las personas mayores de 45 años sufren dolor de espalda crónico.
- El dolor de espalda es la principal causa de discapacidad en las personas menores de cuarenta años.
- Si se experimenta dolor de espalda una vez, hay cuatro veces más posibilidades de que se repita.
- El 80 por ciento de todas las personas experimenta dolor de espalda en alguna época de su vida.
- El 22 por ciento de todas las lesiones son en la espalda.
- En Estados Unidos, cada año hay siete millones de nuevos casos de dolor de espalda grave.

Primer aspecto: Terapia nutricional para el dolor de espalda

Si sufres de dolor de espalda, deberías seguir el programa de terapia nutricional que explico en el capítulo 2. Mi programa nutritivo antidolor tendría que poner fin a gran parte de tus molestias. También deberías seguir los consejos sobre nutrición del capítulo 6, aun cuando en estos momentos no tengas artritis. Casi todo el mundo desarrolla, antes o después, algún grado de artritis en la columna vertebral, y las personas que ya experimentan dolor de espalda son especialmente vulnerables al comienzo de esta artritis.

Seguir las recomendaciones de esos dos capítulos te servirá para conseguir lo siguiente:

- Reducir la inflamación dolorosa.
- Aumentar el nivel de serotonina, que inhibe el dolor.
- Mejorar la salud del cerebro y los nervios, con lo cual se eleva el umbral del dolor y se capacita al cerebro y los nervios para lanzar un fuerte contraataque al dolor.
- Si ahora estás obeso, es probable que pierdas algunos kilos y aliviarás así la carga que soporta tu espalda.
- Estabilizar los niveles hormonales, previniendo así que estas insuficiencias destruyan los huesos.
- Prevenir la artritis y retrasar su avance.
- Dar a los huesos, ligamentos, tendones y músculos los nutrientes que necesitan para regenerarse y mantenerse sanos y jóvenes.

Además de seguir las recomendaciones de esos dos capítulos, sería prudente que siguieras el siguiente programa de supernutrición para los huesos, los nervios, las articulaciones y los músculos. Estas orientaciones están pensadas en especial para satisfacer las necesidades nutritivas de los pacientes de dolor de espalda.

Supernutrición para el dolor de espalda
Todos los pacientes de dolor de espalda deberían consumir con regularidad los siguientes nutrientes (después de consultar a un médico para que elabore un programa a la medida de sus necesidades concretas):

- *Calcio.* El 90 por ciento del calcio del cuerpo está en los huesos y los dientes. La concentración de calcio en los huesos llega a su máximo nivel entre los veinte y los treinta años. Además de formar hueso, el calcio calma la excitación nerviosa, y por lo tanto sirve para controlar el dolor. Toma 1.000-2.500 miligramos diarios.
- *Vitamina C.* Interviene en la metabolización del calcio y es la

principal unidad estructural del colágeno, sustancia con propiedades adhesivas que mantiene el hueso unido, y que también es un componente esencial de los ligamentos y tendones. Toma 1.000-2.000 miligramos de vitamina C en tableta de liberación sostenida tres veces al día.

• *Vitamina D.* Interviene en la absorción del calcio por los huesos. Sin un aporte suficiente de vitamina D, la cantidad de calcio en los huesos puede reducirse a la mitad. El sol proporciona vitamina D, pero si no puedes exponer el cuerpo al sol por lo menos quince minutos cada día, toma 500-800 miligramos diarios en forma de suplemento.

• *Boro.* Este mineral impide la excreción del calcio por la orina, al parecer también estabiliza los niveles de estrógenos. Toma 3-6 miligramos diarios.

• *Zinc.* Ayuda a la vitamina D a metabolizar el calcio. Algunos investigadores creen que la insuficiencia de zinc contribuye de forma importante a la osteoporosis. Toma 50 miligramos diarios.

• *Vitamina K.* Interviene en la asimilación del calcio por los huesos; también impide su excreción. Toma 100 mcg diarios.

• *Cobre.* La insuficiencia de este mineral aumenta la desmineralización de los huesos. Toma 2-3 miligramos diarios, pero no excedas esa dosis, porque el exceso de cobre puede ser tóxico.

• *Magnesio.* Activa la vitamina K, por lo tanto ayuda a la absorción del calcio. También contribuye a la flexibilidad y resistencia de músculos, tendones y ligamentos, y ayuda al cerebro a combatir el estrés. Se estima que un 72 por ciento de estadounidenses consumen menos magnesio que la dosis diaria recomendada por el organismo gubernamental de salud. Toma 1.000-2.000 miligramos diarios, una dosis aproximadamente igual a la de calcio.

• *Silicio.* Es un mineral esencial en la formación de tejido conjuntivo (el cartílago también es tejido conjuntivo), y los huesos lo utilizan para metabolizar el calcio. Toma 1000 mcg diarios.

• *Manganeso.* El cuerpo lo utiliza para la producción de cartílago y hueso. En un estudio se comprobó que las mujeres pacientes de osteoporosis tenían un 75 por ciento menos de manganeso en la sangre que las que no tenían osteoporosis. Toma 5 miligramos diarios.

Puedes tomar estos minerales solos o en forma de un suplemento multimineral.

Segundo aspecto: Fisioterapias para el dolor de espalda

Hay diversas fisioterapias excelentes para el dolor de espalda, que proporcionan resultados rápidos y duraderos. En mi opinión, la más eficaz de las fisioterapias es la de ejercicios de mente-cuerpo; otras muy valiosas son la terapia de ejercicios, la acupuntura y la de manipulación. También son útiles el masaje, la terapia de calor y frío, la unidad TENS, el ultrasonido y la corrección de la postura.

Veamos en detalle el valor de cada una de estas terapias.

Terapia de ejercicios

Según mi experiencia clínica, y según los mejores estudios recientes, los ejercicios más útiles para hacer frente al dolor de espalda no son los tradicionales de estiramiento, sino aquellos que fortalecen los músculos de la espalda. Entre estos ejercicios fortalecedores están los anaeróbicos en el suelo, los yóguicos y ciertos ejercicios de resistencia de peso.

Aunque creo que los ejercicios de estiramiento son menos importantes que los de fortalecimiento, sigo creyendo que pueden ser valiosos para la mayoría de los pacientes. Por lo tanto, la mayoría de los ejercicios de fortalecimiento que recomiendo también estiran los músculos.

Los ejercicios de fortalecimiento y de estiramiento hay que realizarlos prácticamente cada día. Cuando los hagas, tus movimientos deberán ser lentos, suaves y gráciles, no rápidos ni enérgicos. Es aceptable sentir un leve grado de molestia mientras se ejecutan, pero no debes sentir dolor. Si un ejercicio te causa dolor, modifícalo hasta que no te lo cause. Una vez que adquieras pericia en estos ejercicios, la mayoría te resultarán agradables.

De vez en cuando podrías sentir y oír un leve sonido, un suave «plop», que se produce cuando las articulaciones desplazadas, entre ellas las vértebras, se alinean en sus posiciones correctas.

1. **Rotación del tronco en posición supina**. Tiéndete de espaldas con las rodillas levantadas y los pies juntos en el suelo. Bajo el cuello coloca una toalla enrollada para afirmar la curva natural de la columna. Sin separar las rodillas, muévelas hacia un lado, trata de tocar el suelo con ellas y gira la cabeza hacia el lado opuesto; después vuélvelas hacia el otro lado, girando también la cabeza hacia el lado opuesto. Repítelo 20-50 veces.

2. **Tonificador de la zona lumbar**. Tendido de espaldas, levanta lentamente las rodillas y acércalas al pecho; cógelas con las manos y llévalas al pecho tanto como puedas sin sentir molestia ni dolor. Mantén la posición de medio a un minuto.

3. **Torsión del tronco**. Tiéndete de espaldas con las rodillas levantadas y los pies planos en el suelo. Extiende los brazos hacia los lados para una mejor estabilidad. Coloca un tobillo sobre la rodilla de la otra pierna. Sin quitar el tobillo, baja suavemente la rodilla hacia el lado y trata de tocar el suelo. Bájala hasta que notes que se estiran los músculos de las caderas. Mantén la posición entre medio y un minuto. Después haz el mismo movimiento con la otra pierna, hacia el otro lado.

4. **Rotación del tronco, en pie**. Ponte en pie con los pies separados y los brazos extendidos hacia los lados. Con suavidad, gira el tronco en semicírculo, e impúlsate con los brazos para aumentar la rotación; gira la cabeza en el mismo sentido de la rotación. Repite 10-25 veces en cada sentido.

5. **Elevación de la pelvis**. Tiéndete de espaldas con las rodillas levantadas y los pies apoyados planos en el suelo. Levanta las nalgas, separándolas del suelo tanto como puedas sin sentir incomodidad, y vuelve a bajarlas. Repite 10-20 veces.

6. **Arco de gato**. Con las manos y las rodillas apoyadas en el suelo, arquea la espalda hacia arriba, como hacen los gatos cuando se es-

tiran. Después bájala hasta que el estómago quede colgando hacia abajo. Repite 10-20 veces.

7. Tonificador de las caderas. Siéntate en el suelo con las rodillas levantadas y los pies apoyados en el suelo, planos. Levanta un pie y colócalo sobre la rodilla levantada. Para afirmarte, apoya las manos en el suelo detrás de ti. Mantén la posición entre medio y un minuto. Repite el movimiento con la otra pierna.

8. Tonificador de los isquiotibiales. Ponte de pie con un pie a unos veinticinco centímetros delante del otro. Levanta los dedos del pie de delante y flexiona levemente las rodillas. Inclínate por la cintura hasta que sientas que empiezan a estirarse los músculos de la parte posterior de los muslos y de las pantorrillas. Haz este movimiento 10-15 veces y luego repite con el otro pie.

9. Contracción abdominal. Tiéndete de espaldas con las rodillas levantadas y los pies apoyados planos en el suelo. Levanta los hombros, separándolos unos 25 centímetros del suelo. Repite 20-100 veces.

10. Fortalecedor de la zona inferior de la espalda. Tiéndete boca abajo con los brazos y las piernas separados y las rodillas y los codos rectos. Levanta al mismo tiempo un brazo y la pierna del otro lado, separándolos unos 25 centímetros del suelo. Mantén la posición un momento y luego repite el movimiento con el otro brazo y la otra pierna. Hazlo 10-15 veces.

Ejercicios de resistencia de peso
Además de los diez ejercicios que acabo de explicar, también deberías hacer una cantidad moderada de ejercicio de resistencia de peso. Como he dicho, estos ejercicios son los mejores para los huesos.

Caminar es un excelente ejercicio de resistencia de peso para la parte inferior de la espalda. Trotar o correr también es útil, pero tiene un efecto vibrador en la columna, los tobillos y las rodillas, y suele ser perjudicial para las personas con problemas de espalda. Ten presente que si duele no debes hacerlos. Si lo haces, haz ejercicios de calentamiento antes, usa zapatillas que amortigüen el golpe y procura no hacerlo sobre superficies duras.

Para la parte superior del cuerpo, lo mejor es levantar pesas. Sólo hace cinco años muchos médicos no aprobaban que los pacientes de dolor de espalda levantaran pesas. Pero ahora ha comenzado a cambiar esa actitud. Recomiendo desde hace muchos años el levantamiento de pesas y mis pacientes de dolor de espalda se han beneficiado muchísimo de ello.

Para aliviar el dolor de espalda, no trates de levantar grandes pesos, concéntrate en repetir mucho con pesos ligeros. El levantamiento de pesas pesadas puede causar fácilmente distensión en los músculos que necesitas cuidar.

El ejercicio se centra sobre todo en los músculos de la espalda, las caderas y el abdomen, entre ellos los dorsales anchos, los erectores de la columna, los glúteos medios, los abdominales, los trapecios y los romboides.

Como verás en la ilustración de la página 301, todos los músculos del cuerpo están conectados por huesos, tendones y ligamentos. Por lo tanto, tu espalda estará mejor y bien alineada si mantienes la fuerza adecuada en todo el cuerpo.

Los siguientes son los mejores ejercicios de resistencia de peso para fortalecer la espalda. Algunos se pueden hacer con mancuernas o barras de pesas portátiles, y para otros es preciso una polea o aparato con pesas; los ejercicios con aparatos no son esenciales si haces todos los de pesas sueltas.

Tracción en polea alta. En un aparato de polea, coge la barra que está encima de tu cabeza con las palmas de la mano. Tira de ella hasta bajarla aproximadamente a la altura del pecho y luego déjala volver lentamente a su posición inicial. Repite el movimiento hasta que notes cansancio en los músculos de la parte superior de la espalda. Este ejercicio fortalece los dorsales anchos.

Tonificador abdominal. Sentado en el suelo, sujeta detrás del cuello una barra individual de pesas livianas. Inclínate todo lo que puedas sin sentir incomodidad y vuelve a la posición sentado erguido. Repite hasta que comiences a cansarte.

Remo horizontal. Sentado en el suelo de cara al aparato de pesas, coge la barra inferior con los brazos bien extendidos. Tira de ella hacia tu estómago. Repite el movimiento hasta que comiences a cansarte.

Remo al cuello. De pie y erguido, levanta la barra inferior de un aparato de polea o una barra de discos, desde la altura de las caderas hasta la la barbilla. Bájala lentamente, y repite hasta que comiences a cansarte.

Elevación frontal con barra de discos. Posición inicial de pie y erguido con la barra de discos a la altura de las caderas. Sin doblar los codos levántala hacia delante hasta la altura del pecho. Repite hasta que comiences a cansarte.

Elevaciones laterales con mancuerna. Posición inicial de pie y erguido con los brazos rectos a los costados, sujetando una mancuerna liviana en cada mano. Sin doblar los codos levanta los dos brazos al mismo tiempo. Continúa hasta que comiences a cansarte.

Tonificador de las caderas. De pie y junto a la polea baja, pon el tobillo por dentro de la correa conectada al aparato. Apoyándote en él, aleja la pierna sujeta y luego deja volver lentamente la correa hasta su posición inicial. Repite el movimiento hasta que comiences a cansarte y después haz lo mismo con la otra pierna.

Flexión lateral. De pie y junto a la polea, coge la correa inferior con la mano. Aleja el torso del aparato levantando así las pesas conectadas a la correa. Deja volver lentamente las pesas a su posición inicial. Repite el movimiento hasta que comiences a cansarte, y luego haz el ejercicio por el otro lado.

Los principales grupos de músculos

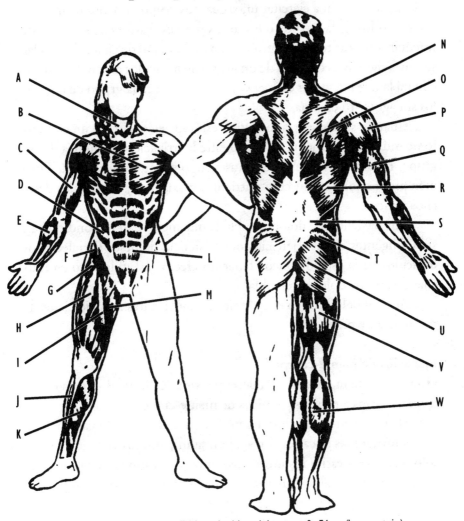

- A. Esternocleidomastoideo (cuello)
- B. Pectoral mayor (pecho)
- C. Bíceps braquial (brazo)
- D. Oblicuos del abdomen (cintura)
- E. Braquial anterior (antebrazo)
- F. Flexores de la cadera (muslo, parte superior)
- G. Abductor (muslo, lado externo)
- H. Cuádriceps (muslo, lado anterior)
- I. Sartorio (muslo, lado anterior)
- J. Tibial anterior (pierna, lado anterior)
- K. Sóleo (pierna, profundo)
- L. Recto mayor del abdomen (anterior)
- M. Aductor (muslo, lado interno)
- N. Trapecio (espalda, parte superior)
- O. Romboides (espalda, parte superior)
- P. Deltoides (hombro)
- Q. Tríceps (brazo, posterior)
- R. Dorsal ancho (espalda, parte media)
- S. Erectores de la columna (espalda, inferior)
- T. Glúteo medio (cadera)
- U. Glúteo mayor (nalga)
- V. Isquiotibiales (muslo-pierna, posterior)
- W. Gemelos (pantorrilla)

(Ilustración cortesía de Robert Gonzalez, ICON Health & Fitness.)

Los ejercicios de resistencia de pesos te serán muy beneficiosos si dedicas cada sesión a ejercitar unos cuantos grupos aislados de músculos, como los de la espalda o los de las piernas. Esto es más eficaz que intentar tonificar todo el cuerpo en una sola sesión de ejercicios. En las sesiones siguientes cambias de un grupo de músculos a otro. Esto te facilitará la tarea de dotar de fuerza y resistencia a cada grupo de músculos sin agotar tu energía.

Cuando se concentra toda una sesión de ejercicios en un conjunto de músculos, aumenta drásticamente la irrigación sanguínea de ese grupo. Esto desarrolla el tejido muscular, o produce hipertrofia. También proporciona al músculo nutrientes y oxígeno, y expulsa los desechos tóxicos.

Mis pacientes de dolor de espalda que mejor han respondido han sido diligentes en sus ejercicios de resistencia de peso. Fortalecer los músculos de la espalda puede tener un efecto casi milagroso en muchas formas de dolor de espalda.

Al final del libro, en el apéndice 2, encontrarás más ejercicios de resistencia de peso.

Ejercicios de mente-cuerpo
Otra excelente manera de fortalecer y estirar los músculos de la espalda es hacer los ejercicios yóguicos de mente-cuerpo.

He estudiado yoga durante unos veinte años y he llegado a creer que la forma más eficaz es el yoga kundalini, antigua práctica que no sólo fortalece y estira los músculos, sino que también ayuda al cuerpo a generar y hacer circular la energía vital llamada prana o kundalini.

La palabra «yoga» tiene la misma raíz que las palabras «yunta» y «ayuntar», que significa «unir, juntar». El yoga une las diversas partes del cuerpo; las mejores formas de yoga unen no sólo las partes del cuerpo separadas sino también cuerpo, mente y espíritu. El yoga kundalini es particularmente útil para reunir el cuerpo, la mente y el espíritu en una sola fuerza armoniosa. Dado que los ejercicios del yoga kundalini estimulan la mente y el espíritu, suelen llamarse ejercicios de mente-cuerpo.

En el apéndice 1 explico los detalles de los ejercicios de mente-cuerpo para el dolor de espalda.

El deporte y el dolor de espalda
Participar en deportes puede ir muy bien a muchos pacientes de dolor de espalda, pero han de tener mucho cuidado con sus movimientos.

Un deporte que puede causar daño si no se hace bien es el golf. El golf impone mucho esfuerzo a la espalda debido a la torsión del cuerpo propia del movimiento llamado *swing*. Si juegas al golf, siempre debes hacer ejercicios de calentamiento antes de jugar, estirando los músculos de la espalda y las caderas; no deberás inclinarte demasiado durante el *swing* ni rotar excesivamente el tronco. Si en cualquier momento de este movimiento te duele la espalda, deberás modificarlo de inmediato hasta que ya no te cause dolor. Un paciente mío, de sesenta y cuatro años, que acababa de retirarse, estaba apenadísimo porque el dolor de espalda lo había obligado a dejar de jugar. Pero cuando comenzó a hacer los ejercicios de mente-cuerpo, y después de seis sesiones de acupuntura, estuvo encantado de continuar jugando.

Otra terapia popular entre muchos golfistas es la magnetoterapia. Como contaba en el capítulo 3, varios golfistas prominentes han respondido de modo espectacular a la magnetoterapia. Es apropiada no sólo para deportistas y atletas, sino también para cualquier persona que sufra de dolor de espalda crónico. Repasa, por favor, la información sobre la magnetoterapia del capítulo 3.

El juego de los bolos también puede agravar muchísimo el dolor de espalda. El peor error, muy común, es flexionar una rodilla muy ligeramente mientras la otra se flexiona del todo; esto impone un esfuerzo extra a la espalda. Otro riesgo es levantar demasiado la bola durante el movimiento de lanzarla. También tienes que acordarte de hacer ejercicios de calentamiento antes de comenzar el juego.

La mayoría de los pacientes de dolor de espalda pueden jugar al tenis y al frontón, pero deben hacerlo con mayor prudencia. Los deportes de raqueta obligan a detenerse en seco y a frecuentes flexiones; ambas cosas suelen causar contracturas o distensiones en los músculos de la espalda.

Montar en bicicleta es un excelente deporte para muchos pacientes de dolor de espalda, porque sólo impone un esfuerzo moderado a la espalda; sin embargo, si sufres de dolor, sólo deberás montar bicicletas con el manillar alto y no con el bajo de competición. Los manillares de las bicicletas de carrera exigen una postura inclinada que es perjudicial para la mayoría de los pacientes de dolor de espalda. Además, es deseable detener la marcha con frecuencia para hacer unos cuantos estiramientos, porque cualquier postura fija durante un periodo prolongado agrava el dolor.

Nadar es uno de los mejores ejercicios para los pacientes de dolor de espalda, pero para el estilo crol es necesario modificar los movimientos. Las constantes torsiones del cuello, necesarias para respirar, pueden ser nocivas; será necesario usar mascarilla con tubo de respiración para nadar en este estilo.

Probablemente el mejor ejercicio para pacientes de dolor de espalda y de artritis sean los aeróbicos acuáticos. Fortalecen los músculos y son buen ejercicio cardiovascular, que no estresan las articulaciones que soportan el peso.

Si sufres dolor de espalda en cualquier grado debes hacer ejercicio. Ningún otro elemento aislado de tu programa para el dolor puede beneficiarte tanto.

Acupuntura y digitopresión
Hace unos dieciocho años, cuando mi hijo era muy pequeño, me incliné para cogerlo y sentí un dolor terrible en la espalda. Fue como si alguien me hubiera atravesado con una lanza. Hice las terapias tradicionales, entre ellas reposo en cama y toma de antiinflamatorios, pero el dolor continuó. Durante casi dos años me dolió muchísimo la espalda. Entonces fui a mi primera sesión de acupuntura; los resultados fueron espectaculares. Después de un sólo tratamiento el dolor disminuyó en un 90 por ciento, y nunca me ha vuelto con la intensidad de esa primera vez. Siguiendo el programa que explico en esta sección, sobre todo la práctica de los ejercicios de mente-cuerpo, nunca he perdido un día de trabajo por culpa del dolor de espalda.

Si tienes dolor de espalda crónico o un dolor agudo discapacitador, te insto a contemplar la posibilidad de ir a un acupuntor titulado o a un médico acupuntor. El método único de la acupuntura produce ciertos cambios que es imposible reproducir con ninguna otra terapia.

También podrías obtener cierto alivio con la digitopresión, aunque encuentro que sus efectos no son tan espectaculares como los de la acupuntura. Probablemente recordarás del capítulo 3 que la digitopresión es la presión y masaje de algunos puntos de acupuntura.

Mi punto favorito de digitopresión para el dolor de espalda es el Ve-60, que está situado en el pie; para encontrarlo coloca el pulgar en la prominencia del tobillo, o maléolo, por el lado externo. Mueve el pulgar y presiona en la depresión entre el maléolo y el talón hasta sentir un punto sensible, doloroso. Fricciona ese punto con energía, de arriba abajo. Para aumentar la eficacia, usa algún aceite lubricante. El nervio ciático termina en esa parte, de modo que masajear ese punto es particularmente útil para el dolor ciático.

Otro punto que alivia el dolor de espalda, sobre todo el de la parte superior debido a una lesión de latigazo, es el Ve-10; para encontrarlo, coloca el índice sobre el ancho músculo trapecio, que va desde el hombro al cuello; el punto está en la parte interior del músculo (el lado más cercano a la columna), a la altura de la primera vértebra cervical.

Otro punto que también alivia a algunos pacientes es el CG-26, situado a medio camino entre la base de la nariz y el borde del labio. Este punto suele ir bien para el dolor de la zona inferior de la espalda.

Terapia de manipulación

Hasta hace unos años muchos médicos eran escépticos respecto al valor de las terapias de manipulación como la osteopática y la quiropráctica. Sin embargo, en 1992, un extenso estudio realizado por la Rand Corporation indicó claramente que la manipulación quiropráctica aliviaba el dolor mejor que cualquier otro tratamiento, incluidos la cirugía y los medicamentos. Alrededor del mismo tiempo en que se publicó el estudio Rand, *British Journal of Medicine* publicó un importante trabajo sobre la quiropráctica que demostraba que era superior a la medicina tradicional en el tratamiento del dolor de espalda.

Actualmente, la mayoría de los médicos aceptan que la terapia de manipulación puede ser muy útil para pacientes de dolor de espalda. Si el médico al que visitas ahora para tu dolor de espalda aún es escéptico respecto a esta terapia, es posible que esté desconectado de las tendencias médicas actuales.

Si nunca has experimentado una terapia de manipulación, tal vez descubras que una sesión es una experiencia muy agradable. Prácticamente es indolora, y suele procurar alivio inmediato. La visita durará alrededor de media hora, y tal vez te pidan una radiografía. Al principio del tratamiento tal vez necesites ir al terapeuta cada semana durante varias semanas; pero pronto sólo será necesario un tratamiento de tanto en tanto, cuando tengas una crisis de dolor.

Otras fisioterapias para el dolor de espalda
Probablemente, la más importante de las demás fisioterapias es el trabajo postural. La mala postura contribuye a la degeneración de las vértebras, la artritis de la columna, la distensión muscular y el agravamiento de las anormalidades existentes, incluido el dolor crónico.

En el capítulo 3 hablé de una excelente técnica para mejorar la postura, el método Trager. Si tienes dolor de espalda crónico y mala postura, deberías sopesar la posibilidad de contratar a un terapeuta de esta modalidad.

Si no consultas con un especialista en postura, de todos modos debes hacer un esfuerzo por mejorarla. Cuando estés en pie, la cabeza deberá estar alineada directamente sobre la región pelviana, no agachada ni echada hacia atrás. Cuando estés sentado durante periodos prolongados, la cintura deberá tocar el respaldo del asiento, y los pies deberán estar apoyados en el suelo, con las rodillas flexionadas en un ángulo de noventa grados. Cuando duermas, deberás estar acostado en un colchón firme y dormir de costado lo más cómodo posible.

También deberás tener mucho cuidado cuando levantes algo; apoya el peso en las piernas, no en la espalda, y totalmente de frente a cualquier cosa que levantes.

Evita usar zapatos con tacón de altura superior a cinco centímetros. Si usas tacones altos, evita todo lo posible estar de pie o caminar mucho con ellos. Si tienes una pierna bastante más larga que la otra, anormalidad relativamente común, trata de usar un zapato más alto. Si la diferencia es inferior a dos centímetros, es improbable que la mayor altura de un zapato te alivie el dolor de espalda.

El reposo en cama puede ser útil para el dolor de espalda agudo e intenso, pero no deberá exceder los tres o cuatro días. El reposo va bien para relajar los músculos tensos o contraídos, y a veces alivia el dolor intenso en las piernas causado por un pinzamiento del nervio ciático. Pero el reposo en cama prolongado es perjudicial para prácticamente todos los pacientes de dolor de espalda. Cada día en cama significa una atrofia muscular de alrededor del 1,5 por ciento. Con diez días en cama se pierde cerca del 15 por ciento de la buena forma cardiopulmonar. Con dos semanas en cama se pierde alrededor del 7 por ciento de la densidad ósea. El reposo en cama prolongado también suele causar depresión. No hay ninguna prueba de que el reposo en cama prolongado sirva al restablecimiento de los pacientes. Así pues, aunque haya mucho dolor, hay que tratar de levantarse y estar lo más activo posible.

La tracción va bien a algunos pacientes, pero en general sus beneficios son bastante limitados. Esta forma de terapia, que consiste en estirar los músculos atando pesos al cuerpo, fue muy popular entre los médicos que trataban el dolor de espalda. Sin embargo, estudios recientes indican que la tracción sólo es útil para pacientes que tienen nervios pinzados, y aun así esos pacientes rara vez obtienen alivio duradero con ella. La terapia de tracción durante mucho tiempo tiene los mismos riesgos que el reposo en cama prolongado, y también podría contribuir a la formación de coágulos en las piernas. Además, suele producir molestias o malestar. Yo casi nunca la recomiendo.

El masaje resulta muy beneficioso para el dolor de espalda, sobre todo si lo hace un profesional. En el capítulo 3 explico varias de las formas de masaje más eficaces. El masaje relaja los músculos contraídos, acelera la expulsión de las toxinas de los tejidos musculares, mejora la circulación y contribuye a romper el ciclo de dolor.

Las terapias de calor y frío también tienen efectos beneficiosos en el dolor de espalda. La terapia de frío, o crioterapia, reduce la inflamación, podría aliviar la contracción muscular e interviene en el ciclo de dolor. La terapia de calor, o termoterapia, relaja las fibras musculares, acelera el metabolismo en los músculos y también interviene en el ciclo de dolor.

Normalmente la terapia de frío se aplica con bolsas de hielo o ungüentos refrescantes, y la terapia de calor con almohadillas térmicas y agua caliente. Muchos de mis pacientes han descubierto que estas dos terapias dan mejores resultados cuando se alternan.

La terapia por ultrasonidos es relativamente nueva y ha ido bien a algunos pacientes. Consiste en la aplicación en la espalda de un aparato que emite vibraciones sonoras de alta frecuencia. Las señales que emite el aparato penetran hasta cinco centímetros y al parecer reducen la inflamación y mejoran la circulación. No obstante, todavía no hay suficientes estudios que demuestren su eficacia.

La terapia TENS, o estimulación eléctrica transdérmica de los nervios, es algo similar a la de ultrasonido, pero aplica una corriente eléctrica leve y no ondas sonoras. Tampoco hay estudios suficientes que demuestren su eficacia, pero los informes de pacientes que la han usado tienden a ser muy favorables. Varios pacientes míos la usan. Es relativamente segura y agradable, y puede tener un efecto instantáneo.

El uso de tirantes o corsé ortopédicos para la espalda, puede servir para prevenir lesiones, pero no es eficaz para tratar un dolor ya existente; sin embargo, es importante que el paciente prevenga futuras dolencias. Con frecuencia, el dolor sólo se agrava cuando la espalda ha sufrido una serie de lesiones.

Así concluye la sección sobre fisioterapias para el dolor de espalda, que es una de las más largas del libro. Lo cual viene a decirnos que la fisioterapia es por lo general el método más eficaz para el dolor de espalda y es un componente absolutamente indispensable de cualquier tratamiento eficaz para este dolor.

Tercer aspecto: Medicación para el dolor de espalda

Los medicamentos alivian el dolor a muchos pacientes, pero han de tomarse con prudencia. Durante años muchos médicos han recetado medicamentos equivocados para el dolor de espalda, y también han mantenido demasiado tiempo el tratamiento. Este uso desinformado y descuidado de la medicación ha provocado mucho sufrimiento.

El principal error que cometen médicos y pacientes es esperar demasiado de los medicamentos. Ocurre a menudo que la medicación es la única terapia, y los resultados de esta manera de actuar tan limitada suelen ser desastrosos.

Un método mucho más inteligente es tomar medicamentos potentes, de venta con receta, sólo ante un dolor de espalda agudo, de corta duración, y para crisis graves cuando el dolor es crónico. Creo firmemente que para el dolor de espalda más frecuente, el crónico moderado, no se deben administrar de forma continuada, regular.

Sin embargo, es posible tratar con eficacia, año tras año, el dolor de espalda crónico moderado con una cuidadosa administración de medicamentos suaves, como la aspirina, y con remedios naturales, como las hierbas y los remedios homeopáticos. Muchos de mis pacientes se han beneficiado enormemente de este uso prudente de la medicación.

Veamos primero los medicamentos potentes de venta con receta, la mayoría de los cuales deberías evitar.

Medicamentos de venta con receta

Los opiáceos podrían ir bien para algunas formas de dolor crónico, pero en mi opinión no tienen ninguna cabida en el tratamiento del dolor de espalda crónico, aunque algunos médicos sigan recetándolos. A veces son útiles en una crisis de dolor agudo; pero incluso en esas situaciones normalmente yo uso el opiáceo más suave posible, como el acetaminofén con codeína. Las pruebas indican que los opiáceos no sólo son peligrosos, sino también que no son más eficaces que los antiinflamatorios no esteroideos, como el ibuprofén.

Los esteroides se recetan a veces para reducir la inflamación de un nervio pinzado, pero yo no recomiendo el uso de esteroides ni siquiera para esta situación. Tienen muchos efectos secundarios peligrosos y creo que su eficacia no justifica el riesgo.

Los relajantes musculares son populares entre muchos médicos, pero yo rara vez los receto. Para empezar, no relajan los músculos, sino la mente y, a partir de ahí, los músculos. Si se puede relajar la mente con un método más seguro, como la meditación, al final uno está más sano. Los relajantes musculares como el Flexeril y el Valium pueden crear hábito, y tienen numerosos efectos secundarios. En mi opinión, el único uso correcto de estos fármacos es durante un tiempo muy corto, para el dolor de espalda agudo.

Los antidepresivos a veces alivian el dolor, como explico en el capítulo 4. Tienen el efecto de aumentar la producción de serotonina, inhibidora del dolor, contribuyen a superar el insomnio y disminuyen la depresión (que baja el umbral del dolor). Sin embargo, no tienen ningún beneficio directo para la espalda.

Las inyecciones analgésicas son útiles para aliviar el dolor intenso de un nervio pinzado. En mi opinión, el tratamiento más eficaz en este ámbito es con un analgésico inyectado directamente en el espacio epidural, el adyacente a la médula espinal. Esto alivia el dolor de un nervio pinzado. Según mi experiencia clínica, las inyecciones epidurales son más eficaces cuando se administran en una serie de tres, durante un periodo de tres semanas. Sin embargo esto no se puede hacer más de una vez al año.

Otro método que de vez en cuando alivia el dolor de espalda es inyectar un anestésico local en puntos dolorosos de los músculos. Estos puntos, llamados «puntos desencadenantes», pueden activar el dolor en cualquier otra parte del cuerpo. Por ejemplo, un punto desencadenante situado en una nalga podría irradiar el dolor hacia la pierna y reflejar así los síntomas de la ciática. Pero estos puntos también suelen eliminarse con masaje. Repasa la información sobre mioterapia en el capítulo 3, donde doy más detalles sobre los puntos o desencadenantes.

Medicamentos de venta sin receta

Los mejores fármacos sin receta para el dolor de espalda son los antiinflamatorios no esteroideos, como el ibuprofén, por ejemplo.

En el capítulo 4 hablamos extensamente sobre estos medicamentos, de modo que deberías repasar esa información.

El principal valor de estos medicamentos, como recordarás, es que no sólo inhiben el dolor, sino que también combaten la inflamación. Son beneficiosos sobre todo para los pacientes de dolor de espalda, que suelen tener inflamación en los músculos, nervios y articulaciones.

El antiinflamatorio no esteroideo usado con más frecuencia para el dolor de espalda es la aspirina. Pero sus efectos duran poco, por lo que la dosis ha de repetirse cada cuatro horas, lo cual resulta incómodo a algunos pacientes. Además, la aspirina causa más irritación en el estómago que otros antiinflamatorios no esteroideos.

El ibuprofén irrita menos el estómago que la aspirina, y también goza de gran popularidad entre muchos pacientes de dolor de espalda. Como ocurre prácticamente con todos los medicamentos, da mejor resultado cuando se combina con otras terapias. Cuando estalla mi dolor de espalda, tomo dos comprimidos de 400 miligramos de ibuprofén, me caliento los músculos con una ducha caliente y hago ejercicios de mente-cuerpo.

Un antiinflamatorio no esteroideo que tiene efecto más duradero que la aspirina y el ibuprofén es el cetoprofén, un medicamento cómodo de tomar, pues basta con un comprimido diario. Hay otros antiinflamatorios no esteroideos que también requieren una sola dosis al día, pero su eliminación es más difícil que la del cetoprofén, y pueden producir acumulación tóxica.

Otro antiinflamatorio no esteroideo popular es el naproxeno, que se vende sin receta con el nombre Aleve; este se toma con más frecuencia, dos veces al día, y se considera uno de los antiinflamatorios con menos riesgos.

Aunque los antiinflamatorios no esteroideos suelen ser muy útiles para el dolor de espalda, hay que tener mucho cuidado y no tomarlos en dosis muy elevadas ni con demasiada frecuencia. Como explico en el capítulo 4, el abuso de estos medicamentos suele tener resultados desastrosos. Te recomiendo repasar la información sobre los muchos efectos secundarios de los antiinflamatorios no esteroideos.

Remedios homeopáticos
En mi opinión, los remedios homeopáticos, de los que hablo en el capítulo 4, son mucho más seguros y con frecuencia igual de eficaces que los antiinflamatorios no esteroideos, y sus beneficios mucho mayores. Varios de ellos también inhiben el dolor y actúan sobre la inflamación, y además reducen la tensión muscular, mejoran el metabolismo de los músculos y la circulación, y aceleran la curación de las lesiones.

Algunos de mis pacientes se han sentido mucho mejor después de reemplazar antiinflamatorios no esteroideos por remedios homeopáticos. Por ejemplo, tuve un paciente al que le apareció una úlcera sangrante por tomar un antiinflamatorio no esteroideo para la artritis vertebral. Lo insté a tomar remedios homeopáticos en lugar del antiinflamatorio y se sintió mucho mejor. Los remedios homeopáticos le controlaron el dolor con igual eficacia que el antiinflamatorio y pronto le desapareció la úlcera.

Los siguientes son los remedios homeopáticos que receto con más frecuencia para el dolor de espalda:

- *Rhus toxicodendron*. Este remedio, que a veces se abrevia *Rhus tox*, alivia el dolor originado en los músculos, las articulaciones y los tendones. Se puede tomar en pastillas o aplicar en ungüento.
- *Pulsatilla*. Alivia el dolor muscular y articular, y suele ser particularmente efectivo para las personas activas y agresivas, de personalidad tipo A, que al parecer son muy vulnerables a los trastornos musculares dolorosos, como el dolor de la zona inferior de la espalda y la fibromialgia. Mis pacientes la toman para el dolor de espalda y el artrítico. Es también un remedio muy popular para el dolor premenstrual.
- *Árnica montana*. Este es el analgésico homeopático de uso más común. Es excelente para el dolor muscular, y se presenta en dos for-

mas, pastillas para toma oral y ungüento para aplicación tópica. La eficaz crema Traumeel contiene árnica.
- *Arsenicum album*. A veces es eficaz para el dolor ciático y el artrítico. Muchos dolores que mejoran con ejercicio suave y de estiramiento responden bien a este remedio.
- *Bryonia*. Alivia el dolor de espalda agravado por el frío.
- *Dulcamara*. Algunos pacientes que se sienten peor después de hacer ejercicio o esfuerzo responden favorablemente a este remedio.
- *Kali carbonicum*. Suele aliviar el dolor ciático y otros dolores que irradian hacia las piernas.

Otra buena forma de usar los remedios homeopáticos es tomar fórmulas específicas. Varias empresas producen fórmulas especialmente elaboradas para tratar el dolor de espalda. Las encontrarás en la mayoría de las tiendas de alimentos dietéticos.

Los remedios homeopáticos también se pueden inyectar. Un paciente mío, colega médico que tenía un disco roto, respondió muy bien a un remedio homeopático inyectado en el espacio epidural. Cuando se le rompió el disco daba la impresión de que necesitaría una intervención quirúrgica, pero después de las inyecciones, acompañadas por tratamientos de acupuntura, la cirugía se demostró innecesaria. A pesar del disco herniado, la espalda no le causaba ningún problema importante de dolor.

Hierbas medicinales para el dolor de espalda
Un último tipo de medicación para el dolor de espalda son las hierbas medicinales. Durante miles de años los herbolarios han aliviado a pacientes, muy rara vez con efectos secundarios graves.

En la tradición herbolaria occidental, las plantas más usadas para el dolor de espalda son: cimifuga (*Cimifuga racemosa*), corteza seca de *Viburnum trilobum* (parecido a la planta bola de nieve), corteza de sauce y castaño de Indias.

La *cimifuga*, usada por los nativos norteamericanos, relaja los músculos lisos, se ha usado desde hace mucho tiempo para tratar la artritis y el dolor de la baja espalda y se encuentra en la mayoría de las tiendas de alimentos dietéticos. Se toma en infusión. Pon una cucharadita en una taza de agua hirviendo y déjala unos momentos. Toma una taza tres veces al día.

La *corteza de Viburnum trilobum* calma los calambres y espasmos musculares. Va muy bien a muchos pacientes de dolor de espalda. Se encuentra en las tiendas de alimentos dietéticos y se toma en infusión.

La *corteza de sauce* es una fuente orgánica de salicilatos, que son los ingredientes activos de la aspirina. Irrita menos el tubo gastrointestinal que la aspirina y por lo tanto es un excelente sustituto de este fármaco. Se encuentra en las tiendas de alimentos dietéticos y se toma en infusión. La infusión también se puede aplicar como analgésico tópico.

El *castaño de Indias* reduce la inflamación y alivia los músculos tensos de la espalda. Se encuentra en las tiendas de alimentos dietéticos.

En la tradición herbolaria china, los médicos usan *Radix duhuo* y olíbano. El *Radix duhuo* es apropiado para el dolor de espalda que se intensifica con el frío y se alivia con el calor. El olíbano o incienso es un agente antiinflamatorio suave que disminuye la hinchazón.

También existen varias fórmulas herbolarias chinas destinadas especialmente para el dolor de espalda. Se pueden comprar en una herboristería o a través de un profesional de la salud, como un acupuntor, por ejemplo.

Cuarto aspecto: Control mental y espiritual del dolor

Por estudios recientes y por mi propia experiencia clínica he llegado a creer que la mente y el espíritu influyen muchísimo en el dolor de espalda.

De todos los tipos de dolor crónico, el de espalda podría ser el más vulnerable a la influencia de la mente y el espíritu, sobre todo porque una falta de armonía en la mente y el espíritu exacerba la tensión muscular, y esta tiene un papel importantísimo en el dolor de espalda.

Recientes estudios gubernamentales demuestran a las claras que los factores mentales permiten predecir el futuro dolor de espalda. Incluso más que los factores físicos, como la obesidad y el trabajo físico arduo, los factores mentales anuncian con mucha precisión la vulnerabilidad al dolor de espalda.

Uno de los factores mentales más importantes en la predicción del comienzo de dolor de espalda es la satisfacción o insatisfacción que siente la persona con su trabajo. Cuando una persona detesta su trabajo es mucho más propensa a sufrir de dolor de espalda. Si le gusta su trabajo es menor su vulnerabilidad a sufrir un dolor de espalda crónico y discapacitador, aun cuando el trabajo sea físicamente estresante.

Además, según estudios del Departamento de Salud y Servicios Humanos estadounidense, los factores mentales son los elementos más importantes para predecir la respuesta a un tratamiento. Las personas de personalidad relajada y positiva tienden a responder bien al tratamiento, mientras que las que adoptan una actitud negativa, tensa, y se sienten desgraciadas responden desfavorablemente.

Cuando las personas están tensas y se sienten desgraciadas, casi siempre contraen los músculos del cuello, los hombros y la espalda. Suele ser una reacción inconsciente. Esta contracción o tensión muscular agota a los músculos y produce contracturas. También puede desalinear las vértebras, contribuyendo así al comienzo de artritis vertebral. Además, la contracción disminuye el riego sanguíneo de los músculos, lo que causa dolor y más tensión. Este ciclo de tensión-dolor-tensión puede continuar permanentemente.

Para parar este ciclo, el paciente debe hacer un denodado esfuerzo para relajarse y para sentirse en paz mental y espiritual. En algunos casos esto no es posible mientras la persona no cambie su modo de vida, por ejemplo, si no deja un trabajo que lo ponga nervioso, si no da fin a una relación insatisfactoria o no se traslada a una zona menos estresante. Sin embargo, con más frecuencia es posible disminuir el estrés aplicando una o más de las técnicas de reducción del estrés, como la meditación, que explico en el capítulo 5. Te recomiendo repasar ese capítulo y tomarte en serio los consejos que contiene. Si lo haces, es muy probable que te dismimuya de modo importante el dolor de espalda.

En un extenso estudio sobre la meditación y el dolor de espalda, los pacientes que meditaban redujeron espectacularmente el dolor en un periodo de diez semanas. La mitad de los pacientes redujeron su dolor en por lo menos un 50 por ciento, y otro 15 por ciento de pacientes lo hizo por lo menos en un 33 por ciento. En otro estudio, los pacientes de dolor de espalda que aplicaron técnicas sencillas de relajación redujeron a la mitad sus visitas al médico.

Como en otras formas de dolor crónico, no hay ninguna técnica mental ni espiritual que sea apropiada únicamente para el dolor de espalda. Todas las técnicas de que hablo en el capítulo 5 son apropiadas para los pacientes de dolor de espalda.

Si las aplicas casi seguro que pronto notarás mejoría. Sin embargo, debes ser todo lo activo posible. Una analogía que suelo hacer a mis pacientes es que si uno va a pescar, el éxito de la pesca dependerá del tiempo que se tenga el anzuelo en el río. Lo mismo vale para el dolor de espalda: cuanto más tiempo trabajes en curarlo más probable es la cura; cuanto más te relajes, más relajado estarás; cuanto más tiempo pases vadeando la corriente de la conciencia, mayores serán tus oportunidades de entrar en el dominio de la energía sanadora universal; cuanto más tiempo pases en el espacio sagrado sanador de la mente meditativa, mejor salud tendrás, más feliz será tu vida y más sintonizarás con tu verdadera identidad, la de tu yo espiritual.

Así descubrirás que la vida no tiene por qué ser una lucha dolorosa, y que tu frustración y tu dolor pueden convertirse en cosas del pasado.

9

Fibromialgia

*Entiendo muy bien la muerte;
lo que no logro entender es el sufrimiento.*

ISAAC BASHEVIS SINGER

Ten presente, por favor, que si bien este capítulo contiene información específica sobre la fibromialgia, esta no reemplaza la información anterior sobre mi programa para el dolor. Todos los pacientes deberán seguir el programa completo explicado en los capítulos 2 a 5. Los pacientes de fibromialgia deberán seguir además las recomendaciones de este capítulo.

Durante mucho tiempo la fibromialgia ha sido uno de los rompecabezas más problemáticos de la medicina. Muchos médicos no la entienden y no logran tratarla eficazmente.

Sin embargo, al parecer, las piezas de este rompecabezas comienzan a encajar entre sí. Por primera vez hay un verdadero motivo de esperanza.

Parece ser que la pieza clave del rompecabezas en la mayoría de los pacientes es un nivel bajo de serotonina. Cuando corrijo esa insuficiencia en mis pacientes suelo obtener resultados notables. Otros médicos han comenzado a obtener resultados igualmente positivos con este método.

Como he observado antes, elevar el nivel del neurotransmisor serotonina es muy importante para superar casi todas las formas de dolor crónico. Estimular la producción de serotonina en los pacientes de fibromialgia es especialmente importante. Ahora creo que en la mayoría de los pacientes no se puede curar el terrible dolor de la fibromialgia si no se normaliza o se acerca a la normalidad el nivel de serotonina.

La fibromialgia, que produce un dolor muscular muy extendido, apareció por primera vez en la literatura científica hace más de ciento cincuenta años, pero la comunidad investigadora no le prestó mucha atención hasta finales de los años ochenta. Durante más de un siglo casi no se realizó ningún estudio sobre ella y su causa se consideraba un misterio. Algunos médicos ni siquiera creían en su existencia, y la consideraban tan sólo una dolencia neurótica de pacientes histéricas, pues la mayoría eran mujeres. Cuando yo era estudiante de medicina, en los años setenta, jamás se hablaba de fibromialgia. Antes de 1985 ninguna facultad de medicina de Estados Unidos enseñaba a diagnosticarla correctamente, y ni siquiera se le daba un nombre correcto; se le daba el nombre genérico «fibrositis», que significa *inflamación* de los músculos, cuando en la fibromialgia no hay inflamación.

Pese a la incomprensión que ha rodeado durante tanto tiempo este síndrome, por desgracia es un trastorno muy común, que afecta de un 3 a un 4 por ciento de la población estadounidense, es decir a entre siete y diez millones de personas. Es una forma de reumatismo muscular que representa hasta el 30 por ciento de todos los casos de reumatismo, más que cualquier otro trastorno reumático.

La fibromialgia es un trastorno muy grave. Discapacita a alrededor del 20 por ciento de los pacientes, y a otro 30 por ciento los obliga a dejar sus trabajos para buscar otro que exija menos esfuerzo físico.

La gran mayoría de pacientes de este trastorno son mujeres. Algunos especialistas dicen que la proporción mujeres/hombres pacientes de fibromialgia es de 3/1; otros dicen que es de 50/1; una cifra que se cita comúnmente es de 10/1. En mi consulta he tenido muchas pacientes y un solo paciente de fibromialgia.

Por lo general, la fibromialgia comienza entre los veinte y los cincuenta años. Una época particularmente común de comienzo entre las mujeres es el periodo de la menopausia o un poco antes. Pero hay un número creciente de adolescentes que han comenzado a sufrirla. Alrededor del 28 por ciento de todos los casos se diagnostican durante la infancia.

Técnicamente, la fibromialgia no se considera una enfermedad, porque no se conoce con exactitud su causa ni se puede confirmar su existencia mediante análisis de laboratorio. Por lo tanto se le llama síndrome.

El dolor de la fibromialgia suele comenzar en una sola parte del cuerpo y después se extiende al resto. La forma e intensidad del dolor varía de paciente en paciente. Algunos sienten un dolor sordo; otros lo sienten en punzadas fuertes, desgarradoras. El dolor suele ser más intenso que el de la osteoartritis o la artritis reumatoidea. El grado de intensidad crece y decrece, y a veces hay remisiones que duran entre días y años.

La palabra «fibromialgia» deriva de la latina *fibra*, que significa «fibra o fibroso», y de las griegas, *mys*, que significa «músculo», y *algos*, que significa «dolor». Así pues, significa dolor originado en las fibras musculares, que generalmente no está causado por traumatismo externo, como un esguince o una magulladura.

Los tres criterios para determinar si es fibromialgia son: 1) debe haber dolor en ambos lados del cuerpo, y por encima y por debajo de la cintura; 2) el dolor debe estar presente por lo menos tres meses, y 3) debe haber dolor por lo menos en 11 de los 18 «puntos sensibles», o desencadenantes, localizados que se indican en el diagrama siguiente. El dolor suele ir acompañado de rigidez, y por lo general es más notorio cuando se tocan los puntos sensibles o se estiran los músculos que los rodean.

Los «puntos sensibles» de la fibromialgia

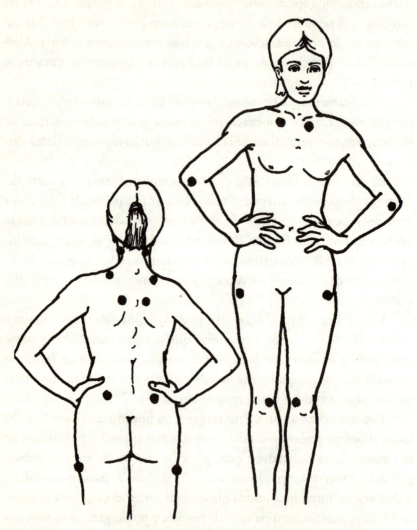

Antes de que el Colegio de Reumatología de Estados Unidos estableciera estos criterios en 1990, la fibromialgia se diagnosticaba notoriamente mal. En un estudio realizado en 1984, un reumatólogo versado en fibromialgia comprobó que al 94 por ciento de sus pacientes de este trastorno les habían hecho un diagnóstico erróneo con anterioridad. De ellos, al 12 por ciento se les había practicado una intervención quirúrgica innecesaria en la columna; al 33 por ciento los habían tratado para dolor de la parte inferior de la espalda, y al 12 por ciento los habían hospitalizado por dolor del cuello.

Si tienes algunos de los síntomas de la fibromialgia, deberías pedir que te hicieran análisis de laboratorio; aunque esas pruebas no confirman un diagnóstico de fibromialgia, servirán para descartar la presencia de otras afecciones. Dos trastornos peligrosos que suelen presentar los mismos que la fibromialgia son el lupus y el hipotiroidismo; los dos son muy graves y requieren tratamientos específicos.

Además de los tres síntomas clásicos principales, hay varios otros muy comunes entre los pacientes de fibromialgia. Cuando te los diga comenzarás a entender por qué creo que la causa principal podría ser la insuficiencia de serotonina. Como verás, la mayoría de estos síntomas comunes también están relacionados con un nivel bajo de este neurotransmisor.

Síntomas asociados a la fibromialgia

• *Insomnio.* Casi el cien por cien de los pacientes de fibromialgia no duermen suficientes horas de sueño profundo. Este insomnio casi siempre produce cansancio.

• *Dolor de cabeza.* Alrededor del 50 por ciento de los pacientes sufren de dolor de cabeza crónico.

• *Síndrome de colon irritable.* Alrededor del 33 por ciento de los pacientes sufren de los síntomas de estreñimiento, diarrea y trastornos digestivos que caracterizan a este síndrome.

• *Menstruación dolorosa.* Hasta el 40 por ciento de todas las pacientes de fibromialgia experimentan menstruaciones insólitamente dolorosas.

• *Mala circulación en las extremidades.* Muchos pacientes tienen las manos y los pies fríos, a causa de la constricción de los vasos sanguíneos de las extremidades. Muchas veces este trastorno es tan grave que se clasifica como enfermedad de Raynaud; las manos y los pies adquieren una tonalidad azul debido a la falta de riego sanguíneo.

• *Dolor en la articulación témporo-maxilar.* Alrededor del 25 por ciento de todos los pacientes de fibromialgia experimentan rigidez y dolor en las articulaciones de las mandíbulas.

- *Síndrome de piernas inquietas.* Muchos pacientes experimentan una especie de incapacidad para mantener las piernas quietas, sobre todo por la noche, cuando intentan conciliar el sueño.
- *Síndrome de vejiga irritable.* Alrededor del 25 por ciento de los pacientes tienen micciones frecuentes o dolorosas. Los síntomas son similares a los de infección bacteriana en la vejiga, pero normalmente no hay ningún indicio de infección. Este problema es más común entre las mujeres.
- *Dificultades cognitivas.* Entre los pacientes de fibromialgia son muy comunes los problemas de memoria inmediata y de concentración. Muchos se sienten con la cabeza nebulosa.
- *Sensación de hinchazón y hormigueo.* Alrededor del 50 por ciento de los pacientes dicen sentir las manos y los pies hinchados, lo cual suele producirles bastantes molestias, aunque los exámenes indican que la hinchazón es muy poca. Estos síntomas suelen aparecer al despertar por la mañana. Muchos sienten hormigueo o adormecimiento (parestesia) en los brazos, las manos y las piernas.
- *Ansiedad y depresión.* Alrededor de un 25 por ciento de los pacientes sufren de síntomas similares a los de la depresión clínica, y muchos otros sienten una intensa ansiedad. Esta inquietud emocional suele ser consecuencia directa del sufrimiento causado por el dolor crónico, aunque en muchos casos parece ser independiente, porque no desaparecen la ansiedad ni la depresión cuando se alivia el dolor. Además, la fibromialgia tiende a atacar más a personas de tipo A, muy motivadas y ambiciosas, que a otras.
- *Sequedad de ojos y boca.* Más o menos un 25 por ciento de los pacientes de fibromialgia no tienen suficiente lubricación en los ojos ni saliva en la boca.
- *Falta de fuerza muscular.* La mayoría de los pacientes están en mala forma física, tienen los músculos débiles; en muchos, esta falta de tono muscular se debe a que han dejado de ejercitar los músculos por causa del dolor, pero con frecuencia esta debilidad muscular la tienen antes de que se declaren los síntomas de fibromialgia.

¿Te has fijado en que muchos de estos síntomas acompañan frecuentemente a la falta de serotonina? Son mayoría: insomnio, dolor de cabeza crónico, síndrome de colon irritable, menstruación dolorosa, mala circulación en las extremidades, tensión en la mandíbula, síndrome de piernas inquietas, dificultades cognitivas, debilidad muscular, ansiedad y depresión.

Algunos investigadores creen que varios de estos síntomas, por ejemplo, la ansiedad y la falta de tono muscular, son la causa de la fibromialgia. Yo creo, en cambio, que si bien algunos de estos síntomas podrían favorecer indirectamente la aparición de la fibromialgia, la mayoría se producen independientemente de ella, y tienen una causa común con la fibromialgia: insuficiencia de serotonina.

Pero pese a esta controversia respecto a la causa, la mayoría de los investigadores y médicos están de acuerdo en que los mejores tratamientos para este síndrome son los que estimulan la producción de serotonina.

Ahora te diré mi opinión respecto a la causa de la fibromialgia. Por el momento, sólo es una teoría, no la han demostrado estudios clínicos extensos. Sin embargo, dados mis resultados clínicos y los descubrimientos de otros investigadores, creo que esta teoría tiene bastante mérito y podría servirte para curar tu fibromialgia.

Teoría sobre la causa de la fibromialgia

Creo que la insuficiencia de serotonina produce una reacción en cadena de procesos bioquímicos que pueden conducir a la fibromialgia.

Como probablemente sepas, el neurotransmisor serotonina debe estar presente en abundancia para que haya salud física y mental. La serotonina tiene varios objetivos importantísimos en el cerebro: eleva el umbral del dolor y permite que el cerebro le haga frente, mejora el ánimo y es necesaria para tener una memoria y una capacidad de concentración óptimas. También tiene varias acciones físicas importantes no relacionadas con la mente, por ejemplo, interviene en la regulación de la elasticidad de los vasos sanguíneos. Como dije en el capítulo 7, la falta de serotonina puede causar contracciones y dilataciones descontroladas de los vasos sanguíneos del cerebro, lo cual provoca las migrañas.

La insuficiencia de serotonina es un problema muy frecuente; una indicación de esto es la popularidad de medicamentos que estimulan su producción, como el Prozac, por ejemplo.

En cuanto a los pacientes de fibromialgia, tal vez las acciones más importantes de la serotonina son las relacionadas con el sueño. La serotonina ayuda a dormir bien; si disminuye su concentración, la consecuencia suele ser el insomnio. Así, uno de los medicamentos más comunes para el insomnio es el antidepresivo tricíclico llamado amitriptilina, que estimula la producción de serotonina. Cuando estos medicamentos se toman en dosis pequeñas, mucho menores que las que se recetan para la depresión, por lo general la persona duerme apaciblemente toda la noche.

Si falta serotonina es imposible dormir. En estudios con animales, los investigadores han comprobado que cuando se los priva totalmente de serotonina, sufren de insomnio total y muy pronto mueren.

Tener un buen nivel de serotonina en el cerebro es importantísimo para conseguir el sueño profundo y reparador que nos haga sentir energizados y renovados. Este tipo de sueño profundo se llama «sueño delta», que es alrededor de un cuarto del sueño total, y se tiene relativamente pronto durante la noche.

El sueño profundo delta es diferente del de movimientos rápidos de los ojos o sueño REM, que es en el que se sueña. El sueño REM es importante, pero es muy posible dormir toda la noche, tener muchos sueños y despertar cansado al día siguiente. Cuando hablamos de una noche en que no hemos tenido el sueño profundo delta, generalmente decimos que tuvimos un sueño inquieto.

La serotonina nos capacita para tener el sueño delta al ayudarnos a desconectar de los pensamientos y las preocupaciones. Esto nos permite entrar fácilmente en el sueño delta, profundo y reparador. Durante este sueño dominan las ondas cerebrales delta, largas y lentas, opuestas a las ondas alfa, rápidas y frenéticas, que son las que experimentamos cuando estamos despiertos y pensamos mucho.

Por desgracia, a algunas personas, sobre todo las que tienen niveles bajos de serotonina, les cuesta muchísimo desconectar sus pensamientos y preocupaciones, incluso dormidas. Cuando intentan entrar en el sueño profundo delta, sus ondas cerebrales se aceleran y entran en la frecuencia alfa. Estas ondas alfa perturban el sueño delta y estropean sus propiedades reparadoras. Las personas que tienen este problema pueden dormir toda la noche, pero al despertar están cansadas e irritables. Muchos pacientes de fibromialgia experimentan esta destructiva falta de sueño delta. A algunas esto les ocurre casi todas las noches; a veces pueden pasar años sin que tengan ni una sola noche de buen sueño, profundo.

Esta falta de sueño delta tiene un efecto terriblemente negativo en la capacidad para soportar el dolor; baja el umbral del dolor y hace que el paciente sea mucho menos capaz de contraatacarlo con fuerza.

Pero la falta de sueño delta tiene también otro efecto físico muy concreto: destruye la salud de los músculos, pues una de las importantes funciones biológicas que se dan durante el sueño delta es la reparación de los músculos.

Es muy posible que no nos demos cuenta, pero cada día desgastamos y lesionamos los músculos simplemente realizando nuestras actividades cotidianas normales. La inmensa mayoría de estas lesiones musculares son microscópicas y por lo general no producen dolor. Pero son muy reales y suelen tener un efecto acumulativo si no se curan bien.

La mayoría de las personas tenemos una maravillosa capacidad natural para curar esos desgarros musculares microscópicos antes de que causen un daño evidente o dolor. Esta reparación se produce de la noche a la mañana.

Por la noche, cuando entramos en el sueño delta, comenzamos a secretar una hormona importantísima, la hormona del crecimiento, que es la que nos permite crecer en la infancia y también la que repara el tejido muscular. La hormona del crecimiento ayuda al tejido muscular a curar los desgarros microscópicos que sufre cada día. Sin un nivel suficiente de esta hormona, muchos de esos músculos no sanan bien.

Además, esta hormona estimula la eliminación de las sustancias tóxicas que se acumulan en los músculos durante la actividad. Una de esas sustancias es el ácido láctico, que es el que produce la sensibilidad dolorosa de los músculos que uno suele sentir después de un día de arduo trabajo.

Otra importante función de la hormona del crecimiento es estimular a los músculos para que respondan bien al ejercicio. Los capacita para tonificarse y fortalecerse con el ejercicio. Sin una provisión normal de esta hormona, los músculos se debilitan y se ablandan, y el ejercicio sólo los cansa e irrita.

La mayor cantidad de esta hormona se secreta durante el sueño delta. Si no se duerme con suficiente sueño delta por una carencia de serotonina, no se produce la cantidad suficiente de hormona del crecimiento. En este caso, la persona ciertamente comienza a sentir dolor en los músculos.

En un estudio, tal vez el más revelador que se ha realizado sobre la fibromialgia, los investigadores privaron del sueño delta a un grupo de personas durante tres noches seguidas. Todas estas personas comenzaron a sufrir de dolor muscular exactamente igual al que sufren los pacientes de fibromialgia. Cuando se les permitió entrar en sueño delta, los síntomas dolorosos desaparecieron casi de inmediato.

De modo similar, las personas que sufren de apnea, trastorno de la respiración que limita el sueño delta, durante el sueño suelen experimentar síntomas muy parecidos a los de la fibromialgia.

Otro importante estudio de la fibromialgia demostró que el dolor de los pacientes estaba directamente relacionado con el grado de deterioro en sus pautas de sueño.

Un buen número de pacientes de fibromialgia han experimentado con inyecciones de hormona del crecimiento para corregir su insuficiencia; los resultados de este tratamiento han sido bastante favorables. Sin embargo, esta hormona es muy cara, y normalmente el coste no lo cubre el seguro médico. Por lo tanto, la administración de hormona del crecimiento no es un tratamiento práctico para muchas personas.

Un método mucho más práctico y completo es mejorar el nivel de serotonina. Esto ayuda al paciente a dormir mejor y a secretar de manera natural la hormona del crecimiento. Además, el restablecimiento del nivel de serotonina contribuye a poner fin a otros terribles síntomas que suelen acompañar a la fibromialgia, como la depresión, los síndromes de colon y vejiga irritables, y la mala circulación en las extremidades. En su mayor parte, estos trastornos no mejoran con la administración de hormona del crecimiento; sí mejoran con serotonina.

Hay varias maneras de aumentar el nivel de serotonina. Los ejercicios de mente-cuerpo aumentan su producción, como también ciertos medicamentos.

Otra manera de estimular la producción de serotonina es aumentar la provisión de triptófano, que, como recordarás, es la unidad estructural a partir de la cual el cuerpo fabrica serotonina. Aumentar el consumo de triptófano es importante para los pacientes de fibromialgia, porque tienden a metabolizarlo muy mal. En análisis de laboratorio se ha comprobado que estos pacientes tienen muy bajo el nivel de triptófano en la sangre. Algunos de los investigadores más prominentes, entre ellos el doctor Muhammad Yunus, el principal investigador de la fibromialgia en Estados Unidos, creen que en muchos casos el mal metabolismo del triptófano podría ser el desencadenante de esta enfermedad.

En las siguientes secciones, sobre el tratamiento de la fibromialgia, veremos la manera de mejorar el metabolismo del triptófano para aumentar así el nivel de serotonina.

Pero la serotonina hace algo más que mejorar la calidad del sueño y reparar así el tejido muscular. Tiene también otras acciones importantes que previenen y curan el dolor de la fibromialgia.

Una importante acción es inhibir los efectos de la sustancia D, que favorece la transmisión del dolor. Por lo general los pacientes de fibromialgia no tienen serotonina suficiente para bloquear los efectos de la sustancia D. En un estudio realizado en la Universidad de Alabama, los investigadores descubrieron que los pacientes de fibromialgia tenían niveles de sustancia D tres veces mayor que los de la población normal; así, el dolor muscular de estos pacientes llegaba con especial facilidad a sus cerebros.

Otra importante función de la serotonina es regular el sistema inmunitario; esto podría ser especialmente importante para los pacientes de este trastorno, pues al parecer, muchos de ellos tienen sistemas inmunitarios hiperactivos. Un sistema inmunitario hiperactivo se caracteriza por síntomas similares a los de la gripe: congestión nasal, fiebre leve, ganglios inflamados, dolor muscular, cansancio y sudor nocturno; estos síntomas pueden cambiar con rapidez y de modo imprevisible.

El sistema inmunitario tiende a hiperactivarse cuando el cuerpo produce demasiadas citocinas, sustancias químicas como el interferón que estimulan la inmunidad. Normalmente, la serotonina regula la producción de estas sustancias; pero si baja su concentración, es posible que se produzcan demasiadas.

A veces, una enfermedad puede provocar que el sistema inmunitario se hiperactive y continúe así hasta mucho después de mejorada la enfermedad. Esto también produce un exceso de citocinas, que entonces pueden causar síntomas de fibromialgia. Algunos pacientes comienzan a sufrirla poco después de una gripe grave, y en otros aparecen los síntomas después de alguna infección sistémica grave, como la enfermedad de Lyme.

Es posible, creo, que las personas que tienen bajo el nivel de serotonina sean especialmente vulnerables a la hiperactividad inmunitaria después de una enfermedad por su incapacidad para frenar la producción de citocinas.

Otro factor que influye en la aparición de la fibromialgia en algunas personas es el estrés emocional extremo. Nadie sabe exactamente por qué, pero podría deberse a que el estrés permanente agota la provisión de serotonina.

Si la insuficiencia de serotonina es en realidad la causa más común de la fibromialgia, como creo que lo es, esto explicaría por qué las mujeres contraen esta enfermedad con mucha mayor frecuencia que los hombres. Como he dicho, las mujeres son mucho más propensas a variaciones en el nivel de serotonina porque sus fluctuaciones en los niveles de hormonas femeninas, como el estrógeno, desestabilizan la producción de este neurotransmisor. Esta relación hormonal con la fibromialgia también explicaría por qué las mujeres son más vulnerables a esta enfermedad durante la menopausia y durante la adolescencia, periodos en que cambia rápidamente el equilibrio hormonal.

Como ves, las razones para pensar que la falta de serotonina es un importante factor causal en la fibromialgia son muy lógicas.

También habrás observado que la reacción en cadena que activa la carencia de serotonina es complicada y tiene muchas variantes.

De todos modos, pese a esta complejidad, muchos médicos que tratan la fibromialgia simplemente restableciendo el nivel de serotonina están teniendo un gran éxito.

Veamos ahora los diversos tratamientos para la fibromialgia. Como comprobarás, la mayoría giran en torno a estimular la producción de serotonina y estabilizar su nivel.

Primer aspecto: Terapia nutricional para la fibromialgia

Evidentemente, la terapia nutricional más importante para la fibromialgia es comer nutrientes que eleven el nivel de serotonina. En el capítulo 2 explico cómo hacerlo, de modo que te recomiendo encarecidamente que repases esa información y sigas los consejos que doy.

Como explico en ese capítulo, la forma más sencilla y eficaz de estimular la producción de serotonina mediante nutrientes es tomar suplementos de triptófano. Esto es particularmente importante en el caso de la fibromialgia puesto que al parecer la mayoría de los pacientes que la sufren tienen dificultad para metabolizarlo. Debido a este efecto metabólico, es posible que los pacientes de fibromialgia necesiten más triptófano que quienes no tienen ese problema metabólico.

Se ha hecho por lo menos un estudio que indica que la forma de triptófano llamada 5-HTP es eficaz para la fibromialgia. En este estudio, publicado en *Journal of Internal Medicine*, a cincuenta pacientes se les dio 100 miligramos de 5-HTP tres veces al día, y se observó una importante mejoría en la intensidad del dolor, en el número de puntos dolorosos, en la calidad del sueño y en el cansancio. Alrededor de un 50 por ciento de los pacientes tuvieron una respuesta de bastante buena a buena; algunos experimentaron efectos secundarios moderados, entre ellos somnolencia y diarrea, y un paciente dejó de participar en el estudio debido a los efectos secundarios.

Como he dicho, no se venden suplementos de triptófano en Estados Unidos, pero sí se encuentra esta forma llamada 5-HTP en muchas tiendas de alimentos dietéticos, y también se puede comprar por correo a algunas empresas especializadas en suplementos. También puedes obtener L-triptófano con receta médica, que debes pedirlo a una farmacia especializada en la preparación de fórmulas magistrales a partir de materia prima.

También se obtiene triptófano comiendo abundantes alimentos ricos en él, como la carne de pavo. De todos modos, te será muy difícil conseguir un elevado aporte de triptófano solamente a partir de alimentos.

Si sufres de fibromialgia, es muy posible que tengas dificultad para metabolizar el triptófano, pero hay maneras de mejorar ese metabolismo. Algunos pacientes lo consiguen tomando enzimas digestivas. Estas enzimas descomponen las proteínas y los aminoácidos (como el triptófano) que componen las proteínas. En un revelador estudio, los investigadores comprobaron que los pacientes de fibromialgia no sólo tenían bajo el nivel de triptófano, sino también los niveles de otros seis aminoácidos. Esto sugiere claramente una incapacidad general para digerir y metabolizar bien las proteínas.

Entre las enzimas que te ayudarán a digerir y metabolizar las proteínas están la papaína, la bromelaína y la quimotripsina. Todas ellas se encuentran en las tiendas de alimentos dietéticos. En estas tiendas también se venden combinaciones de distintas enzimas, especialmente elaboradas para ayudar a la digestión de las proteínas. Te recomiendo que tomes una de esas fórmulas cada vez que comas proteínas.

También se puede mejorar la digestión de las proteínas tomando clorhidrato de betaína; este suplemento, que es similar al ácido clorhídrico del estómago, descompone los alimentos que se ingieren. Tomar este suplemento es importante en especial para las personas mayores, porque a medida que envejecemos tendemos a producir menos ácidos gástricos.

Los suplementos vitamínico-minerales de espectro completo también favorecen la digestión y la asimilación de las proteínas. Prácticamente cada vitamina y mineral favorece la digestión y metabolismo de los demás nutrientes, incluidas las proteínas.

Una vitamina muy útil para el metabolismo de la serotonina es la B_6, que interviene en la conversión de triptófano en serotonina; es también excelente para mantener la salud de los nervios. En grado algo menor, las vitaminas del complejo B mejoran el metabolismo del triptófano. Dado que las vitaminas del complejo B intervienen en la conversión del triptófano en el neurotransmisor serotonina, que combate el estrés, el consumo insuficiente de ellas favorece la vulnerabilidad al estrés.

Un nutriente menos conocido que al parecer también favorece el metabolismo del triptófano, y por lo tanto eleva el nivel de serotonina, es el picnogenol, que se encuentra en muchas tiendas de alimentos dietéticos. El picnogenol se obtiene de la corteza del pino, que en Asia y Europa se ha usado durante siglos como remedio popular para el reumatismo.

Además de los nutrientes que aumentan el nivel de serotonina, hay otros que van bien a los pacientes de fibromialgia; en su mayor parte, son nutrientes que mejoran la salud de los músculos.

Quizás el más importante sea el magnesio. Como digo en el capítulo sobre nutrición, el magnesio es fundamental para mantener los músculos flexibles y elásticos. De hecho, las pruebas clínicas han revelado que casi todos los pacientes de fibromialgia sufren insuficiencia de magnesio. La rigidez muscular es uno de los síntomas más comunes de este trastorno; es posible que esa rigidez genere una mayor necesidad de magnesio. También es posible que la insuficiencia de magnesio ya existente haga más vulnerable el comienzo de la fibromialgia.

Además de mantener flexibles los músculos, la presencia de este mineral es esencial para una actividad química llamada ciclo de Krebs, que da energía a los músculos.

Los signos más reveladores de insuficiencia de magnesio son los espasmos y la irritabilidad musculares. Si tienes fibromialgia te convendría hacerte un análisis de sangre para comprobar el nivel de magnesio, aunque los resultados podrían ser engañosos porque la mayor parte del magnesio se almacena dentro de las células.

A todos mis pacientes de fibromialgia les recomiendo tomar suplementos de magnesio. Una dosis diaria razonable para la fibromialgia es de 300-500 miligramos. Una dosis superior a 500 miligramos diarios causa diarrea a algunas personas; si te ocurriera, reduce la dosis hasta que desaparezcan los síntomas.

Una excelente manera de elevar rápidamente el nivel intramuscular de magnesio es administrar una combinación de nutrientes llamada «cóctel de Meyer», que se compone de magnesio, calcio, complejo vitamínico B y vitamina C. Esta combinación se administra con una inyección intravenosa lenta. A veces yo añado a esta mezcla un remedio que ayuda desintoxicar el hígado. El principal efecto secundario que he observado es una ocasional sensación de calor y hormigueo en el lugar donde se coloca la inyección, que se puede eliminar haciendo más lenta su administración.

Entre las mejores fuentes de magnesio están las bebidas verdes clorofílicas, como las que se preparan con espirulina y algas cianofíceas; estos alimentos también son ricos en muchos micronutrientes que no se encuentran en los alimentos más comunes.

En un estudio con pacientes de fibromialgia se les administró magnesio junto con ácido málico, nutriente que aumenta la producción de energía en las células. Se les suministraron hasta 600 miligramos de magnesio y 2.400 miligramos de ácido málico. Los resultados fueron extraordinariamente favorables: todos los pacientes experimentaron un alivio importante del dolor antes de cuarenta y ocho horas. Algunos observadores de este estudio piensan que el ácido málico es aún más valioso que el magnesio. Se puede obtener ácido málico en empresas que venden suplementos por correo, o en tiendas de alimentos dietéticos. Una dosis diaria razonable para la fibromialgia es de 1.200-2.400 miligramos.

Otro nutriente que favorece la salud del tejido muscular es la coenzima Q-10; los músculos utilizan este nutriente para producir energía. Se encuentra en las tiendas de alimentos dietéticos; una dosis diaria adecuada para la fibromialgia es de 100-200 miligramos.

El monohidrato de creatina es un aminoácido natural que mejora la producción de energía en los músculos. Este nutriente, de uso muy extendido entre los deportistas y atletas, sería útil para algunos pacientes de fibromialgia. Por lo general recomiendo a mis pacientes comenzar con una dosis diaria de 10-15 g durante cinco días y después continuar con una dosis diaria de 5-10 miligramos.

El sulfato de vanadilo iría bien a algunos pacientes para recuperar la fuerza muscular. Este nutriente, que se encuentra en las tiendas de alimentos dietéticos, mejora el metabolismo de las proteínas y aumenta la absorción de creatina. La dosis diaria deberá ser de 30-70 miligramos.

Los minerales selenio y zinc también son útiles, porque favorecen la curación y el desarrollo de los músculos. Recomiendo tomar 50 miligramos diarios de zinc y 250 mcg diarios de selenio.

Además de tomar estos nutrientes específicos, los pacientes de fibromialgia deberían seguir la dieta nutritiva y energética que explico en el capítulo sobre nutrición. La única variación deberá ser el mayor consumo de alimentos no ácidos, pues los ácidos, como las frutas cítricas y la carne, tienden a dar más rigidez a los músculos.

Segundo aspecto: Fisioterapias

En mi opinión, una de las mejores fisioterapias para la fibromialgia es una que tradicionalmente los médicos han desaconsejado: el ejercicio. Hasta hace poco muchos médicos pensaban que el ejercicio sólo empeoraba el dolor de la fibromialgia. Sin embargo, ahora muchos han cambiado de opinión y siguen el método que uso yo: ejercicio moderado diario.

Además, los ejercicios de mente-cuerpo parecen ser aún más valiosos para los pacientes de fibromialgia que los aeróbicos.

En el apéndice 1 encontrarás los ejercicios de mente-cuerpo especialmente pensados para la fibromialgia.

El ejercicio es beneficioso porque aumenta la producción de serotonina. En parte, nos sentimos más relajados después de hacer ejercicios, o ejercicicios de mente-cuerpo, porque aumentan el nivel de serotonina. El tan aireado fenómeno de la «euforia del corredor», que normalmente se atribuye a la liberación de endorfinas, en realidad es más consecuencia de la liberación de serotonina y de una sustancia asociada, la noradrenalina, el neurotransmisor del bienestar. Las endorfinas son fabulosas para acabar con el dolor, pero, contrariamente a lo que se suele creer, no tienen mucho efecto directo en la mente.

Además de estimular la producción de serotonina, el ejercicio también influye de forma directa en el aumento de la hormona del crecimiento. Además del sueño profundo, el mejor generador de hormona del crecimiento es el ejercicio.

Los pacientes de fibromialgia deberían anotarse al programa de ejercicios que explico en el capítulo sobre fisioterapias. Este programa se centra principalmente en las cuatro formas de ejercicio más básicas: 1) estiramientos; 2) trabajo cardiovascular; 3) fortalecimiento de los músculos, y 4) unión de la mente y el cuerpo. Cada una de estas formas de ejercicio es indispensable para los pacientes de fibromialgia. El de estiramiento alivia la rigidez de los músculos e impide que hagan presión en los puntos sensibles. El ejercicio cardiovascular mejora los niveles de serotonina, de hormona del crecimiento y de endorfinas, y aumenta la irrigación sanguínea de los músculos; esta buena irrigación mejora a su vez el metabolismo muscular, acelera la asimilación de nutrientes y oxígeno; y facilita la expulsión de toxinas y desechos metabólicos. Los ejercicios de fortalecimiento aumentan la resistencia de los músculos a los pequeños desgarros y desgaste que, al parecer, causan gran parte del dolor fibromiálgico. Unir la mente y el cuerpo (con los ejercicios de mente-cuerpo) eleva el nivel de serotonina, aumenta la energía mental, favorece la relajación y mejora el contraataque al dolor por parte del cerebro.

Aunque a mis pacientes de fibromialgia les recomiendo el mismo programa básico de ejercicios que a los demás pacientes de dolor, deben comenzar con ejercicios muy suaves e ir aumentando poco a poco la intensidad; cuando se exceden en la cantidad y en la rapidez, esto puede causarles mucho dolor y rigidez.

Los pacientes de fibromialgia no deben hacer ejercicios si no siguen también los otros tres aspectos de mi programa completo para el dolor. Esos otros aspectos los protegen del dolor y la rigidez, y capacitan a sus cuerpos para obtener el máximo beneficio del ejercicio.

Otra fisioterapia que ha aliviado a muchos de mis pacientes es la acupuntura. Es interesante señalar que la mayoría de los 18 puntos sensibles se corresponden muy de cerca con los puntos de acupuntura para el dolor. Para algunos pacientes les es beneficioso aplicar digitopresión en esos puntos, pero la mayoría responden mucho mejor a la acupuntura.

En un estudio sobre la aplicación de la acupuntura a la fibromialgia, la gran mayoría de los pacientes que recibieron este tratamiento dijeron que notaban mucha menos rigidez al despertar, el dolor había disminuido y dormían mejor. Los pacientes del grupo de control, a los que se les aplicaron tratamientos falsos de acupuntura, consistentes en inserciones superficiales de las agujas, no experimentaron ninguna mejoría.

La terapia de luz, o fototerapia, también es muy valiosa para muchos pacientes de fibromialgia. Como explico en el capítulo 3, cuando no hay exposición suficiente a la luz suele bajar el nivel de serotonina. La luz es necesaria para que el cuerpo pase de la producción de melatonina durante la noche a la producción de serotonina durante el día. Las mujeres en particular necesitan cantidades adecuadas de luz debido a que sus fluctuaciones hormonales agotan su provisión de serotonina. Repasa, por favor, la información sobre la fototerapia del capítulo 3.

Otra fisioterapia válida para la fibromialgia son los tratamientos de calor y frío. Como expliqué anteriormente, las sensaciones de calor y de frío derrotan a las señales de dolor en la carrera hacia el cerebro, y por lo tanto bloquean su percepción. Este bloqueo temporal del dolor suele romper el ciclo de dolor recurrente. Además, permite que se relajen las contracciones musculares.

Muchos pacientes de fibromialgia se aplican terapias de calor y frío antes y después de hacer ejercicio; esto les permite obtener el máximo beneficio del ejercicio y disminuye el esfuerzo. A veces, justo antes de hacer ejercicio, se aplican en los puntos sensibles un refrescante en aerosol, por ejemplo, cloruro de etilo. Esto desensibiliza los puntos y les permite más amplitud de movimiento.

A los pacientes que usan termoterapia les va bien de vez en cuando un tratamiento con ultrasonidos, que aplica calor en los músculos profundos, muy por debajo de la superficie de la piel. Para más detalles, repasa la información sobre estas terapias en el capítulo 3.

Otras dos fisioterapias beneficiosas para la fibromialgia son la terapia de manipulación y el masaje terapéutico. Muchos de mis pacientes van con regularidad a quiroprácticos u osteópatas y dicen que los ajustes que les hacen les alivian considerablemente el dolor y la rigidez. De igual modo, a muchos los alivia el masaje terapéutico. Si tienes fibromialgia deberás repasar la información sobre la manipulación y el masaje terapéuticos del capítulo 3.

Tercer aspecto: Medicación para la fibromialgia

Los medicamentos más eficaces para la fibromialgia son los que aumentan el nivel de serotonina. Entre estos están los antidepresivos tricíclicos, como el Elavil, y los inhibidores selectivos de recaptación de serotonina, como el Prozac. De estas dos clases de medicamentos, los antidepresivos tricíclicos tienen un historial más largo de uso, y todavían son los más usados. Sin embargo, los inhibidores selectivos de recaptación de serotonina podrían resultar ser los más eficaces para la fibromialgia, porque son los que más aumentan el nivel de serotonina.

Los estudios demuestran que los antidepresivos tricíclicos alivian el dolor y la depresión a entre un 30 y un 60 por ciento de pacientes de fibromialgia.

Al elevar el nivel de serotonina, los antidepresivos impiden la intromisión de las ondas de frecuencia alfa en el sueño delta, lo cual permite al paciente llegar al sueño más profundo. Entonces el paciente produce más hormona del crecimiento, que repara los músculos. Además, el mayor nivel de serotonina reduce la actividad de la sustancia D, que transporta el dolor; también frena la hiperactividad inmunitaria. El mayor nivel de serotonina también previene muchos de los terribles síntomas de la fibromialgia, como la ansiedad, la mala circulación en las extremidades, los dolores de cabeza y el síndrome de colon irritable.

Como he dicho, la dosis de antidepresivos tricíclicos es menor en el tratamiento de la fibromialgia que en el de la depresión. Los pacientes de fibromialgia podrían necesitar sólo unos 10-40 miligramos diarios, mientras que para la depresión se recetan dosis de 150-200 miligramos diarios.

Se han hecho pocos estudios sobre el uso de inhibidores selectivos de recaptación de serotonina, como el Prozac, para la fibromialgia. Sin embargo, las primeras pruebas, la mayoría de tipo anecdótico, indican que muy pronto estos medicamentos podrían ser un tratamiento común; los pacientes tienden a responder bien a ellos sin sufrir de excesivos efectos secundarios. En un estudio sobre el Prozac y la fibromialgia realizado en la Facultad de Medicina de la Universidad Tufts, la mayoría de los pacientes que tomaron el medicamento experimentaron una considerable mejoría en los síntomas. Además, tendían a responder aún mejor cuando tomaban Prozac y un antidepresivo tricíclico.

Si tienes fibromialgia, te recomiendo que hables con tu médico o con un reumatólogo respecto al Prozac y otros inhibidores selectivos de recaptación de serotonina. Parece ser que una dosis moderada de Prozac, de alrededor de 20 miligramos diarios, es la adecuada para la fibromialgia. Si esa dosis no surte efecto, estudia con tu médico la posibilidad de tomar una dosis más elevada.

En el pasado, muchos médicos trataban la fibromialgia con benzodiacepinas como el Valium o el Xanac. Pero últimamente ha perdido popularidad este tratamiento; las benzodiacepinas suelen ser moderadamente útiles para espasmos musculares agudos y trastornos graves del sueño, pero tienden a suprimir el sueño delta. Muchos pacientes han dicho que estos medicamentos en realidad empeoran la fibromialgia. Además, pueden crear adicción. En general, yo los receto muy esporádicamente.

Otros medicamentos que por lo general son inapropiados para la fibromialgia son los antiinflamatorios no esteroideos; son valiosos sobre todo para combatir la inflamación, pero la fibromialgia produce muy poca inflamación. Además, son peligrosos si se toman en exceso, y también alteran las pautas de sueño, pues aumentan el tiempo de duración del sueño alfa. De todos modos, de vez en cuando pueden procurar un alivio temporal a los pacientes de fibromialgia, puesto que son analgésicos además de antiinflamatorios. Para la analgesia suele ser mejor el acetaminofén, que tiene menos efectos secundarios.

De modo similar, los antiinflamatorios esteroideos como los corticosteroides son de poca utilidad para tratar la fibromialgia; tienen muchos efectos secundarios graves y, en general, los pacientes de fibromialgia deberían evitarlos.

Los analgésicos narcóticos ofrecen alivio temporal del dolor, pero son muy adictivos y por lo tanto no son apropiados para el tratamiento prolongado de la fibromialgia.

A veces da buen resultado una inyección de un anestésico local o un remedio homeopático en los puntos sensibles. Esta solución temporal puede interrumpir el ciclo de dolor con mucha eficacia, por lo tanto a veces sus beneficios duran bastante una vez pasado el efecto del anestésico; en ocasiones los pacientes pasan varios meses sin sentir dolor. Pero, por lo general, los efectos sólo duran unas horas o días. La inyección puede ser dolorosa, por lo que en muchos casos no es un tratamiento práctico.

Los relajantes musculares han resultado tener una limitada capacidad para disminuir el dolor y mejorar el sueño, pero no suelen tener ningún efecto en la rigidez. Yo no los receto a menudo.

Hay dos hormonas que también son útiles para la fibromialgia. Una de ellas es la DHEA (deshidroepiandrosterona), que ha disminuido los síntomas a algunos pacientes. Esta hormona regula la inmunidad, por lo que capacita al cuerpo a superar la hiperactividad inmunitaria; también puede disminuir el dolor reumático de las articulaciones que a veces acompaña a la fibromialgia. Además, es una hormona «rejuvenecedora» general, que aumenta la energía, mejora el ánimo y protege al cuerpo de la degeneración gradual. Por desgracia, su presencia en el organismo disminuye a medida que envejecemos. Para determinar la dosis de DHEA es necesario conocer la concentración actual; esto lo puede hacer el médico de cabecera pidiendo un análisis de laboratorio estándar. Entonces es necesario tomarla en forma de suplemento en una dosis suficiente para restablecer la concentración al de una persona sana veinteañera, que es la edad en que el nivel de DHEA está en el máximo. La dosis diaria puede ser tan pequeña como 25 miligramos o tan elevada como 200 miligramos; esta última sería la que necesitaría una persona mayor que no produjera nada de DHEA naturalmente.

En la actualidad la DHEA se vende en tiendas de alimentos dietéticos y en farmacias, pero recomiendo tomarla sólo bajo la supervisión de un médico. Antes de comenzar a tomarla es necesario hacerse un perfil bioquímico completo, que incluya el examen de la función del hígado. Los hombres también deberán hacerse el análisis de sangre llamado PSA (antígeno específico de la próstata) y un examen de próstata; si hay hiperplasia de próstata, la DHEA puede exacerbar el problema. En el caso de que tengas hiperplasia de próstata o algunos de los síntomas de deterioro prostático, por ejemplo micciones frecuentes durante la noche, te recomiendo tomar unos 160 miligramos de palma enana (*Serenoa repens*) dos veces al día. Esta planta es valiosísima para favorecer la salud de la próstata.

Otra hormona que resulta muy beneficiosa para los pacientes de fibromialgia es la melatonina. Como explico en el capítulo 4, la melatonina es una eficaz inductora del sueño; es la hormona que el cuerpo produce de forma natural para dormir. Dado que al parecer dormir mal influye indirectamente en la fibromialgia, cualquier cosa que mejore la calidad del sueño es valiosa. Por lo general recomiendo a mis pacientes que comiencen a tomar suplementos de melatonina en dosis de 1-3 miligramos cada noche. No obstante, en caso de insomnio grave, que es el problema de muchos pacientes, podría ser necesaria una dosis más alta.

Otro eficaz inductor de sueño es el triptófano. Cuando esta sustancia se vendía sin receta, se tomaba sobre todo para dormir. Los pacientes de fibromialgia deberán tomar la dosis mayor de triptófano por la noche, para favorecer el sueño.

Hay varios remedios homeopáticos eficaces para el dolor muscular; varios de ellos ayudan al sistema nervioso a resistir cualquier tipo de dolor, incluido el muscular. Te recomiendo repasar la información sobre homeopatía del capítulo 4.

Mis pacientes de fibromialgia suelen responder bien a los siguientes remedios homeopáticos:

- *Rhus tox* 6x. Una dosis de dos pastillas cada hora disminuye el dolor muscular y favorece la curación del tejido conjuntivo. También disminuye la rigidez matutina.
- *Hypericum* 6x. Es particularmente bueno para aliviar los nervios sensibilizados por el dolor.
- *Apis* 12x. Reduce la sensación de hinchazón que experimentan algunos pacientes de fibromialgia. Otros remedios que reducen la hinchazón son *Bryonia* y *Ledun*.
- *Árnica* 6x. Este potente analgésico va bien para todo tipo de dolor.
- *Symphytum*. Relaja los tejidos musculares profundos.

Hay varias plantas útiles para calmar los síntomas de la fibromialgia. Una de ellas es el ginseng, que fortalece el funcionamiento de las glándulas suprarrenales, al hacerlas más sensibles a las cambiantes necesidades de energía rápida. Cuando las suprarrenales están perezosas, el cuerpo lo compensa secretando la potente hormona estimulante cortisol, que suele producir insomnio.

Cualquiera de las plantas calmantes de los nervios que cito en el capítulo 4 puede ser también beneficiosa para la fibromialgia. Si tienes este trastorno, te conviene repasar esa información.

Cuarto aspecto: Control mental y espiritual del dolor de la fibromialgia

No hay ninguna técnica de control mental o espiritual del dolor específica para la fibromialgia. Las mejores técnicas de control mental y espiritual del dolor son eficaces para todas las formas de dolor crónico. Repasa la información del capítulo 5 sobre este aspecto; estoy casi seguro de que seguir las recomendaciones de ese capítulo te servirá para disminuir el dolor y recuperar la sensación de estar al mando de tu vida.

Si tienes fibromialgia, debes saber que, con toda probabilidad, este trastorno ha afectado profundamente tu mente y tu espíritu. Considera las siguientes estadísticas:

- Alrededor de un tercio de todos los pacientes de fibromialgia sufren una perturbación psíquica grave.
- Alrededor de un tercio de los pacientes sufren del síndrome de dolor crónico.
- Entre un 5 y un 6 por ciento de los pacientes tienen síntomas del trastorno de comportamiento obsesivo-compulsivo.
- Alrededor del 25 por ciento de los pacientes experimentan síntomas similares a los de depresión clínica.

Durante años muchos médicos creían que la fibromialgia era fruto de una inestabilidad mental. Algunos especulaban que la causaba una personalidad rígida, nerviosa; otros intentaron clasificarla como un síntoma de depresión clínica. Sin embargo, estudios recientes indican que la fibromialgia no la provoca la mente.

En mi opinión, una explicación mucho más sensata es que la misma insuficiencia de serotonina que genera indirectamente el dolor muscular también causa en algunos pacientes depresión, ansiedad y comportamiento obsesivo-compulsivo.

Experiencias de pacientes, y por lo menos un estudio clínico, indican que cuando se normaliza el nivel de serotonina mejoran los problemas psíquicos y el dolor muscular, pero aún no se han realizado estudios clínicos extensos que demuestren este fenómeno.

De todos modos, sí parece ser que el estrés agrava el dolor de la fibromialgia. Es muy posible que esto se deba en parte a que el estrés agota la provisión de serotonina. Debido a este fenómeno, es importantísimo que los pacientes de fibromialgia practiquen las técnicas de reducción del estrés, sobre todo la meditación y el programa diario «Despertar a la salud».

El estrés aumenta el dolor de la fibromialgia, y eso genera aún más estrés, y así se inicia la espiral destructiva estrés-dolor-estrés.

10

Dolor causado por otros trastornos frecuentes

Cáncer, síndrome de colon irritable, articulación témporomaxilar, síndrome del túnel carpiano, síndrome premenstrual

El mejor camino de salida siempre es seguir adelante.

ROBERT FROST

Ten presente, por favor, que si bien este capítulo contiene información sobre diversos trastornos dolorosos, esta no reemplaza la información anterior sobre mi programa para el dolor. Todos los pacientes deberán seguir el programa completo explicado en los capítulos 2 a 5. Los pacientes de los trastornos mencionados en este capítulo deberán seguir además, las recomendaciones que a continuación doy.

Dolor causado por el cáncer

El tratamiento para el dolor producido por el cáncer está entre los peores fracasos de la medicina moderna. Millones de personas sufren de dolores terribles que se podrían evitar con facilidad.

Muchos médicos, entre ellos especialistas en cáncer u oncólogos, no saben tratar correctamente el dolor que produce esta enfermedad. O bien no recetan suficientes fármacos o no dan los adecuados o no administran dosis eficaces. Muchos oncólogos ni siquiera han recibido una formación adecuada en control del dolor.

Una buena parte de oncólogos saben que su tratamiento para el dolor del cáncer no es el adecuado. En una encuesta a más de mil oncólogos estadounidenses, sólo la mitad de ellos calificaron de bueno o muy bueno al programa de control del dolor de los hospitales en que trabajaban. Sólo el 11 por ciento decían haber recibido formación en el control del dolor durante sus estudios. Casi ninguno aplicaba ninguna de las poderosas técnicas de control del dolor de la medicina integradora, aun cuando el 85 por ciento afirmaron que en general se daba menos medicación para el dolor de la necesaria.

Por desgracia, muchos médicos todavía se aferran a los mitos respecto a los medicamentos que se usan para combatir el dolor producido por el cáncer; estos mitos son causa de enorme sufrimiento. Los dos mitos principales que en estos momentos provocan que millones de pacientes de cáncer experimenten un dolor atroz son los siguientes:

Mito número 1. Los pacientes de cáncer corren el enorme riesgo de hacerse adictos a los analgésicos. La existencia de este mito se debe a que muchos médicos no entienden del todo la diferencia entre adicción, dependencia y tolerancia.

La adicción es un ansia psíquica de tomar un medicamento o droga. Estas ansias se convierten en el centro de la vida del adicto, y continúan incluso cuando ya han desaparecido los síntomas de abstinencia.

La dependencia se produce cuando el cuerpo del paciente se acostumbra a un medicamento. La supresión repentina de esa medicación causa desagradables síntomas de abstinencia. Pero casi siempre se supera esta dependencia física simplemente retirando poco a poco la medicación.

Tolerancia significa que con el paso del tiempo se necesitan dosis cada vez más elevadas. Pero casi en ninguna situación hay riesgos en administrar dosis más elevadas.

Prácticamente todos los enfermos de cáncer que toman morfina, el analgésico común, desarrollan tolerancia y dependencia. Estos dos efectos son naturales y en esencia no entrañan riesgos; casi siempre se superan rápidamente cuando ya no se necesita morfina.

Los pacientes de cáncer casi nunca se hacen adictos a la morfina. En un estudio sobre doce mil casos de enfermos que tomaban morfina, casi todos desarrollaron tolerancia y dependencia, pero sólo el 0,1 por ciento de los pacientes se hicieron adictos; el otro 99,9 por ciento no tuvieron ningún ansia psíquica y jamás tomaron morfina para experimentar la euforia que produce la droga.

La mayoría de los enfermos ni siquiera experimentan euforia cuando la toman. La misma dosis que causa euforia a los drogadictos, a una persona que sufre mucho dolor sólo la hace sentirse normal y cómoda.

Pese a las claras pruebas de que la adicción a analgésicos es muy excepcional entre los enfermos de cáncer, muchos médicos y enfermeras siguen creyendo el mito de que los pacientes se hacen adictos fácilmente. Durante un estudio, alrededor de un tercio de dos mil enfermeras tituladas dijeron que creían que el riesgo de adicción a la morfina era del 25 por ciento o más (en lugar del 0,1 por ciento).

En otro estudio se comprobó que las enfermeras, que por lo general son las encargadas de administrar los fármacos, daban un promedio del 25 por ciento de la medicación que los médicos recetaban. Lo hacían porque creían que la adicción era un riesgo importante.

Mito número 2. Si se toma morfina durante demasiado tiempo deja de surtir efecto. La mayoría de las personas, incluidos muchos médicos, creen que la toma muy prolongada de morfina finalmente inhibe el efecto de la droga.

Este fenómeno, llamado «efecto tope», se produce con ciertos fármacos o drogas, pero no con la morfina ni con los otros opiáceos que se usan para tratar el dolor del cáncer.

De hecho, algunos pacientes comienzan el tratamiento con dosis de 30 miligramos diarios de morfina y después llegan a necesitar varios miles de miligramos cada día. Aun cuando es un aumento drástico, esta elevada dosis se puede seguir administrando sin riesgo de que aumenten de modo importante los efectos secundarios. Cuando los pacientes desarrollan tolerancia a un fármaco, también desarrollan tolerancia a su capacidad de producir efectos secundarios.

Dada esta creencia en el mito del efecto tope de los opiáceos, muchos médicos recetan dosis insuficientes de morfina. Limitan las dosis por temor a que si las aumentan no podrán controlar el dolor cuando sea más intenso. En un estudio se comprobó que el 60 por ciento de los médicos se negaban a recetar dosis de morfina suficientes para eliminar totalmente el dolor a menos que al paciente le quedaran menos de seis meses de vida. Este es un claro y trágico error clínico que provoca una tortura innecesaria.

La mayoría de los pacientes también creen en el mito del efecto tope de los opiáceos, por lo cual tienden a no tomar las dosis completas de los medicamentos para el dolor. Se estima que la mitad de los enfermos de cáncer no toman toda la cantidad de medicación para el dolor que se les receta.

Debido a estos dos mitos, la mayoría de los enfermos de cáncer no reciben el tratamiento adecuado para el dolor, aun cuando sea horrorosamente intenso.

A consecuencia de este mal tratamiento del dolor, se calcula que entre un 50 y un 80 por ciento de todos los pacientes de cáncer de Estados Unidos sufren innecesariamente.

Por desgracia, el dolor es uno de los síntomas más frecuentes del cáncer. En las primeras fases de la enfermedad, sufren dolor alrededor del 33 por ciento de los pacientes, y en las últimas fases el porcentaje aumenta al 80 por ciento. Este dolor no sólo destruye la calidad de vida, sino que también puede contribuir a acabar con la vida. Experimentos médicos indican que los tumores crecen mucho más rápido cuando hay dolor; en resumen, el dolor mata.

Lo bueno, sin embargo, es que el alivio del dolor del cáncer es posible en el 90 a 99 por ciento de los casos. Lo único que se requiere es un tratamiento adecuado. Alrededor del 85 por ciento de los pacientes sólo necesitan tratamientos sencillos, entre ellos la administración de morfina. A casi todos los pacientes del 15 por ciento restante también se les puede aliviar el dolor, con la aplicación de tratamientos algo más complejos.

Por lo tanto, si tú o algún ser querido sufre del dolor del cáncer, te recomiendo encarecidamente que busques un médico que sea capaz de aliviar ese dolor; podría ser necesario consultar con un especialista en dolor. Lo que no debes hacer es aceptar pasivamente la idea de que el sufrimiento es inevitable. Es posible aliviarlo, pero tal vez tengas que buscar ese alivio.

El doctor Charles Schuster, ex presidente del Instituto Nacional de Abuso de Medicamentos, ha declarado que «la forma como tratamos el dolor del cáncer raya la ignominia nacional».

No te permitas formar parte de esa ignominia.

Por qué el cáncer produce dolor

Alrededor de un 75 por ciento del dolor del cáncer lo causa el desarrollo de tumores malignos, y alrededor del 25 por ciento está relacionado con las terapias aplicadas para tratar esos tumores.

Los tumores en sí mismos no duelen, pero sí causan dolor cuando invaden tejidos sanos.

El dolor más común causado por la invasión en tejidos sanos es el de huesos; muchos tipos de cáncer se extienden finalmente a los huesos y causan un dolor sordo.

El segundo dolor más común debido a tumores invasivos es el de los nervios; al crecer, los tumores presionan los nervios y causan un dolor agudo, constante y hormigueante. Esto ocurre del 20 al 40 por ciento de todos los pacientes.

Este dolor causado por el crecimiento de los tumores también se produce en los vasos sanguíneos, el sistema linfático y los órganos huecos, como los del aparato digestivo. Al presionar contra vasos sanguíneos, conductos linfáticos o intestinos, los tumores suelen causar un intenso dolor.

También invaden los músculos; en este caso el dolor es como un calambre muscular incesante.

La otra causa principal del dolor del cáncer, la propia terapia, es también muy común.

Algunas operaciones para extirpar tumores causan un dolor que continúa aún después de cicatrizada la herida; esto ocurre en las operaciones de cuello, pecho y mamas. Por lo general este dolor se debe a los nervios que han quedado dañados por la intervención quirúrgica. Una forma de dolor nervioso de este tipo es el «dolor fantasma» causado por amputaciones.

Algunas formas de quimioterapia también causan dolor nervioso. Para muchos pacientes, los dos fármacos más problemáticos de la quimioterapia son la vincristina y la vinblastina. Muchas veces, donde antes se siente el dolor causado por la quimioterapia es en la mandíbula, o en las manos y los pies. Este tratamiento también causa dolorosas llagas bucales, sobre todo cuando se combina con radioterapia. Es bien sabido que la quimioterapia provoca terribles ataques de náuseas.

La radioterapia suele dañar la piel y los nervios, y causar hemorragia y diarrea. La médula espinal es particularmente vulnerable a la radiación, y puede producir punzadas de dolor en la mitad inferior del cuerpo. La radioterapia también suele producir cansancio extremo.

Sin embargo, hay ciertas terapias que no generan dolor. En su mayoría son inmunoterapias, es decir, aquellas que estimulan al sistema inmunitario para que combatan el cáncer. Algunas de estas terapias se consideran convencionales y otras experimentales. Por ejemplo, hay terapias experimentales que estimulan la inmunidad natural mediante alimentos, suplementos de nutrientes, desintoxicación y control del estrés. Hay controversia respecto a estas terapias, pero algunas parecen prometedoras.

El tratamiento adecuado del dolor del cáncer

Un buen programa de control del dolor para el cáncer se centra por lo general en una sucesión de medicamentos cuya potencia va en aumento.

El primer nivel de medicación consiste en aspirina, acetaminofén y antiinflamatorios no esteroideos como el ibuprofén. Estos fármacos tienen capacidad para eliminar el dolor moderado y con frecuencia también controlan el dolor intenso, si se administran con un programa muy cuidadoso. Para máxima eficacia deben tomarse cada cuatro horas, aun en el caso de que no haya dolor en el momento de la administración. El dolor producido por la invasión de tumor en los huesos responde particularmente bien a estos medicamentos; además, estos pueden aumentar el alivio producido por algunos fármacos más potentes. Actúan de modo diferente a los opiáceos, por lo cual la combinación de antiinflamatorios no esteroideos con opiáceos suaves suele ser mucho más eficaz que la administración sólo de opiáceos.

El siguiente nivel de medicación consiste en opiáceos suaves, como la codeína, la oxicodona (Percodan) y el dextropropoxifeno. Normalmente estos fármacos se combinan con antiinflamatorios no esteroideos o con acetaminofén. Los opiáceos suaves son eficaces en las primeras fases del cáncer, pero muchos médicos tienden a mantenerlos demasiado tiempo, cuando el dolor ya se ha hecho más intenso.

El tercer y último nivel de medicación consiste en morfina y otros fármacos parecidos, como el fentanilo, la metadona y la hidromorfona.

La administración de la morfina puede comenzar con dosis relativamente bajas, de unos 30 miligramos diarios, pero se ha de aumentar uniformemente a medida que aumentan la tolerancia y la intensidad del dolor. Es muy importante que las dosis se aumenten con regularidad en respuesta a la creciente necesidad. El mayor error que cometen muchos médicos es no aumentar la dosis de morfina cuando es necesario; los médicos que creen en los dos mitos principales sobre la morfina suelen resistirse a aumentar las dosis hasta el nivel adecuado. Si tu médico pertenece a este grupo, te insto a consultar con un especialista en dolor para que hable con él y se ocupe de que recibas el tratamiento adecuado.

También es importantísimo que tú no creas en estos dos mitos, para que no estropees tu propia terapia. Toma las dosis completa de analgésicos, y si no sientes suficiente alivio del dolor comunícaselo a tu médico. Muchos pacientes tratan de ser estoicos, como si el sufrimiento tuviera un valor moral en sí mismo; no lo tiene.

Además, debes obligarte a tomar los medicamentos en las horas debidas. Muchos médicos no recalcan la importancia de los horarios de las tomas de medicamentos, y esto suele ser causa de dolor innecesario. Un buen programa para el dolor debe proporcionar alivio las veinticuatro horas del día. Para lograrlo, es probable que se administren medicamentos de efecto duradero combinados con otros de acción rápida que alivian temporalmente el «dolor que se escapa o dispara».

Una forma de tratamiento particularmente efectiva para este dolor escapado, y para el dolor en general, es la «analgesia controlada por el paciente», es decir, el paciente decide cuándo tomar las dosis preestablecidas. Cuando se introdujo esto en los años ochenta, muchos médicos temieron que los pacientes tenderían a tomar demasiada medicación; esto ocurre muy rara vez; en realidad, los pacientes tienden a tomar menos medicación, tal vez porque se sienten más al mando de la situación. Por lo tanto, esta forma de tratamiento está adquiriendo cada vez más popularidad.

Cuando ni la morfina ni fármacos similares logran controlar el dolor, por lo general van bien tratamientos más complejos. Entre estos están las inyecciones de anestésicos, el bloqueo de nervios y operaciones que inhiben la transmisión nerviosa. Repasa los capítulos 2 a 5 para más información sobre estos procedimientos.

Además de estos tratamientos convencionales, la mayoría de los pacientes también obtienen enormes beneficios de muchas de las terapias que uso en mi programa general para el dolor. La terapia nutricional, el control del estrés y diversas fisioterapias suelen tener mucho efecto en el dolor del cáncer. Pero en la mayoría de los casos, estas terapias deben combinarse con un programa de medicación.

Los tratamientos que hacen más lento el crecimiento de los tumores también alivian el dolor. Los médicos suelen aplicar la intervención quirúrgica, quimioterapia y radioterapia para reducir los tumores y aliviar el dolor, aun cuando no haya esperanzas de recuperación para el enfermo.

A veces, cuando el cáncer es terminal, en la última fase el enfermo comienza a sufrir dolores que no se alivian fácilmente ni siquiera con un tratamiento muy agresivo. Cuando llega esta triste fase, los pacientes suelen pedir dosis muy elevadas de fármacos potentes que podrían hacerlos dormir día y noche, hasta que llegue la muerte. En algunos casos esta sedación apresura en algo la muerte. En mi opinión, aceptar los deseos del paciente y recetarle esos medicamentos es la única medida humana que se puede tomar. Ese método lo considero muchos más aceptable que ayudar al suicidio del paciente.

Pero los pacientes han de comprender que a veces ocurren remisiones repentinas, incluso en las situaciones más desesperadas. Al parecer, esto ocurre con más frecuencia cuando los pacientes siguen terapias no tóxicas que estimulan al sistema inmunitario, como las experimentales de las que he hablado. Las terapias de estimulación inmunitaria no perjudican al cuerpo, y por lo tanto parece que admiten una posibilidad mucho mayor de remisión espontánea.

Además, estas terapias de estimulación inmunitaria recurren al poder sanador del propio organismo, y a veces este poder tiene mayor capacidad de curación milagrosa que las mejores técnicas terapéuticas.

En cualquier caso, siempre animo a los pacientes a no abandonar la esperanza. Como he dicho, mientras hay vida hay esperanza.

Síndrome de colon irritable

El trastorno doloroso del tubo gastrointestinal es mucho más común de lo que se piensa. En Estados Unidos, hasta el 10 por ciento de la población adulta sufre de él, esporádica o permanentemente. Se calcula que más de un tercio de todas las personas que visitan clínicas especializadas en problemas gastrointestinales sufren del síndrome de colon irritable. Sin embargo, muchas personas que sufren de este problema rara vez hablan de él, porque les da vergüenza hablar de sus síntomas.

Hay tres tipos básicos de síndrome de colon irritable. Uno se caracteriza por diarreas frecuentes, sin dolor; otro, por dolor y estreñimiento, y el tercero combina las características de los otros dos.

No hay causa física clara de este síndrome. Por lo tanto, la única manera de diagnosticarlo es descartar otros trastornos que presenten síntomas similares.

El síndrome de colon irritable apareció por primera vez en la literatura médica en 1817, pero no se ha hecho ningún verdadero progreso en la forma de tratarlo ni de prevenirlo. En realidad, el índice de frecuencia de este trastorno parece ir en aumento.

Dado que es un trastorno de digestión y eliminación, la mayoría de los tratamientos consisten en una modificación de la dieta. A los pacientes se les aconseja, por ejemplo, evitar ciertos alimentos irritantes, como las grasas, y aumentar el consumo de fibra.

Yo creo, sin embargo, que podría haber un factor bioquímico que contribuya al síndrome de colon irritable: insuficiencia de serotonina. Hay varias correspondencias fascinantes entre este síndrome y otros trastornos que van acompañados por insuficiencia de serotonina.

Uno de ellos, muy relacionado con el síndrome de colon irritable, es la fibromialgia. Como he dicho en el capítulo sobre esta enfermedad, la principal teoría sobre su origen es que lo desencadena la insuficiencia de serotonina; hay bastante relación entre pacientes del síndrome de colon irritable y pacientes de fibromialgia. En un estudio publicado en *Journal of Rheumatology*, se comprobó que el 70 por ciento de pacientes de fibromialgia sufrían del síndrome de colon irritable, y un 65 por ciento de pacientes de síndrome de colon irritable sufrían de fibromialgia.

Otros dos problemas también relacionados con la insuficiencia de serotonina, la depresión y la ansiedad, también son muy comunes entre los pacientes del síndrome de colon irritable. Parece ser que estos dos trastornos anímicos se producen independientemente del síndrome de colon irritable y que, por lo general, no son consecuencia directa del sufrimiento causado por este síndrome.

Además, en la mayoría de los pacientes, el estrés es uno de los más potentes desencadenantes de los síntomas. Hasta el 80 por ciento de los paciente sufren de estos síntomas cuando están estresados.

El síndrome premenstrual, otro trastorno que suele caracterizarse por insuficiencia de serotonina, también contribuye a los síntomas del síndrome de colon irritable, que suelen ser mucho más intensos durante la menstruación. En un estudio de doscientas treinta y tres mujeres, el 34 por ciento que no tenía el síndrome de colon irritable afirmó que durante la regla sufría de algunos de los síntomas intestinales que caracterizan este síndrome.

Otros problemas que a veces son consecuencia de la insuficiencia de serotonina, entre ellos los dolores de cabeza y las ansias de comer dulces, también los experimentan los pacientes del síndrome de colon irritable.

No está del todo claro por qué la insuficiencia de serotonina sería causa del síndrome de colon irritable, pero sí se sabe que contribuye al estrés, y que cuando hay estrés no funcionan bien los órganos de la digestión y la eliminación. El estrés disminuye la irrigación sanguínea de estos órganos (lo que causa la sensación de nerviosismo, que se siente en el estómago). Este aspecto de la reacción de estrés es útil para la supervivencia, porque lleva más sangre a las partes del cuerpo (los brazos y las piernas), necesaria para «luchar o huir»; pero hace menos eficiente el funcionamiento del estómago y los intestinos.

Además, la tensión muscular, que es otra de las reacciones de estrés, sobre todo en los músculos del vientre, también obstaculiza la digestión y la eliminación.

Por lo tanto, creo posible que la insuficiencia de serotonina, que aumenta el estrés y que se agrava por el estrés, contribuye indirectamente al mal funcionamiento de los órganos de digestión y eliminación.

Cuando se produce esta disfunción es mucho más difícil asimilar los alimentos, sobre todo aquellos que son difíciles de digerir en condiciones favorables, como las grasas.

En condiciones favorables, el alimento pasa por el estómago y los intestinos de modo ordenado y rítmico. Cuando llega al intestino grueso o colon, los movimientos peristálticos, o contracciones rítmicas de sus músculos, lo hacen avanzar. Pero cuando la digestión funciona mal estas contracciones se interrumpen; los músculos del intestino pierden el ritmo, se contraen, acalambrados, y producen dolor, hinchazón, estreñimiento, gases y diarrea. La mayoría de las personas tienen estos síntomas de vez en cuando, sobre todo durante periodos de mucho estrés, pero cuando se producen repetidamente son indicación de síndrome de colon irritable.

Puesto que creo que la insuficiencia de serotonina podría ser causante indirecto del síndrome de colon irritable, recomiendo a todos los pacientes de este trastorno tratar de mantener un nivel elevado estable de este neurotransmisor. Para aprender a hacerlo, repasa la información correspondiente en los capítulos sobre mi programa completo para el dolor.

Se ha tratado a algunos pacientes del síndrome de colon irritable con terapias estimulantes de la producción de serotonina, pero los resultados no han sido concluyentes. De todos modos, lo considero un método muy prometedor.

La otra forma de controlar los síntomas del síndrome de colon irritable es mejorar el proceso digestivo general. Esto se consigue si se evitan los alimentos difíciles de digerir, se ingieren nutrientes que mejoren la digestión y se evita el estrés.

Muchos de los alimentos que hay que evitar son los que producen alergias o sensibilidad alimentaria. El aparato digestivo no los descompone bien, y al parecer alteran las contracciones rítmicas del intestino, sobre todo durante periodos de estrés.

Los alimentos que con mayor frecuencia desencadenan síntomas del síndrome de colon irritable son la leche y otros productos lácteos. Muchas personas son alérgicas o sensibles a la lactosa. La leche es particularmente difícil de digerir para las personas mayores, porque a medida que envejecemos tendemos a secretar menos lactasa, la enzima que descompone la lactosa. Tu médico puede hacerte un análisis para determinar si presentas intolerancia a la lactosa. Si es así y también tienes síntomas del síndrome de colon irritable, deberías evitar totalmente los productos lácteos.

Es posible, sin embargo, que la intolerancia a la lactosa sea muy moderada, y en ese caso no aparecería en un análisis de intolerancia. Por lo tanto, es aconsejable que todos los pacientes de este síndrome eliminen por un tiempo los productos lácteos para determinar si en su ausencia se controlan los síntomas.

Algunos pacientes también se sienten mejor cuando toman suplementos de la enzima digestiva lactasa. Esta enzima se vende en las tiendas de alimentos dietéticos.

Si eliminas de tu dieta los productos lácteos, te recomiendo que tomes un mínimo de 1.000-1.500 miligramos de calcio diarios.

El segundo desencadenante más frecuente de los síntomas del síndrome de colon irritable es la grasa. Al parecer, la grasa de origen animal es peor en este respecto que los aceites vegetales; el motivo es que estimula la liberación de una hormona llamada colecistoquinina, que causa las contracciones del colon.

Además, la grasa no se mezcla bien en los intestinos con los alimentos hidrosolubles no grasos, simplemente porque el agua no se mezcla fácilmente con el aceite. Y por ello estos alimentos alteran las contracciones rítmicas del intestino.

Otros alimentos que desencadenan los síntomas del síndrome de colon irritable son el azúcar (sobre todo la fructosa o azúcar de la fruta), las frutas cítricas y las verduras crucíferas, como el brécol y la coliflor. Estos alimentos tienden a irritar el colon, sobre todo si las enzimas digestivas no los descomponen bien. Otro desencadenante común es la cafeína, que estimula las contracciones del colon.

De todos modos, hay varios alimentos que podrían activar síntomas en diferentes personas, por lo tanto siempre recomiendo hacer una breve dieta de eliminación, que se comienza comiendo solamente un pequeño número de alimentos fáciles de digerir para a continuación añadir alimentos uno a uno. Cuando un determinado alimento provoca síntomas del síndrome, deberá evitarse para siempre.

También es recomendable comer alimentos ricos en fibra, porque la fibra es muy útil para hacer mover los alimentos por los intestinos. Sin embargo, un exceso de fibra a veces empeora los síntomas.

Además de evitar los alimentos que desencadenan los síntomas, los pacientes de este síndrome deben comer determinados nutrientes que favorecen la digestión. Uno de los mejores el yogur, pues contiene cultivos vivos de lactobacilos, que intervienen en la descomposición de los alimentos en el intestino.

El aceite de menta y la raíz de jengibre favorecen la salud de los intestinos al relajar sus músculos lisos y prevenir así los espasmos; estos dos antiespasmódicos, o antiespásticos, se pueden comprar en forma de suplemento en las tiendas de alimentos dietéticos.

Otro suplemento que suele ir bien son las semillas de zaragatona (*psyllium*), que se venden en cápsulas. Estas semillas son una excelente fuente de fibra.

Las enzimas digestivas también alivian a algunos pacientes del síndrome de colon irritable. Estas son, entre otras: quimotripsina, tripsina y proteasa (que descomponen las proteínas); amilasa (que descompone las féculas), y lipasa (que descompone las grasas). También mejoran la digestión los suplementos que contienen clorhidrato de betaína o lisina. La digestión de las legumbres y crucíferas se puede mejorar con una enzima digestiva que se vende con el nombre «Beano». Casi todas las tiendas de alimentos dietéticos venden enzimas digestivas; a muchas personas les resulta más fácil comprar una fórmula compuesta por varias enzimas.

Además de la terapia nutricional, hay ciertos medicamentos que van bien a muchos pacientes.

Probablemente los más eficaces para el síndrome de colon irritable sean los antidepresivos. Diversos estudios han demostrado que estos medicamentos, que estimulan la producción de serotonina, mejoran los síntomas en la mayoría de los pacientes. Los de uso más común son los antidepresivos tricíclicos, como la amitriptilina. No obstante, es posible que los más recientes inhibidores selectivos de recaptación de serotonina, como el Prozac, resulten ser aún más eficaces que los tricíclicos, porque tienden a tener una acción más fuerte.

De vez en cuando algunos pacientes encuentran alivio en antiespasmódicos, que relajan los músculos lisos del intestino, pero estos medicamentos tienen un buen número de efectos secundarios y en muchos casos no son eficaces.

Para episodios de diarrea intensa a veces va bien tomar opiáceos suaves, que calman las contracciones del instestino. Pero casi nunca se deben tomar opiáceos de modo regular. Yo rara vez los recomiendo.

De forma ocasional algunos pacientes toman ansiolíticos, por ejemplo, Valium. A veces estos fármacos hacen que el paciente se sienta mejor y con menos estrés, pero sólo tienen un efecto indirecto en el síndrome de colon irritable; además, pueden crear hábito, por lo cual yo tiendo a no recetarlos.

Otro grupo de medicamentos que va bien a algunos pacientes son los retentivos de ácidos biliares, que normalmente se usan para tratar la hipercolesterolemia. Estos fármacos suelen ir bien a los pacientes cuyo principal problema es la diarrea, y también a aquellos a los que se ha extirpado la vesícula biliar; después de una operación de vesícula la digestión de las grasas puede hacerse más difícil.

Un último medicamento que a veces es útil es la simeticona, de venta sin receta. Este fármaco alivia el dolor y la hinchazón causados por gases.

Una fisioterapia que podría ir bien a los pacientes del síndrome de colon irritable es la fototerapia, o terapia de luz, que aumenta de modo importante el nivel de serotonina. Para más información, repasa la sección sobre esta terapia en el capítulo 3.

Además de estas terapias, los pacientes de este síndrome deberían seguir mi programa completo para el dolor. Muchas de las modalidades del programa general van bien para aliviar el dolor, como la acupuntura médica, por ejemplo. Las técnicas de control mental y espiritual del dolor son especialmente importantes en este síndrome porque alivian el estrés, y eso solo suele prevenir los síntomas.

Síndrome del túnel carpiano

El túnel carpiano es un estrecho conducto en el interior de la muñeca por donde pasan los tendones, ligamentos y nervios que sirven a la mano.

Cuando se usan demasiado las manos, sobre todo en un solo movimiento repetitivo, los tendones se suelen hinchar y oprimir el nervio palmar mediano, que va a la mano, y entonces el nervio duele. Si la presión continúa durante un periodo largo, el nervio llega a deteriorarse; entonces el dolor es casi constante y la coordinación de la mano se resiente.

Actualmente son muchas las personas que sufren del síndrome del túnel carpiano, debido a los movimientos repetitivos exigidos por el trabajo, y esto causa hinchazón en sus tendones. Por ejemplo, en la cadena de montaje de una fábrica, un obrero puede hacer veinticinco mil movimientos repetitivos al día.

Los tipos de movimientos más perjudiciales son los que hacen flexionar mucho la mano, hacia atrás o hacia delante. Estos movimientos son dañinos porque no sólo hinchan los tendones, sino que también estrechan el túnel carpiano.

Los primeros síntomas del síndrome son el adormecimiento con hormigueo en los dedos. A esto sigue el dolor, que aumenta poco a poco durante las fases medias del trastorno. Los síntomas finales son adormecimiento, dolor casi constante y pérdida de coordinación.

Si crees que estás en proceso de desarrollo de este síndrome, debes tratar el problema de inmediato; el tratamiento precoz es con mucho el mejor método. Cuando se trata en las primeras fases es posible la recuperación total, sin tratamientos difíciles. Si se retrasa el tratamiento puede ser necesaria la cirugía. Si la operación no tiene éxito, el problema tal vez se haga irreversible.

Se realizan varios exámenes para diagnosticar el síndrome del túnel carpiano. Uno es muy sencillo y se lo puede hacer el propio paciente; es la llamada prueba de Phalen o flexión de la muñeca. Para hacértelo dobla al máximo las dos manos hacia delante y haz que los dorsos de los dedos se toquen, apuntando hacia abajo; mantén esta posición suavemente durante un minuto. Si sientes dolor, hormigueo o adormecimiento, es posible que tengas el síndrome del túnel carpiano y deberás consultar un médico de inmediato.

Probablemente el médico te hará otros exámenes, entre ellos la prueba de Tinel, que consiste en golpetear la parte interior de la muñeca, sobre el nervio palmar mediano. Si sientes dolor, adormecimiento u hormigueo, es indicación de posible síndrome.

Hay también otros exámenes o exploraciones para medir la sensibilidad de los dedos. Tal vez el médico pida que te hagan radiografía, un TAC (tomografía axial computarizada) o una exploración por resonancia magnética nuclear.

Si tienes síntomas del síndrome del túnel carpiano, hay fisioterapias, terapias nutricionales y medicamentos que podrían irte bien. Podría ser necesaria la intervención quirúrgica, como último recurso.

Las terapias más importantes para este trastorno son las físicas, porque es un problema sobre todo mecánico, no bioquímico.

Una de las mejores cosas que puedes hacer es dejar de hacer los movimientos repetitivos que causaron el problema; muchas veces, en las primeras fases, basta esto para resolver el problema. No obstante, esta opción es difícil para muchas personas puesto que podría significar cambiar de empleo. Pero antes de descartarla, piensa en las graves consecuencias que tendría dejar que continúe el problema. Si decides continuar con tu trabajo y esto es causa de que tengas que pasar el resto de tu vida con un dolor incurable, sin duda lamentarás tu decisión.

Si no es fácil cambiar de trabajo, la siguiente mejor opción es descansar todo lo posible la mano del movimiento que lo causa; esto contribuye a curar el nervio mediano lesionado. Si no puedes coger la baja para sanar la lesión, deberás hacer frecuentes descansos. Esos descansos servirán para reducir la hinchazón de los tendones.

Otra excelente opción es usar una férula en la muñeca que la inmovilice en parte y le impida flexionarse totalmente hacia delante y hacia atrás. Normalmente se pueden usar estas férulas en el trabajo, y también mantenerlas durante la noche, mientras se duerme. Usarla por la noche es importante, porque en ese tiempo disminuye la irrigación sanguínea, lo que priva aún más al nervio palmar mediano del oxígeno y los nutrientes que necesita.

Otro aparato sencillo que sirve para aliviar el dolor y la opresión de la muñeca es una cincha ortopédica para el antebrazo, que es una venda estrecha que se pone justo debajo del codo; se venden en la mayoría de las farmacias.

Una fisioterapia que suele ser muy útil en las primeras fases del trastorno es la aplicación de hielo en la muñeca durante unos diez minutos cada vez. Esto reduce la inflamación y rompe el ciclo de dolor. Una alternativa al hielo es un gel refrescante.

El masaje también es útil. Muchos pacientes del síndrome del túnel carpiano tienen tensos los músculos de los hombros, cuello y espalda, y eso aumenta la tensión en el antebrazo y la muñeca. Es importantísimo estirar los músculos tensos todo lo posible durante el trabajo.

Otro importante factor en el tratamiento es que la postura durante el trabajo sea lo más cómoda posible. Si trabajas con ordenador, deberás tener el teclado a una altura cómoda, las muñecas bien apoyadas y estar sentado en una silla firme y cómoda, con las plantas de los pies apoyadas en el suelo.

A muchos pacientes les alivia bastante la magnetoterapia. Hay aparatos magnéticos especialmente diseñados para la muñeca y deberás llevarlos casi todo el día. Para más información sobre la magnetoterapia, repasa el capítulo 3.

La terapia nutricional para el síndrome del túnel carpiano es limitada, pero para algunos pacientes resulta útil. El nutriente más importante para tratar este trastorno es la vitamina B_6, que fortalece las vainas que recubren los tendones (esto previene la hinchazón); también es un diurético suave que reduce la hinchazón debida a la retención de líquidos.

Hay pruebas de que el síndrome del túnel carpiano es bastante más común entre personas que sufren insuficiencia de vitamina B_6. A los pacientes de este trastorno les recomiendo tomar 300 miligramos de B_6 diarios durante unos tres meses. Transcurridos los tres meses, la dosis deberá reducirse a 100 miligramos diarios, porque la toma prolongada de esta vitamina puede dañar los nervios.

El suplemento de B_6 es más eficaz si se combina con dosis diarias de 100 miligramos de B_2, 1.000 mcg de B_{12} y 800 mcg de ácido fólico. Estos cofactores nutricionales aumentan la potencia de la vitamina B_6.

También hay varios medicamentos que podrían ir bien. Muchos pacientes toman antiinflamatorios no esteroideos, como el ibuprofén, que reducen la hinchazón y la inflamación. Estos fármacos pueden ser beneficiosos, pero, como he dicho anteriormente, tienen muchos efectos secundarios. Como alternativa, deberías considerar los antiinflamatorios naturales que menciono en los capítulos sobre mi programa completo para el dolor.

Dos remedios homeopáticos suelen ser útiles: *Bryonia* y *Rhus toxicodendron*, que se venden en muchas tiendas de alimentos dietéticos. A veces los médicos inyectan cortisona en la muñeca; esto es muy eficaz para un periodo corto, pero normalmente la mejoría no dura mucho. Además, la cortisona tiene muchos efectos secundarios.

Un remedio tópico que ha ido bien a muchos pacientes es la crema Traumeel; esta fórmula homeopática alivia el dolor y reduce la hinchazón. Hay otros geles analgésicos que reducen también la inflamación.

Cuando el síndrome del túnel carpiano está avanzado suele ser necesario operar. La operación consiste en cortar uno de los ligamentos de la muñeca, lo cual suele aliviar la presión sobre el nervio palmar mediano irritado. Esta intervención es bastante eficaz, pero tal vez no dé resultado si la lesión del nervio es grave.

Dado que las opciones de tratamiento para el síndrome del túnel carpiano avanzado son muy limitadas, recomiendo encarecidamente a los pacientes solucionar el problema antes de que llegue a su última fase.

Dolor de la articulación témporo-maxilar

El método de terapias múltiples de la medicina integradora es esencial para el buen tratamiento del dolor de la articulación témporo-maxilar. Ninguna terapia sola, aislada, ha dado buen resultado para este trastorno, tal vez debido a que son varios los factores causales.

La articulación témporo-maxilar es el punto donde se une el maxilar inferior con el cráneo. Puedes palparla abriendo y cerrando la boca al mismo tiempo que presionas la articulación, que está situada justo delante del lóbulo de la oreja.

Los problemas en esta articulación y en los músculos que la rodean son muy frecuentes; los sufren alrededor de la mitad de la población. La mayoría sólo experimentan una pequeña molestia y nunca buscan tratamiento para este trastorno. Pero alrededor de un 5-10 por ciento de estas personas sienten bastante dolor, y en algunos casos el dolor es tan intenso que discapacita.

Aunque los factores causales varían de paciente en paciente, las tres causas más comunes son: maloclusión, es decir, cierre defectuoso de la boca a causa de la desalineación de los dientes superiores respecto a los inferiores; tensión muscular de la mandíbula, causada por el estrés, y traumatismo, causado por un golpe en la cabeza o una lesión por latigazo.

Durante muchos años los médicos pensaban que la maloclusión era la causa más frecuente del trastorno témporo-maxilar. Ahora, en cambio, se cree que la causa más común es el estrés. El estrés no sólo tensa los músculos de las mandíbulas sino que también impulsa a muchas personas a rechinar los dientes, lo que puede ser causa de maloclusión.

Hay dos pruebas que podrías hacer para determinar si tienes este trastorno.

Para la primera prueba, apoya los dedos en las sienes y tensa la mandíbula; sentirás cómo se tensan los músculos de las sienes. Después relaja la mandíbula sin quitar los dedos de las sienes; si esto te causa dolor, es posible que tengas el trastorno témporo-maxilar y deberías comentarlo a tu médico, terapeuta de manipulación o dentista.

Para la segunda prueba, coloca la yemas de los dedos meñiques por encima del conducto auditivo y presiona mientras abres y cierras la boca. Si sientes presionar contra los dedos la parte superior del hueso maxilar, es posible que tengas este trastorno y deberás decirlo a un profesional de la salud.

Si tienes los primeros síntomas del trastorno témporo-maxilar es posible que consigas solucionar el problema sin tratamiento médico. Pero es importante que no hagas caso omiso del problema; si le pones remedio en las primeras fases es posible que nunca se convierta en una causa importante de dolor. Si no le haces caso podría avanzar en gravedad y finalmente causarte muchísimo dolor.

Para confirmar el diagnóstico, tu médico podría pedir radiografía, tomografía axial computarizada (TAC) o una exploración por resonancia magnética nuclear. Pero es posible que estos exámenes no revelen ninguna anormalidad estructural. Sin embargo, si sientes dolor témporo-maxilar crónico, probablemente sí tienes el trastorno.

El tratamiento consiste en aliviar el dolor, reducir la inflamación y la tensión muscular, mejorar la alineación de los dientes y abandonar los comportamientos que hacen rechinar los dientes.

Un buen número de técnicas alivian temporalmente el dolor y la inflamación de los músculos y tendones. Las explico en los capítulos sobre mi programa completo, de modo que por favor repasa esa información. Además, hay varias técnicas que son útiles concretamente para el trastorno témporo-maxilar. Una de ellas es aplicar una toalla caliente a la zona de la mandíbula al mismo tiempo que se fricciona. Otra es hacer ejercicios isométricos con las mandíbulas; fortalecen los músculos y alivian también la tensión. Por ejemplo, puedes presionar la barbilla con la mano a la vez que resistes la presión con los músculos de la mandíbula.

También es posible mejorar los síntomas controlando atentamente el grado de tensión física de las mandíbulas, y evitando las actividades y comportamientos que aumentan esa tensión. Deberás hacer un esfuerzo conjunto para evitar apretar las mandíbulas cuando sientes estrés.

Otro método valioso es usar protectores bucales y placas para morder. Los protectores bucales son moldes de plástico que impiden apretar las mandíbulas. Muchos pacientes se los ponen para dormir, ya que durante el sueño no pueden evitar conscientemente apretar las mandíbulas. Las placas para morder son dispositivos dentales de plástico duro, de quita y pon, que se colocan sobre los dientes e impiden apretar las mandíbulas y hacer rechinar los dientes; normalmente se usan durante todo el día y se quitan para comer.

Algunos dentistas fabrican placas destinadas no sólo a impedir apretar las mandíbulas, sino también para alinear correctamente la superficie de los dientes y mejorar la oclusión; ocasionalmente, rebajan también los dientes que sobresalen mucho e impiden cerrarlos bien.

En los casos graves es necesario operar. Sin embargo, la cirugía no siempre es eficaz, e incluso podría empeorar el problema. Por lo general yo no la recomiendo.

A veces los médicos inyectan un anestésico local, por ejemplo procaína, en las partes más dolorosas, y luego friccionan los músculos de la mandíbula mientras todavía están adormecidos.

Algunos médicos inyectan corticosteroides en los sitios más dolorosos. Yo no suelo administrar esteroides debido a sus efectos secundarios.

También puede ir bien el masaje sin anestesia; si te haces masaje, no lo limites a la zona de la mandíbula. Es necesario friccionar también el cuello, los hombros y la espalda, porque la tensión de esas partes influyen en la tensión de la mandíbula.

Otro método muy útil es reducir la inflamación con aspirina, ibuprofén, hierbas antiinflamatorias, remedios homeopáticos y nutrientes específicos. Para información sobre la reducción de la inflamación, repasa por favor los capítulos sobre mi programa completo para el dolor.

Un buen programa de control del estrés puede ser también muy beneficioso, porque el estrés causa y agrava el trastorno témporo-maxilar. En el capítulo 5 tienes la información sobre esto.

Síndrome premenstrual

Las molestias o dolencias en la fase anterior a la regla no sólo son causa de dolor intenso, también indican desequilibrios hormonales que aumentan todo tipo de dolor.

Entre los desequilibrios bioquímicos sintomáticos del síndrome premenstrual está el nivel bajo de serotonina. Como he demostrado, el nivel bajo de serotonina baja el umbral del dolor, por lo tanto aumenta la sensibilidad a todo tipo de dolor. Además, al parecer desencadena directamente varios trastornos terriblemente dolorosos, como la migraña y la fibromialgia.

Los desequilibrios hormonales, sobre todo la disminución en los niveles de estrógenos, alteran el metabolismo del triptófano, el nutriente precursor de la serotonina. Cuando se altera este metabolismo, el nivel de serotonina puede bajar en picado.

Cuando los niveles de estrógenos están más bajos (durante los días anteriores a la regla, durante las semanas posteriores al parto y durante la menopausia) el nivel de serotonina puede disminuir notablemente. Entonces se producen muchos de los síntomas relacionados con la insuficiencia de este neurotransmisor, entre otros, depresión, ansiedad, sensibilidad al dolor, ansias de comer dulces e insomnio.

Por lo tanto, la curación del síndrome premenstrual puede tener dos efectos importantes: eliminar los síntomas específicos de este síndrome y mejorar los desequilibrios hormonales que empeoran todos los tipos de dolor.

Hay un buen número de terapias útiles para corregir el síndrome premenstrual. Millones de mujeres, entre ellas muchas de mis pacientes, las han aplicado y han mejorado muchísimo su calidad de vida. Para controlar el síndrome premenstrual es importante aplicar un método que abarque muchas terapias. Con demasiada frecuencia las mujeres usan un método relativamente limitado, como hacer más ejercicio y evitar los dulces, y no corrigen todas la causas del problema.

De hecho, una de las principales autoridades en el síndrome premenstrual, la escritora Linaya Hahn, directora del PMS Holistic Center de Illinois, cree que puede haber hasta dieciséis factores causales de este síndrome. Entre los factores que cita, que se suelen pasar por alto en los tratamientos, están la disfunción tiroidea, los parásitos intestinales y la sensibilidad a determinados alimentos.

Un método importantísimo para controlar los síntomas del síndrome premenstrual es elevar y estabilizar el nivel de serotonina. Si se consigue, esto puede acabar con los síntomas más molestos del síndrome (depresión, ansiedad y sensibilidad al dolor) y además prevenir otros trastornos desencadenados por la insuficiencia de esta sustancia, como los dolores de migraña y de la fibromialgia.

Repasa, por favor, los capítulos sobre mi programa completo para el dolor. Esos capítulos contienen los detalles sobre los nutrientes, medicamentos, fisioterapias, técnicas mentales y ejercicios de mente-cuerpo que elevan el nivel de serotonina. Una de las terapias que se explican en esos capítulos consiste en la administración de inhibidores selectivos de recaptación de serotonina, como el Prozac. Estos medicamentos pueden ser eficaces para controlar los síntomas del síndrome premenstrual. Un inhibidor natural, la planta hipérico o corazoncillo, también llamada hierba de san Juan, va bien a algunas mujeres para corregir los síntomas.

Es muy importante tratar de corregir los desequilibrios hormonales antes de que alteren el nivel de serotonina. Hay un buen número de maneras de conseguirlo. Una es la terapia hormonal sustitutiva. Cuando los síntomas del síndrome premenstrual o de la menopausia son intensos, a veces los médicos recomiendan tomar hormonas. Para algunas mujeres el estrógeno es útil, y para otras es necesaria la progesterona. Para determinar la hormona que te conviene, probablemente tu médico necesitará saber tu nivel de hormonas y te pedirá un sencillo análisis de sangre.

Otra forma de terapia hormonal sustitutiva es tomar DHEA (deshidroepiandrosterona) o pregnenolona, las hormonas precursoras que el cuerpo convierte en hormonas sexuales. Estas dos hormonas tienden a presentar bastantes menos riesgos que el estrógeno, que puede favorecer el cáncer. En todo caso, sólo se deben tomar bajo la dirección de un médico, después de comprobar el nivel hormonal. Aunque generalmente la DHEA y la pregnenolona mejoran los síntomas del síndrome premenstrual, a algunas mujeres se los empeoran, sobre todo si la dosificación es errónea.

Un modo con menos riesgos aún para ajustar los niveles hormonales es consumir los nutrientes llamados fitoestrógenos, nutrientes vegetales con propiedades químicas similares a las del estrógeno. La principal fuente de estos nutrientes es la soja. Es muy posible que el elevado consumo de productos de soja en Asia explique el hecho de que las asiáticas tienden a tener muchos menos síntomas premenstruales y menopáusicos que la mayoría de las mujeres de países occidentales. Entre otras fuentes de fitoestrógenos están las legumbres, los cereales integrales, las verduras y las algas. Un beneficio importante de los fitoestrógenos es que, al parecer, también previenen ciertos cánceres de los órganos sexuales. En un estudio realizado en la Universidad de Hawai se comprobó que las mujeres que seguían una dieta rica en fitoestrógenos tenían un 54 por ciento menos de probabilidades de desarrollar cáncer de endometrio que las mujeres que hacían una dieta occidental estándar.

Los fitoestrógenos se venden como suplementos en la mayoría de las tiendas de alimentos dietéticos; es posible que en la etiqueta diga «isoflavones de soja».

Los niveles hormonales también se pueden corregir favoreciendo la actividad del hígado, que interviene en la regulación de estos niveles. Para mejorar el funcionamiento hepático es muy importante no excederse en el consumo de grasa; la grasa de origen animal, en particular, exige demasiado trabajo al hígado, porque debe producir los ácidos biliares que la digiere. Muchas mujeres han observado que sus síntomas premenstruales empeoran cuando comen alimentos ricos en grasa.

Otro estresante importante del hígado es el azúcar. Por desgracia, muchas mujeres ansían comer dulces cuando tienen los síntomas premenstruales, porque el azúcar aumenta temporalmente el nivel de serotonina. Muchas sienten deseo de comer chocolate, no sólo porque es dulce, sino también porque contiene otras sustancias químicas que mejoran temporalmente el estado de ánimo; por desgracia, el consumo de chocolate suele generar un efecto de rebote, caracterizado por la intensificación de los síntomas premenstruales.

El otro factor alimentario perjudicial para el hígado es el consumo de alimentos muy procesados, alergenos o contaminados con pesticidas o herbicidas.

Por el contrario, hay nutrientes que mejoran la función de este órgano. Los más importantes son las vitaminas del complejo B, particularmente la B_6. A las mujeres que sufren de síntomas fuertes del síndrome premenstrual les recomiendo tomar una dosis diaria relativamente elevada de vitaminas B: alrededor de 100-150 miligramos.

El calcio y el magnesio también alivian los dolores menstruales; recomiendo alrededor de 1.000 miligramos diarios de cada uno. La vitamina E también parece tener un efecto terapéutico.

Uno de los nutrientes más eficaces para el síndrome premenstrual es la hierba china dong quai (*Angelica sinensis*). Durante muchos siglos las chinas han tomado dong quai, que significa «reina de las hierbas», para controlar una variedad de síntomas menstruales. La dosis estándar es de unos 200 miligramos diarios. Muchas tiendas de alimentos dietéticos la venden, y también se puede comprar en empresas de venta por correo.

La terapia nutricional puede curar otro trastorno común, la proliferación del hongo *Candida*, exacerbada por las fluctuaciones hormonales. *Candida* es un hongo unicelular, semejante a la levadura, que está presente en todas las personas; normalmente las mujeres sólo se enteran de su existencia cuando tienen una infección vaginal, pero se encuentra en todas las membranas mucosas del cuerpo, también en los intestinos y en los senos paranasales. Por lo tanto, en cualquier parte del cuerpo se puede producir una infección leve por proliferación de este hongo. Con frecuencia pasa inadvertida.

La hormona progesterona, que es más abundante durante la segunda mitad del ciclo menstrual, estimula la proliferación de *Candida*, por lo que esta es frecuente durante este periodo. Esta proliferación causa síntomas, ya que al morir las células del hongo expulsan toxinas; esto produce un buen número de síntomas, muchos de los cuales son similares a los del síndrome premenstrual, entre ellos cansancio, dolor de cabeza, disfunción cognitiva, acné y depresión.

Una de las mejores maneras de combatir la proliferación de hongos es tomar yogur con *Lactobacillus acidophilus*, bacteria útil que mata las células de hongos. También se puede tomar acidófilo en forma de suplemento.

Otros dos nutrientes que controlan la proliferación de hongos son el ajo y el ácido caprílico u octanoico, que también se venden como suplementos.

Hay que evitar los alimentos que contengan levaduras o que estimulen la proliferación de hongos; entre ellos están el azúcar, los alimentos fermentados (por ejemplo, el vinagre, el ketchup, el alcohol, la mostaza y la salsa de soja), los envejecidos o madurados (por ejemplo el queso) y los que contienen levadura (pan, pasteles, cerveza o pizza).

También es prudente eliminar lo más posible el moho de la casa, limpiando muy bien los baños, cocina y sótanos con lejía y otros productos antifúngicos.

Otro método para aliviar los síntomas del síndrome premenstrual es tomar remedios homeopáticos. Entre los más usados están *Bellado-*

na, *Magnesia phosphorica, Colocynthis, Chamomilla, Pulsatilla, Sepia* y *Natrum muriaticum*. Muchas mujeres prefieren comprar una fórmula para el síndrome premenstrual compuesta por una variedad equilibrada de remedios homeopáticos.

Ciertas fisioterapias son útiles. También, los ejercicios de mente-cuerpo y el ejercicio aeróbico. El ejercicio diario suele tener un efecto profundo en este síndrome porque contribuye a equilibrar las hormonas, estimula la producción de neurotransmisores que disminuyen los síntomas y alivia el estrés.

Otras fisioterapias eficaces para el síndrome premenstrual son la acupuntura y la digitopresión. Para aliviar el dolor menstrual con digitopresión, coloca dos dedos a unos 2,5 centímetros debajo del ombligo y presiona mientras espiras; después afloja la presión e inspira. Haz esto durante más o menos un minuto.

Dado que la insuficiencia de serotonina es un componente esencial del síndrome premenstrual, la terapia de luz puede ser muy útil. Muchas mujeres notan que los síntomas empeoran durante los días cortos del invierno. Este problema puede influir muchísimo en el insomnio, que suele ser uno de los síntomas premenstruales.

Para más información sobre la terapia de luz, repasa el capítulo 3.

Que la antiquísima luz del sol brille sobre ti;
que todo el amor te rodee,
y la luz pura de tu interior
te guíe.

Acabamos cada sesión de ejercicios de mente-cuerpo con esta estrofa. Es una afirmación positiva que nos bendice a todos.

Apéndice 1

Ejercicio y meditación de mente-cuerpo

Los ejercicios de mente-cuerpo que recomiendo a los pacientes de dolor provienen del yoga kundalini, forma de yoga que se originó en India hace varios miles de años. Según los especialistas, el yoga kundalini es el sistema de yoga más avanzado y completo que se ha desarrollado a lo largo de miles de años. El yogui Bhajan lo introdujo en Estados Unidos en 1969.

Cuando el yoga kundalini une cuerpo, mente y espíritu, aumenta inmensamente el poder de la energía vital llamada kundalini o prana, y despierta el poder del espíritu. Según los preceptos de esta forma de yoga, la energía kundalini es un depósito de fuerza psíquica y física increíblemente poderoso situado en la base de la columna. Esta energía se simboliza por una serpiente enrollada que está dormida en la base de la columna; en realidad, *kundal* significa «enrollada».

Cuando esta energía se despierta y canaliza, mediante los ejercicios de yoga kundalini (o de mente-cuerpo), asciende por la columna hasta el cerebro y se consolida. Entonces entra más energía kundalini en el cuerpo y la circulación se renueva. Cuanto mejor es esta circulación más energía experimenta la persona.

La energía kundalini se asemeja más o menos a la energía nerviosa que circula por el cuerpo. Sin embargo, según la tradición oriental, no es sólo una energía física, sino también una energía mental y espiritual. Por lo tanto, se cree que la circulación abundante de esta energía no sólo genera más potencia física sino también mayor poder mental y espiritual.

Muchos millones de personas han practicado los ejercicios kundalini de mente-cuerpo a lo largo de varios miles de años. Durante este tiempo se ha descubierto que determinados ejercicios producen ciertos efectos concretos. Los siguientes son ejercicios particularmente valiosos par controlar diferentes formas de dolor.

Cada ejercicio consiste en una combinación de movimientos, posturas, mudras (posiciones de las manos) y formas de respirar (por ejemplo, respiración larga y lenta o la respiración de «fuego», rápida y fuerte). Además, muchas personas hacen estos ejercicios repitiendo frases espirituales o mantras.

A continuación explico algunos de los mudras, posturas, meditaciones y formas de respiración que se mencionan con más frecuencia en los ejercicios:

Respiración de fuego. Esta forma de respirar aumenta la irrigación sanguínea del cerebro, incrementa la producción de ondas cerebrales alfa y potencia enormemente la energía mental. Para hacerla, respira rápido por la nariz sin hacer pausa entre respiración y respiración; inspira bajando el diafragma, no subiéndolo, y mantén el pecho relajado. Enfoca tu energía mental en la zona del ombligo. Con la práctica te resultará natural.

Respiración larga y lenta. Esta es la forma más frecuente de respirar durante los ejercicios de mente-cuerpo. Es valiosa en particular para los pacientes de dolor porque calma el sistema nervioso y reduce la percepción del dolor. Para hacerla, inspira por la nariz hasta llenar de aire el abdomen y luego llena los pulmones. Retén el aliento un breve momento y luego espira por la nariz, vaciando primero los pulmones y después el abdomen. Cerca del final de la espiración, entra el vientre para expulsar la mayor cantidad de aire posible.

Postura sencilla. Esta es la postura más común en los ejercicios de mente-cuerpo. Siéntate en el suelo sobre una alfombra, piel de borrego o esterilla, y cruza las piernas; puedes apoyar un tobillo sobre el otro o dejar los dos en el suelo. Mantén la espalda recta. Si te resulta difícil esta postura, puedes usar un cojín o sentarte en una silla, siempre que mantengas recta la espalda. Tener la espalda recta permite que la energía kundalini suba por la columna.

Mudra Gian. Esta posición de la mano consiste en tocarse la yema del pulgar con la yema del índice.

Entrelazado Venus. Esta posición de manos consiste en entrelazar los dedos, los hombres con el meñique izquierdo hacia arriba y las mujeres con el meñique izquierdo hacia abajo.

Sat Nam. Este sencillo mantra tiene una connotación poderosa. *Sat* significa «verdad»; *Nam* es la propia esencia divina, que es absoluta, eterna y real. *Sat Nam* significa entonces «sentir la verdadera identidad».

Con frecuencia se realizan varios ejercicios de mente-cuerpo en un *kriya* o conjunto de ejercicios.

Es mejor hacer los ejercicios antes de desayunar.

Para comenzar cualquier conjunto de ejercicios es importante sintonizar con la imagen más sana de uno mismo. Para hacerlo, entona el mantra «*Ong Namo Guru Dev Namo*», que significa «Me inclino ante mi conciencia superior».

Siéntate en una postura cómoda con las piernas cruzadas, sobre una alfombra o piel de borrego, o sobre un cojín si lo prefieres. También puedes sentarte, sin apoyarte en el respaldo, en una silla cómoda, pero de asiento recio, no mullido. Eleva las manos hasta el pecho en la típica posición de oración, presionando el esternón con los nudillos de los pulgares. Entona el mantra tres veces, una vez por respiración.

Después dedica más o menos un minuto a serenarte y a centrar la mente. Si quieres, puedes estar más tiempo así y emplearlo en fijar tus objetivos. Haz una afirmación del tipo «Estoy sano, fuerte, relajado y feliz», o sencillamente pide curación, una salud óptima y paz.

A continuación haz un conjunto básico de ejercicios o uno para un problema concreto, por ejemplo, para el dolor de espalda, la artritis, la migraña o la fibromialgia.

Las últimas dos meditaciones son excelentes para hacerlas por la noche, a solas o en grupo. Son muy eficaces para toda persona que sufra dolor.

1. Movimiento básico de relajación y serie de respiraciones para el dolor general

Primera parte: Movimiento
El movimiento rítmico, libre, suelto y grácil relaja todo el cuerpo y afloja la tensión. Todos los traumas emocionales dejan su señal de tensión en el cuerpo. Si esas partes no se relajan, el estrés permanente puede ser causa de desequilibrios físico y mental. La siguiente serie de movimientos tiene por objetivo la relajación total y la coordinación cooperadora de mente, cuerpo y espíritu para reducir el dolor.

a. En pie, con el cuerpo erguido y los brazos a los costados totalmente relajados, cierra los ojos. Revisa y siente cada parte de tu cuerpo y afloja conscientemente cualquier tensión que encuentres. Después comienza a mecer el cuerpo en una grácil danza, sintiendo el fácil movimiento de cada parte. Si dispones de una música de ritmo suave y alta vibración, podrías ponerla de fondo. Continúa moviéndote durante 3 minutos.

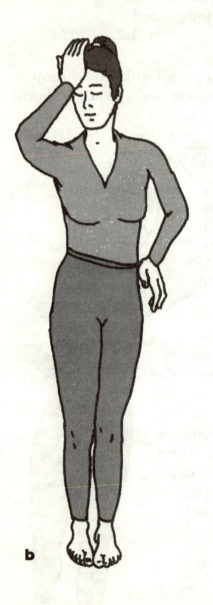

b. Sin abrir los ojos, y con el cuerpo erguido, comienza inmediatamente a tocarte cada parte y cada zona del cuerpo, sin reservas. Debes tocar cada centímetro cuadrado: pálpate con las manos, sintiendo. Continúa durante 3 minutos.

c. Dóblate hacia delante con los brazos colgando y totalmente relajados. Deberás relajar todos los músculos del cuerpo. Respira con normalidad. Continúa así durante un minuto.

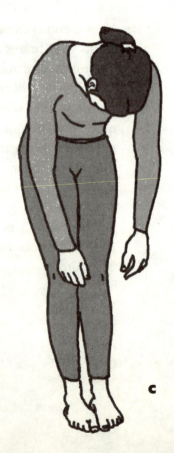

d. Inspira y espira profundamente varias veces. Después dóblate un poco hacia atrás con los brazos colgando sueltos. La respiración es relajada. Mantén la posición durante 1 minuto. Relájate totalmente.

Sentir todo el cuerpo confirma la realidad de la relajación y alivia. Los ejercicios siguientes fortalecen el corazón y el sistema circulatorio. Si este sistema está débil se acumulan depósitos que generan dolor en los tejidos tensos o en las extremidades y articulaciones. Entonces sería difícil la relajación verdadera y profunda.

Inténtalo, por favor, capta la experiencia y disfruta del mayor alivio del dolor.

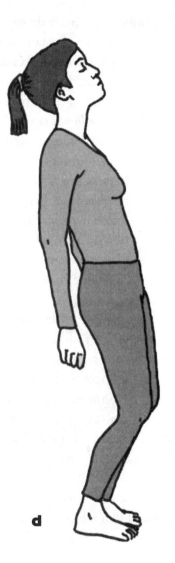

Segunda parte: Serie de respiraciones básicas

a. Siéntate en una postura sencilla o en una silla. Cierra la ventanilla derecha de la nariz presionando con el pulgar de la mano derecha. Respira largo y profundo por la ventanilla izquierda. Continúa durante un minuto.

b. Cierra la ventanilla izquierda presionando con el índice de la mano derecha y respira largo y profundo por la derecha. Continúa durante un minuto.

c. Inspira por la ventanilla izquierda y espira por la derecha, con respiraciones largas y profundas; usa el pulgar y el índice de la mano derecha para cerrar alternadamente las ventanas. Continúa durante un minuto.

d. Cambia de mano y repite el ejercicio *c*, esta vez inspirando por la ventanilla derecha y espirando por la izquierda; durante un minuto.

e. Siempre en la postura sencilla, apoya los dorsos de las manos en las rodillas con los pulgares e índices tocándose, los brazos rectos, sin doblar los codos. Comienza la respiración de fuego. Concéntrate totalmente en el punto medio entre las cejas. Continúa esta respiración potente y regular durante 2 minutos. Después inspira haciendo circular la energía. Relájate o medita durante 2 minutos más y luego entona el «Sat Nam» largo 3 veces.

Este conjunto, que combina movimiento, respiración y meditación, es una fabulosa manera de comenzar el día; proporciona un estado mental «libre de dolor».

2. Conjunto fabuloso para principiantes

Estos dos ejercicios son excelentes para aliviar el estrés y canalizar la energía kundalini desde los centros energéticos o chakras inferiores hacia el centro energético superior del cerebro. Los dos contribuyen a controlar el dolor acumulando energía mental.

Ejercicio de energía mental 1

   a. Siéntate en la postura sencilla. Junta las palmas de las manos y colócalas en el centro del pecho, con los dedos apuntando hacia arriba. Cierra los ojos y concéntrate en el punto de la frente. Genera un flujo de pensamiento positivo. Centra la atención en sanar, ser feliz y estar libre de dolor. Continúa 3 minutos.

b. Tiéndete de espaldas con los pies juntos, los dedos apuntando hacia delante. Comienza a hacer respiraciones largas y profundas y continúa durante 3 minutos. Después relájate durante otros 2 minutos.

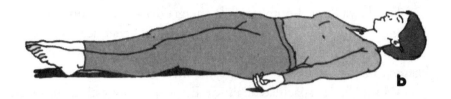

c. En la misma posición, comienza la respiración de fuego y continúala durante un minuto. Después inspira y retén el aliento durante 15 segundos. Haz 8 respiraciones completas, largas y profundas. Repite toda la secuencia 3 veces.
d. Relájate durante 2 minutos.
e. En la misma posición, con las puntas de los pies apuntando hacia delante, levanta las piernas a 15 centímetros del suelo mientras inspiras profundo; mantén la posición 10 segundos y luego baja las piernas. Repítelo 5 veces.

f. Relaja profundamente el cuerpo, parte por parte, durante 10 minutos. Pon tu música relajante favorita y afloja toda la tensión de tu cuerpo, comenzando por los pies y continuando hacia arriba hasta la cabeza. Di sencillamente: «Los dedos de mis pies están relajados», «Mis pies están relajados», etcétera.

3. Ejercicios de mente-cuerpo para el control general del dolor

Se trata de un conjunto de ejercicios más avanzados, que te da un objetivo definido para continuar trabajando.

Este kriya lleva el nombre de la energía del sol. Cuando la persona tiene mucha «energía solar» no siente frío, está enérgica, expresiva, extrovertida y entusiasta. Es la energía de la purificación: proporciona ligereza, mejora la digestión, despeja la mente, la orienta hacia la acción y aumenta la capacidad analítica. Estos ejercicios estimulan sistemáticamente la fuerza positiva del prana o kundalini. El ejercicio *a* inspira la energía «solar» y da claridad y enfoque a la mente; el ejercicio *b* es para la liberación de la energía almacenada en el punto del ombligo; el ejercicio *c* lleva la energía kundalini liberada por la ruta de la columna, dándole flexibilidad; el ejercicio *d* transforma la energía sexual; el ejercicio *e* estimula la irrigación sanguínea de la cabeza y trabaja en las glándulas tiroides y paratiroides; el ejercicio *f* da flexibilidad a la columna, distribuye la energía por todo el cuerpo y equilibra el campo magnético; el ejercicio *g* introduce en una profunda meditación sanadora. Practícalos para fortalecer el cuerpo, la mente y el espíritu.

Kriya Surya

    a. Siéntate en la postura sencilla con la columna recta. Apoya la mano derecha sobre la rodilla en Mudra Gian. Cierra la ventanilla izquierda de la nariz presionando con el pulgar de la mano izquierda, con los demás dedos, rectos, apuntando hacia arriba. Comienza a hacer respiraciones largas, profundas y potentes por la ventanilla derecha. Centra la atención en el flujo de la respiración. Continúa durante 3 minutos. Inspira y relájate.

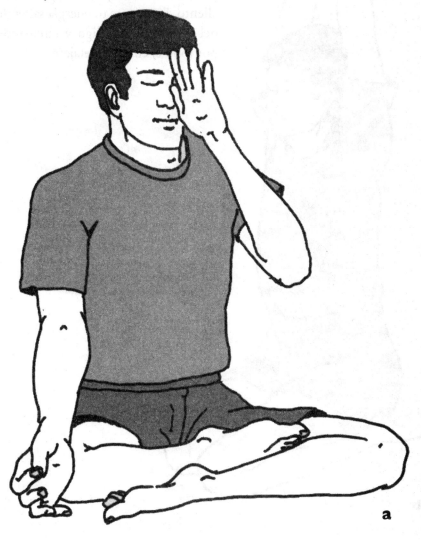

a

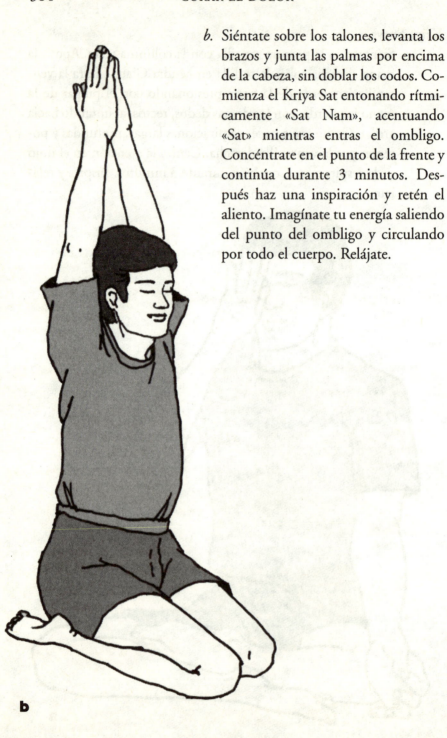

b. Siéntate sobre los talones, levanta los brazos y junta las palmas por encima de la cabeza, sin doblar los codos. Comienza el Kriya Sat entonando rítmicamente «Sat Nam», acentuando «Sat» mientras entras el ombligo. Concéntrate en el punto de la frente y continúa durante 3 minutos. Después haz una inspiración y retén el aliento. Imagínate tu energía saliendo del punto del ombligo y circulando por todo el cuerpo. Relájate.

c. Siéntate en la postura sencilla, con las piernas cogidas con ambas manos por la espinilla. Inspira hundiendo la columna, sacando pecho; al espirar deja que se hunda hacia atrás. Durante los movimientos mantén la cabeza erguida. En cada inspiración, haz vibrar en tu mente el mantra «Sat», y al espirar, oye «Nam». Continúa rítmicamente con respiraciones profundas, hasta hacerlo 26 veces. Después inspira y retén un instante el aliento con la columna recta. Relájate.

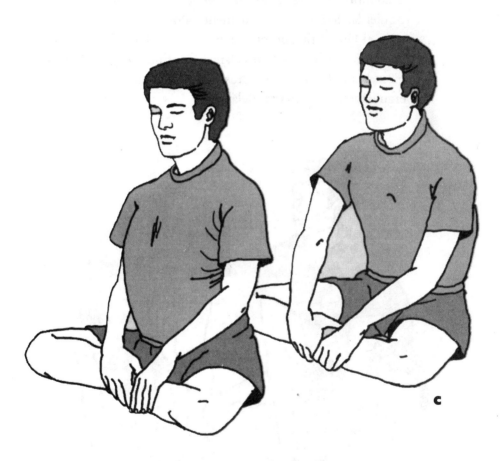

d. Adopta la postura Rana: en cuclillas, los dedos de los pies y de las manos apoyados en el suelo, pasa los brazos entre las piernas y mantén la cabeza erguida. Al inspirar, levanta las nalgas y baja la cabeza, tratando de acercar la frente a las rodillas (si es necesario puedes separar las manos del suelo). Al espirar vuelves a la posición inicial en cuclillas. Haz los movimientos lentamente y respira profundo. Continúa hasta hacerlo 26 veces. Después inspira y relájate sentado sobre los talones.

e. Sentado sobre los talones, apoya las manos en los muslos. Con la columna muy recta, inspira hondo y gira la cabeza hacia la izquierda; haz vibrar en tu mente «Sat». Espira expulsando todo el aire al tiempo que giras la cabeza hacia la derecha y mentalmente haces vibrar «Nam». Continúa inspirando y espirando así durante 3 minutos. Después inspira con la cabeza erguida y hacia el frente. Relájate.

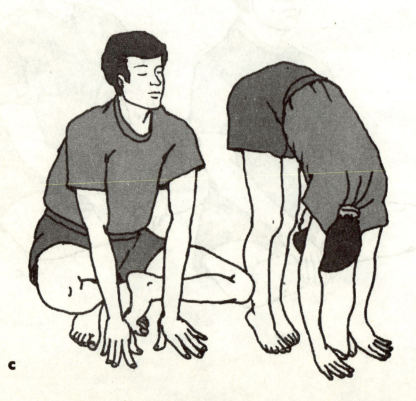

c

f. Siéntate en la postura sencilla y coloca las manos sobre los hombros con los dedos hacia delante y los pulgares hacia atrás, y los brazos, hasta el codo, paralelos al suelo. Inspira flexionándote hacia la izquierda y espira haciéndolo hacia la derecha. Continúa este movimiento de vaivén con respiraciones profundas durante un minuto. Después inspira con el cuerpo recto. Relájate.

g. En la postura sencilla y con la columna recta, dirige toda la atención al punto de la frente. Entra el ombligo y manténlo así. Observa el flujo de tu respiración. Al inspirar escucha un silencioso «Sat» y al espirar escucha un silencioso «Nam». Continúa durante 6 minutos o más.

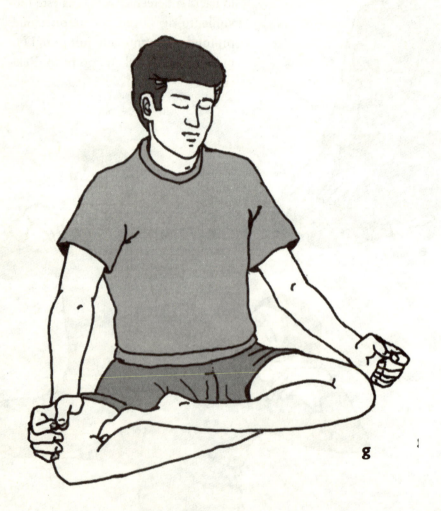

4. Kriya para el dolor de espalda

Haz cuanto te sea posible sin forzar ni extralimitarte. Tómate tu tiempo y trabaja en avanzar. Yo he hecho estos ejercicios a lo largo de los años para controlar mi dolor de espalda.

a. Siéntate en la postura sencilla. Levanta los brazos, abriéndolos en un ángulo de 60 grados, con las palmas hacia delante; flexiona los dedos de modo que las yemas queden apoyadas en las almohadillas de la palma justo debajo de las bases de los dedos; separa los pulgares, extendidos, y flexiona las muñecas de modo que los pulgares apunten hacia arriba y el resto de la mano en posición paralela al suelo. Comienza la respiración de fuego y continúala durante un minuto. Después haz una inspiración profunda y retén el aliento, y al mismo tiempo junta las puntas de los pulgares por encima de la cabeza; retén el aliento otro instante y espira. Después inspira y relájate. *Este ejercicio abre los pulmones y pone en estado de alerta los dos hemisferios cerebrales.*

b. Sentado en la postura sencilla, cógete las piernas, por las espinillas, con ambas manos. Al inspirar, flexiona la columna hacia delante y al espirar flexiónala hacia atrás, manteniendo erguida la cabeza y los hombros relajados. Continúa rítmicamente con respiraciones profundas durante un minuto. Después inspira, espira y relájate. *Este ejercicio estimula y estira las partes inferior y media de la columna.*

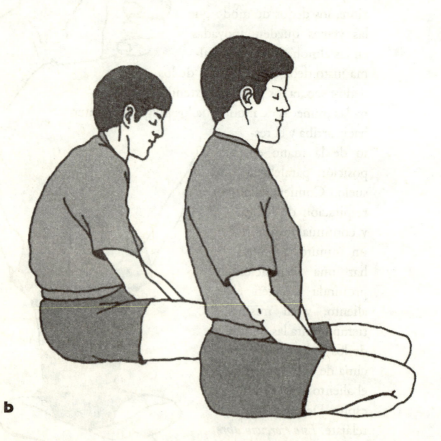

c. En la postura sencilla, coloca las manos en los hombros, con los pulgares hacia atrás y los dedos hacia delante, y los brazos, hasta el codo, paralelos al suelo. Al inspirar gira la cabeza y el tronco hacia la izquierda, y al espirar gíralos hacia la derecha. Continúa las respiraciones y movimientos durante un minuto. Después inspira con el cuerpo hacia el frente; espira y relájate. *Este ejercicio estimula y estira las partes inferior y media de la columna.*

d. Estira las piernas y cógete el dedo gordo de cada pie rodeándolo con el dedo índice y presionando la uña con el pulgar (si no llegas a los dedos de los pies, cógete los tobillos, las pantorrillas o las rodillas). Al inspirar, pon recta la columna, tirando de los dedos, sin doblar las rodillas; al espirar, inclínate, apoyando los codos en el suelo y tratando de acercar la frente hasta las rodillas. Continúa con respiraciones profundas y potentes durante un minuto. Después inspira y retén el aliento un instante; espira totalmente y retén el aliento un instante. Inspira, espira y relájate. *Este ejercicio trabaja las partes inferior y media de la columna.*

e. Siéntate sobre el talón derecho con la pierna izquierda estirada hacia delante (si no puedes sentarte sobre el talón, ponte en la postura sencilla con esa pierna extendida; si estás sentado en una silla, simplemente estira la pierna). Cógete el dedo gordo del pie extendido con ambas manos y presiona la uña con el pulgar; apoya los codos en el suelo y baja la cabeza tratando de tocar la rodilla. Comienza la respiración de fuego y continúala durante un minuto. Inspira, espira y estira el tronco y la cabeza hacia delante y abajo; retén el aliento un instante. Inspira y cambia de pierna para repetir el ejercicio con la otra pierna estirada. Después relájate. *Este ejercicio favorece la eliminación, estira el nervio ciático e irriga la parte superior del tronco.*

e

f. Con las piernas extendidas y muy abiertas, cógete los dedos gordos de los pies (si no llegas a los dedos, apoya las palmas en las rodillas). Al inspirar endereza la columna tirando de los dedos; espira y, doblándote por la cintura, acerca la cabeza a la rodilla izquierda. Inspira en la posición del centro, y espira acercando la cabeza a la rodilla derecha. Continúa los movimientos, respirando profundo, durante un minuto. Después inspira en la posición del centro, y espira inclinándote hacia delante y tratando de acercar la frente al suelo. Continúa con este movimiento, hacia arriba y hacia abajo, durante un minuto. Después inspira, mientras levantas y enderezas la columna; espira acercando la frente al suelo; retén el aliento un instante al estirarte e inclinarte. Inspira, espira y relájate. *Este ejercicio da flexibilidad a la parte inferior de la columna y al sacro.*

g. Colócate tendido boca abajo, con las palmas abiertas apoyadas en el suelo, bajo los hombros, los talones juntos y las plantas de los pies hacia arriba. Inspira, arqueándote desde el cuello hasta la base de la columna hasta tener los brazos extendidos rectos, sin doblar los codos. (A algunos pacientes de dolor crónico les puede resultar más fácil apoyar los antebrazos en el suelo para hacer este estiramiento.) Comienza la respiración de fuego y continúala durante medio minuto. Después inspira, arqueando la columna al máximo; espira y retén el aliento un instante. Inspira y espira lentamente, baja los brazos y relaja la columna desde la base hasta arriba. Relájate apoyando la barbilla en el suelo y con los brazos a los costados. *Este ejercicio equilibra la energía, para que en los ejercicios siguientes la energía kundalini pueda circular hasta los centros superiores.*

g

h. Sentado en la postura sencilla, apoya las manos sobre las rodillas. Inspira levantando los hombros hacia las orejas y espira bajándolos. Continúa los movimientos con respiraciones potentes durante un minuto. Inspira, espira y relájate. *Este ejercicio equilibra los chakras superiores y lleva la energía hasta esos centros situados en el cerebro.*

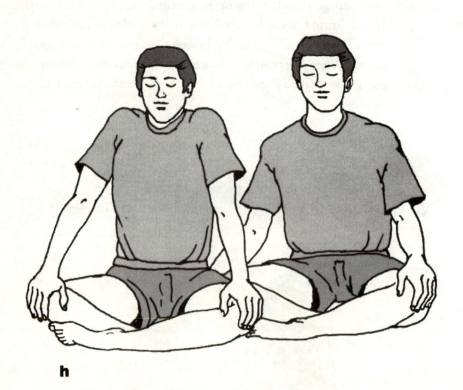

h

i. Sentado en la postura sencilla, comienza a rotar lentamente la cabeza en movimiento circular, en el sentido de las manecillas del reloj; los hombros continúan relajados y quietos y el cuello se estira suavemente a medida que la cabeza se ladea, se inclina y se echa hacia atrás siguiendo el círculo. Continúa durante un minuto y después haz otro minuto en el otro sentido. Lleva la cabeza a la posición central y relájate.

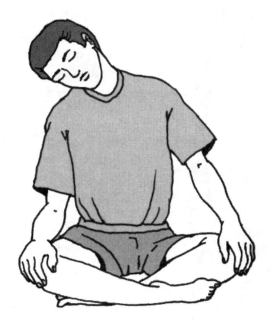

j. Siéntate en los talones en la posición que ilustra el dibujo (también puedes estar en la posición sencilla o sentado en una silla). Los brazos han de estar levantados de modo que aprieten suavemente las orejas, y los dedos entrelazados, excepto los índices, que se tocan y apuntan hacia arriba. Comienza a entonar «Sat Nam» con energía, a un ritmo constante, unas 8 veces cada 10 segundos. El sonido «Sat» entónalo a partir del punto del ombligo, entrándolo como si quisieras acercarlo a la columna. En el sonido «Nam», relaja el ombligo. Continúa así durante un minuto; después inspira y tensa los músculos desde las nalgas hacia arriba, hasta los hombros; mentalmente haz circular la energía por toda la parte superior del cráneo; espira. Después haz una inspiración profunda, espira todo el aire y retén el aliento. Inspira, espira y relájate. *Este ejercicio hace circular la energía kundalini por todo el ciclo de chakras y fortalece el sistema nervioso.*

k. Relájate en la postura sencilla, con los brazos a los lados, las palmas hacia arriba en Mudra Gian. *La relajación profunda permite disfrutar e integrar conscientemente los cambios mentales y físicos que se han producido durante la práctica de este kriya. Permite percibir la extensión del yo y al cuerpo físico relajarse profundamente.*

k

5. Ejercicios de mente-cuerpo para la artritis

Este kriya o conjunto de ejercicios mejora el funcionamiento del sistema endocrino y refuerza la energía mental. Es eficaz para la artritis porque disminuye la percepción de las señales de dolor de todas las articulaciones del cuerpo.

Serie de ejercicios de respiración y meditación

a. Siéntate en la postura sencilla. Haz respiraciones profundas y continuadas, dividiendo en cuatro etapas las inspiraciones y las espiraciones; en cada etapa haz vibrar mentalmente el sonido «Sat Nam» y al mismo tiempo entra un poco el ombligo. Comienza con 5 minutos de práctica y añade un minuto cada día, hasta llegar a un máximo de 11 minutos.

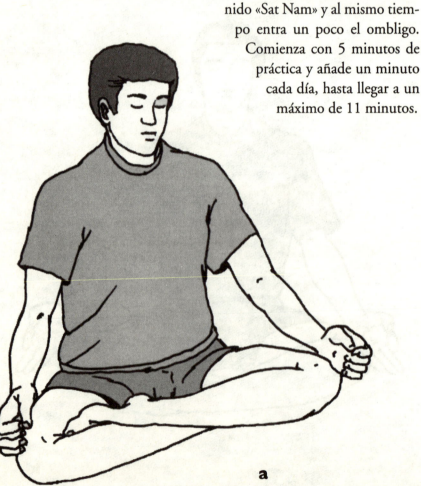

a

b. Tendido de espaldas, estira los brazos hacia atrás hasta apoyarlos en el suelo con las palmas hacia arriba. Al inspirar levanta las dos piernas a 15 centímetros del suelo; al espirar baja las piernas y levanta la cabeza hasta apoyar la barbilla en el pecho. Continúa los movimientos con respiraciones largas y profundas durante 3 minutos; después descansa 2 minutos.

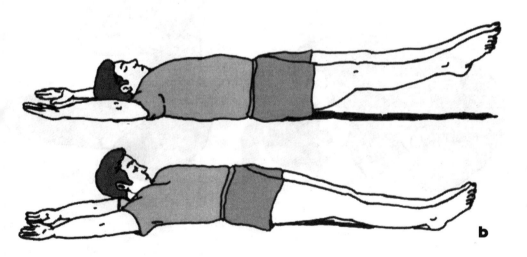

c. Sentado en la postura sencilla cruza los brazos en el pecho y cógete los codos. Inspira en esa posición y al espirar inclínate con suavidad, acercando la frente al suelo todo lo posible sin caerte hacia delante; al inspirar, vuelve a la posición inicial. Tómate tu tiempo. Continúa los movimientos con respiraciones largas y profundas durante un minuto.

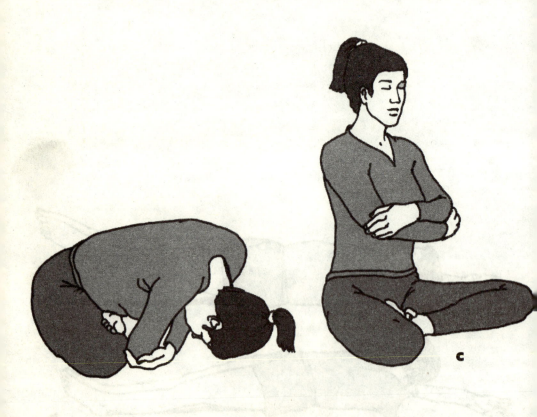

6. Ejercicios de mente-cuerpo para el dolor de cabeza

Estos ejercicios son eficaces para el dolor de cabeza por tensión, y en particular para la migraña. Aumentan la irrigación sanguínea del cerebro y detienen la vasoconstricción que desencadena las migrañas. También favorecen la producción de serotonina, que por lo general está agotada en los pacientes de migrañas.

Ejercicio 1

Sentado en la postura sencilla, levanta los brazos y ábrelos, rectos, en un ángulo de 60 grados, con las manos en **Mudra Gian**. Cierra los ojos y echa ligeramente la cabeza hacia atrás. Mantén esta postura y respira normal durante 3 minutos (puedes bajar los brazos y volverlos a levantar). Después relaja las manos, apóyalas sobre las rodillas y entona de forma monótona la frase «Somos el amor»; repítela durante 2 minutos.

Ejercicio 2
Sentado en la postura sencilla, coloca las manos sobre las rodillas. Haz rotar los hombros, ya sea hacia delante o hacia atrás; procura moverlos en el círculo máximo posible (adelante, arriba, atrás y abajo).

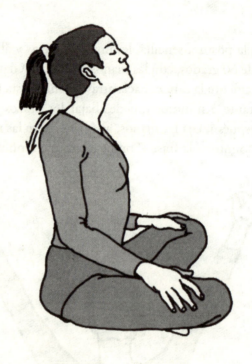

7. Ejercicios de mente-cuerpo para la fibromialgia

Estos dos ejercicios alivian el dolor muscular al producir una relajación profunda, y corrigen los desequilibrios del sistema endocrino; también refuerzan la energía mental, contribuyendo así a elevar el umbral del dolor.

Ejercicio 1

Siéntate en una postura de meditación cómoda con la columna recta. Junta las yemas de los dedos anulares y entrelaza los demás de modo que el pulgar derecho quede encima del otro. Mantén las manos a varios centímetros del diafragma, con los dedos anulares apuntando hacia arriba en un ángulo de 60 grados.

Cierra los ojos. Haz una inspiración profunda y potente; al espirar entona en voz alta el mantra «ong» (ooonnnnnnnnnnnng), que significa «energía creativa y sanadora»; abre la boca para entonar el mantra, pero deja salir el aire por la nariz. El sonido se hace vibrar en la parte de atrás del paladar. Repite la respiración y el mantra durante 3 minutos.

El poder de este cántico, cuando se hace bien, hay que experimentarlo para creerlo. Sólo 5 repeticiones bastan para superar el dolor.

Ejercicio 2

Sentado en la postura sencilla, levanta los brazos y forma con ellos un arco sobre la cabeza, con las palmas hacia abajo. Si eres hombre, pon la mano derecha sobre la izquierda; si eres mujer, la mano izquierda sobre la derecha. Los pulgares se tocan por las puntas y apuntan hacia atrás; los brazos están ligeramente flexionados por el codo. Con los párpados entreabiertos mira hacia el labio superior.

Entona el mantra «Wahe Guru»; forma los sonidos con mucha precisión con los labios y la lengua; susúrralo, de forma que «Guru» sea casi inaudible. Cada repetición lleva dos segundos y medio. Continúa de uno a tres minutos. «Wahe» es una expresión de éxtasis, y «Guru» significa «divino maestro interior»; las dos palabras juntas, «Wahe Guru», significan «de la oscuridad a la luz».

8. Meditaciones para alivio del sufrimiento

Las dos meditaciones siguientes pueden ser extraordinariamente potentes si se entonan con convicción y atención.

La primera es la que practicó principalmente Scott, el paciente de la polimiositis supuestamente «incurable» cuya historia cuento en el capítulo 1.

Scott atribuyó a esta meditación gran parte de su curación.

Meditación Raa Maa Daa Saa, para sanarse a sí mismo o sanar a otras personas

Sentado en la postura sencilla, flexiona lo más posible el brazo, con los codos casi tocando los costados, las manos extendidas con los dedos juntos apuntando hacia fuera, de modo que la palma quede hacia arriba y paralela al cielo raso.

Cierra los ojos casi por completo, nueve sobre diez.

Inspira profundamente y luego expulsa todo el aire mientras entonas el siguiente mantra:

RAA MA-A DAA SAA   SAA SAY EE SO HUNG

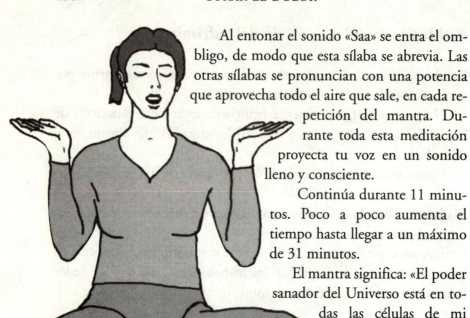

Al entonar el sonido «Saa» se entra el ombligo, de modo que esta sílaba se abrevia. Las otras sílabas se pronuncian con una potencia que aprovecha todo el aire que sale, en cada repetición del mantra. Durante toda esta meditación proyecta tu voz en un sonido lleno y consciente.

Continúa durante 11 minutos. Poco a poco aumenta el tiempo hasta llegar a un máximo de 31 minutos.

El mantra significa: «El poder sanador del Universo está en todas las células de mi cuerpo». Imagínate que mientras meditas estás rodeado por una luz verde brillante. Si deseas compartir con otra persona la energía sanadora, imagínatela rodeada por esa misma luz verde.

La siguiente meditación es la que practicó Tiffany, mi paciente que estaba paralizada y recuperó parcialmente el uso de sus piernas. Tiffany atribuyó gran parte de su milagrosa recuperación a la energía y paz que le procuraba hacer esta meditación todos los días.

Esta meditación es maravillosa; los yoguis creen que hace milagros. La legó el gurú Ram Das, famoso sanador y maestro indio del siglo XVII; hasta hoy, millones de personas de todas las tradiciones y credos, que desean meditar y sanar, visitan el Templo de Oro de Amritsar, en India, construido por él. Gurú Ram Das era maestro de yoga raj, el yoga de los reyes, y también de la forma de yoga kundalini que presento en este libro.

Wahe es una expresión de éxtasis, y *guru* significa «divino maestro interior»:

Guru Ram Das: Armonía rítmica para la felicidad y la curación

Siéntate en una postura de meditación, apacible, con las manos apoyadas en las rodillas por el dorso y los ojos ligerísimamente abiertos, una dieciseisava parte. Las manos forman mudras: si eres hombre, la mano izquierda forma el Mudra Shuni, tocándose las yemas del pulgar y el dedo medio, y la derecha, tocándose las yemas del pulgar y el anular; si eres mujer, la mano derecha forma el Mudra Shuni, con el pulgar y el dedo medio, y en la izquierda se tocan las yemas del pulgar y el anular.

En suave tono monotono, entona:

> Guru Guru Wahe Guru
> Guru Ram Das Guru

Cada repetición dura alrededor de 8-10 segundos. Continúa entonando el mantra durante 11 minutos al principio; a medida que progresas puedes alargar el tiempo hasta 30 minutos.

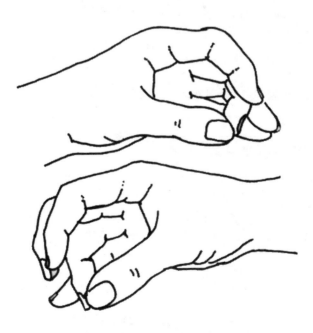

APÉNDICE DE EJERCICIOS Y MEDITACIÓN

GURÚ RAM DASS ARMONÍA: RITMO A CARA LA PLENITUD Y LA CURACIÓN.

Siéntate en una postura de meditación cómoda, con las manos apoyadas en las rodillas por el dorso y los ojos ligeramente abiertos, una diezciseisava parte. Las manos forman mudras, sara el hombre, la mano izquierda forma el Nama Shuni, tocando las yemas del pulgar y el dedo medio, y la derecha toca el índice, forma del mudra, y si eres mujer, la mano derecha forma el Mudra Shuni, con el pulgar y el dedo medio, y en la izquierda se toca las yemas del pulgar e índice.

En naye enkh gnomonno enoah.

GURÚ JUGA WAHE GURÚ. GORÓ RAM DÁS GURÚ.

Cada repetición dura alrededor de 7 a 10 segundos. Comienza cantando el mantra durante 11 minutos al principio, a medida que progresa puede alargar el tiempo hasta 30 minutos.

Apéndice 2

Ejercicios de fortalecimiento

Las ilustraciones siguientes pertenecen a un programa de ejercicios con pesas elaborado para mis pacientes de dolor por Nordine Zouareg, campeón de halterofilia que ha sido dos veces Mister Universo. El señor Zouareg, que es mi entrenador personal, es expertísimo en programar ejercicios de fortalecimiento que aíslan determinados grupos de músculos sin alterar el delicado equilibrio estructural del sistema músculo-esquelético general.

A los pacientes les recomiendo trabajar sólo uno o dos grupos de músculos durante cada sesión; esto permite a cada grupo de músculos recuperarse totalmente antes de volver a ejercitarlo.

A la mayoría de los pacientes les recomiendo usar un peso que les resulte cómodo, y hacer 12 repeticiones. Esto evita el esfuerzo excesivo y de todas formas aumenta de modo importante la masa muscular.

Los pacientes de dolor de espalda deberán tener en cuenta también los ejercicios que presento en el capítulo 8, que contiene una ilustración que indica la localización de los músculos mencionados en esta sección.

Espalda
Remo con mancuerna con un brazo: Dorsal ancho, parte media

El brazo libre se usa para apoyar la parte superior del cuerpo, eliminando el esfuerzo en la zona lumbar. Levanta la mancuerna hasta la cintura y luego bájala hasta que el brazo esté totalmente extendido.

Tracción en polea alta con agarre intermedio: Dorsales anchos y abdominales

En posición sentado, coge la barra con ambas manos y tira de ella desde la posición sobre la cabeza con los brazos extendidos hasta tocar la parte superior del pecho. Déjala subir y repite el movimiento.

APÉNDICE 2: EJERCICIOS DE FORTALECIMIENTO 413

Tracción en polea alta con agarre estrecho: Dorsales anchos, parte inferior

Tira de la barra hasta delante del pecho, como indica la ilustración, tensando la espalda tanto como puedas. Déjala subir hasta tener los brazos extendidos y repite el movimiento.

Peso muerto en barra con discos: Músculos de toda la espalda

Con los pies separados, inclínate a coger la barra, endereza la espalda, flexiona las piernas y levántala hasta tener el cuerpo totalmente recto. Mantén la cabeza erguida durante todo el ejercicio.

Hiperextensión en prono: Baja espalda

Este ejercicio se realiza en un banco especialmente diseñado. La parte superior del cuerpo queda libre para subirla y bajarla. Sube el cuerpo hasta que quede paralelo al suelo.

Piernas

En cuclillas: Toda la zona de los muslos
Sostén una barra con discos detrás del cuello. Inspira hondo y flexiona las piernas hasta quedar en cuclillas; mantén la espalda recta durante todo el movimiento; expulsa el aire con fuerza al levantarte.

Tijeras: Muslos, caderas, nalgas
Colócate una barra con discos sobre los hombros. Avanza el pie derecho entre 60 y 90 centímetros, flexionando ligeramente la pierna izquierda. Cuando el pie toque el suelo, flexiona esa pierna cuanto te sea posible. Vuelve a la posición inicial y repite el ejercicio con el pie izquierdo.

Flexión de piernas: Isquiotibiales

Tiéndete boca abajo en un banco de femoral. Pon los pies bajo la barra con peso y levanta las piernas. Concéntrate en sentir la tensión de los músculos posteriores de las piernas.

Extensión de muslos: Cuádriceps

Siéntate en el aparato extensor y pon los pies debajo de la barra con peso. Levanta el peso hasta tener las dos piernas rectas.

Brazos

Presión con mancuernas, de pie: Deltoides

En posición de pie, sostén dos mancuernas a la altura de los hombros; levántalas al mismo tiempo hasta tener los dos brazos extendidos. Bájalos y repite el movimiento, al mismo ritmo.

Remo de pie con agarre intermedio: Deltoides, trapecio

Coge la barra con las manos ni demasiado juntas ni demasiado separadas y levántala hasta estar en posición erguida, con los brazos rectos y los pies separados a una distancia cómoda. Comienza a levantar lentamente y mantén los codos lo más altos que te sea posible; aumenta la velocidad a medida que subes el peso hasta la altura de la barbilla. Baja lentamente el peso hasta la posición inicial.

Flexión de codos con barra: Vientre del bíceps

En posición de pie, sostén la barra con los brazos ligeramente más separados que la anchura de los hombros, con los codos cerca del cuerpo. Levanta la barra flexionando los brazos, hasta la altura de la barbilla.

Extensión de tríceps: Tríceps, parte inferior

Sostén la barra detrás de la cabeza, como indica la ilustración, con los codos apuntando, todo lo posible, hacia arriba. Levanta y baja rítmicamente el peso, sin que rebote al bajar.

Presión francesa: Cabeza exterior del tríceps

Posición tendido de espaldas sobre un banco con los pies firmemente apoyados en el suelo. Con una mancuerna en la mano derecha levanta el brazo, recto, hasta la posición vertical; manteniendo esa posición vertical, flexiona el codo mientras bajas el antebrazo hasta tocar el hombro izquierdo con la mancuerna. Levántalo con el mismo movimiento y repite el movimiento. Después haz el mismo ejercicio con el brazo izquierdo. No hagas rebotar el peso.

Pecho

**Presión de pectoral en banco:
Toda la zona pectoral**
Posición tendido de espaldas en un banco. Sostén la barra con discos en alto con los brazos rectos y bájala hasta los pectorales; controla el descenso. Cuando la barra toque ligeramente el pecho (sin rebotar), empuja hacia arriba. Los codos han de estar bajo la barra y no acercarse al cuerpo.

**Apertura de pectoral:
Pectorales, parte externa**
Posición tendido de espaldas en un banco con los pies firmemente apoyados en el suelo, los brazos algo flexionados, en posición fija, como si estuvieran escayolados. Baja y sube las mancuernas por los lados.

Mariposas: Pectorales

Coge los asideros como se indica y junta los brazos sobre el pecho contrayendo los pectorales. Vuelve a la posición inicial.

Si deseas información sobre el vídeo de ejercicios de mente-cuerpo o concertar una visita con el doctor Khalsa, puedes contactar con él en:

Dharma Singh Khalsa, M.D.
G.R.D. Center for Medicine and Humanology
P.O. Box 943
Santa Cruz, NM 87567
Tel.: (800) 326 13 22 o (505) 995 20 86
Fax: (505) 747 34 96
E-mail: healthnow@grdcenter.org

Otros títulos en Ediciones Urano

Rejuvenece tu cerebro

El cerebro es el hardware de la mente. Si su funcionamiento no es correcto, perdemos nuestras capacidades mentales, nuestra personalidad y nuestra alegría de vivir. Este libro revolucionario aúna los últimos descubrimientos de la medicina occidental con técnicas tradicionales orientales en un programa completo que le permitirá:

• Pensar mejor y aumentar la memoria y la capacidad de concentración.

• Sentirse más vital y optimista.

• Aprender a respirar y a relajarse para superar situaciones estresantes.

• Prevenir —o paliar— la enfermedad de Alzheimer, la depresión y otros efectos del declive mental asociado a la edad.

Este libro describe con claridad el funcionamiento del cerebro «un órgano más de nuestro cuerpo, que requiere alimento, oxígeno y ejercicio» y explica detalladamente cómo cuidarlo para alargar su vida y mantenerlo sano. La medicina occidental y la antigua sabiduría de Oriente se unen en un programa diseñado para renovar los procesos mentales, reforzar la memoria y vivir con plena conciencia y vitalidad. Con el estilo de vida, la dieta y los suplementos que aquí se proponen, es posible alejar el peligro del Alzheimer y ganar en energía, bienestar y rendimiento intelectual.

Ponga vida a sus años

Lo que habitualmente llamamos envejecimiento —el deterioro paulatino del cuerpo y de la mente— es una enfermedad tratable. Todo el mundo, tenga la edad que tenga, puede detener e incluso invertir el proceso de envejecimiento. Esa es la afirmación central de este libro, basada en cientos de estudios innovadores realizados por científicos de las más prestigiosas instituciones, como la universidad de Harvard.

Actualmente, la investigación médica ha descubierto las causas orgánicas del envejecimiento y también las maneras de detenerlo. Los estragos de la edad no son inevitables, sino que se deben a diversas deficiencias, hasta ahora muy poco conocidas, que pueden corregirse tomando vitaminas antioxidantes, minerales, hierbas medicinales y determinados alimentos.

Cada afirmación de la autora viene avalada por los resultados de las investigaciones más recientes realizadas en los Estados Unidos. Descubra qué alimentos contienen las vitaminas y minerales que previenen y corrigen los problemas de memoria. Sepa cuales son los antioxidantes naturales que previenen la arteriosclerosis, los ataques de corazón y el desgaste general del organismo. Decídase hoy mismo a no envejecer.

Corazón sano: Un programa para los adictos a los hidratos de carbono

Descubra cómo equilibrar sus niveles de insulina mediante una dieta que no le priva de nada, que hará disminuir de forma natural su atracción por los dulces y que, además, le ofrece mejorar su estado de salud en general y, especialmente, fortalecer su corazón.

Un adicto a los hidratos de carbono es la persona que, muchas veces sin saberlo, tiene un desequilibrio hormonal que la lleva a sentir un apetito desmesurado por los dulces y por todo lo que se llama «comida basura». A medio plazo, esta dieta desequilibrada le producirá diabetes, presión sanguínea alta, arteriosclerosis y problemas cardíacos. Posiblemente esta persona habrá probado mil dietas, basadas todas en disminuir las calorías diarias que ingiere; pero, a bien seguro, no le han dado resultado.

Para una persona adicta a los hidratos de carbono lo importante no es reducir la grasa que ingiere con los alimentos, sino el tipo de grasa ingerida. Esto permite incluir en su dieta una amplia variedad de comidas que de otro modo no estarían permitidas. Y además, este revolucionario plan alimenticio eliminará, al cabo de unos pocos días, el deseo de comer dulces y otros alimentos con alto porcentaje de hidratos de carbono, lo que le facilitará continuar con este plan de salud cuyo objetivo no es únicamente vencer la obesidad, sino prolongar su vida fortaleciendo su corazón.

Cómo curar la artritis

El Dr. Jason Theodosakis ha combinado la investigación médica, su propia investigación y su experiencia personal como afectado por la artritis para elaborar este libro. Un plan completo dividido en nueve fases para detener, revertir y en algunos casos curar la osteoartritis.

«Siendo atleta de competición, me he lesionado las articulaciones en repetidas ocasiones a través de los años. Para reparar estas lesiones me sometí a varias operaciones quirúrgicas, algunas de ellas sin resultado. Era una situación irónica: yo, médico consagrado a curar, con dos rodillas y un codo lesionados.

«Después de un año tomando dosis elevadas de antiinflamatorios, pensé que debía buscar otra solución. En mi búsqueda aprendí todo lo relacionado con la osteoartritis y encontré dos prometedores suplementos nutritivos que se citaban constantemente. Decidí tomar estos suplementos y en dos semanas me sentí considerablemente mejor. Una revisión médica posterior mostró que el cartílago dañado se estaba reparando.»

«Después de posteriores investigaciones, suministré estos suplementos a mis pacientes. Los resultados fueron impresionantes. He ayudado a cientos de personas a eliminar la necesidad de una intervención quirúrgica y a reducir en gran medida los efectos de la osteoartritis. Otros médicos y profesionales ahora empiezan a descubrir que ya no hay razón para sufrir más».